GEORG BRÜNNER
CHRISTOPH PASRUCKER

IMMATERIAL-
GÜTERRECHT

**Grundlagen
& Praxistipps**

HANDBUCH

IM KLEIN- &
MITTELBETRIEB

PR

Für alle
Unternehmer
und Studierende

Verlag für die Technische Universität Graz

Autoren:

Mag. Georg Brünner
Mag. Christoph Pasrucker

1. Auflage Juni 2009

ISBN 978-3-7041-0418-2
dbv-Verlag für die Technische Universität Graz
8010 Graz, Geidorfgürtel 20, Tel (0316) 38 30 33; Fax (0316) 38 30 43
1040 Wien, Argentinierstraße 42/6, Tel (01) 535 61 03-0; Fax (01) 535 61 03-25
Internet: http://www.dbv.at, E-Mail: office@dbv.at

Druck und Herstellung
dbv-Druck-, Beratungs- und Verlagsgesellschaft mbH, Graz

Vorwort

Der Schutz immaterieller Güter ist in der österreichischen Rechtsordnung seit jeher verankert (zB im Patentgesetz aus dem Jahr 1899). Daraus ist zu erkennen, welche Bedeutung immaterielle Güter im Wirtschaftsleben haben. Vor allem der technische Fortschritt (Erfindungen) bzw gezielte Marketingmaßnahmen wären ohne diesen Schutz nicht möglich.

Im Bereich des Erfindungsschutzes wurde die Patentanmeldung im Jahr 2004 grundlegend geändert (Veröffentlichung der Anmeldung nach 18 Monaten). Darüber hinaus wurden die weiteren Gesetze dieses Rechtsbereiches (Markenschutzgesetz, Musterschutzgesetz, Gebrauchsmustergesetz, Halbleiterschutzgesetz, Urheberrechtsgesetz) regelmäßig novelliert. Aus diesem Grund entspricht der Immaterialgüterrechtsschutz regelmäßig den aktuellen Anforderungen der wirtschaftlichen Praxis.

Das vorliegende Buch wendet sich an kleine und mittlere Unternehmen und GründerInnen, um diesen das Immaterialgüterrecht aus nationaler Sicht vorzustellen und sie über die wichtigsten Fragen aus den zuvor genannten Rechtsbereichen zu informieren:

- Wie wird der Schutz erworben?
- Welchen Inhalt weist das Schutzrecht auf?
- Wie kann sich der Inhaber des Rechts gegen Verletzungen schützen?

Darüber hinaus werden rechtliche Hinweise in Bezug auf die Präsentation eines Unternehmens im Internet wiedergegeben. Auch wenn dieses Medium häufig als „rechtsfreier" Raum betrachtet wird, können sich bereits rechtliche Fragen in Zusammenhang mit der Vorstellung von Mitarbeitern ergeben.

Aufgrund des beschriebenen Aufbaus sollen nicht nur UnternehmerInnen als Zielgruppe angesprochen werden. Auch EinsteigerInnen in rechtswissenschaftliche Berufe und Studierende der Rechtswissenschaften können aufgrund der Gestaltung einen ersten Überblick über den Bereich „Immaterialgüterrecht" erlangen.

Graz, Frühling 2009
Die Autoren

Inhaltsverzeichnis

Kapitel 6	**Halbleiterschutzrecht**

Kapitel 7 | Urheberrecht

Kapitel 8 — Sonderthema: Homepage

Anhang — Formulare

| Kapitel 1 | **Einführung** |

Neben dem Schutz von materiellen Gütern kann es von enormer wirtschaftlicher Bedeutung sein, auch immaterielle Güter entsprechend zu schützen. Darunter versteht man Güter, die nicht körperlich und daher nicht angreifbar sind. Nicht geschützt werden können hingegen Ideen und Visionen, die einer Umsetzung nicht zugänglich sind.

Beispiel:
- Als immaterielles Gut (Marke) kann unter anderem das auf einem Flaschenetikett aufgedruckte Logo eines Fruchtsaftproduzenten geschützt werden.
- Nicht geschützt werden kann die bloße Idee ein Logo zu schaffen.

Um die materiellen und immateriellen Güter des eigenen Unternehmens – vor allem in Form eines KMU – richtig schützen zu können, ist es unumgänglich die verschiedenen Schutzmöglichkeiten zu kennen. Der Schutz von materiellen Gütern ist in der Regel bekannt; dazu gehört unter anderem die Eigentumsfreiheitsklage des Zivilrechts.

Der Schutz immaterieller Güter ist nicht abschließend in einem Gesetz geregelt, sondern auf 6 Gesetze aufgeteilt. Dazu zählen:

- **das Markenschutzgesetz (Kapitel 2)**

  Geschützt werden dadurch alle Zeichen, die grafisch dargestellt werden können (dazu gehören auch „Klangmarken") und dazu geeignet sind, Waren oder Dienstleistungen eines Unternehmens unterscheidbar zu kennzeichnen. Der Schutz besteht nach der erstmaligen Registrierung für 10 Jahre und kann in weiterer Folge regelmäßig um 10 Jahre verlängert werden.

- **das Patentgesetz (Kapitel 3)**

  Erfindungen, die wiederholbar, gewerblich anwendbar und neu sind und darüber hinaus eine gewisse Erfindungshöhe (dh, sie darf nicht auf Anhieb für den Durchschnittsfachmann nachvollziehbar sein) aufweisen, können durch das Patentgesetz geschützt werden. Insbesondere für Entdeckungen, den menschlichen Körper und gedankliche Tätigkeiten kann kein Patent erlangt werden. Erstmalig wird der Schutz durch das Patentamt für 2 Jahre gewährt; in weiterer Folge ist der Schutz jährlich zu erneuern (maximale Schutzdauer: 20 Jahre).

- **das Gebrauchsmustergesetz (Kapitel 4)**

  Gebrauchsmuster werden auch als „kleines Patent" bezeichnet, da es sich dabei ebenfalls um Erfindungen handelt, die allerdings keine Erfindungshöhe aufweisen müssen, sondern (lediglich) einen erfinderischen

Schritt. Daneben müssen sie ebenso wie Erfindungen nach dem Patentgesetz neu und gewerblich anwendbar sein. Im Gegensatz zum Patentschutz erlischt der Schutz nach dem Gebrauchsmustergesetz bereits nach einer Höchstdauer von 10 Jahren.

- **das Musterschutzgesetz (Kapitel 5)**
  Das „Design" eines Produkts kann mit Hilfe des Musterschutzgesetzes für 5 Jahre (durch regelmäßige Verlängerung maximal für 25 Jahre) geschützt werden, wenn es neu ist und Eigenart aufweist; nicht umfasst von diesem Schutz sind die Funktion oder die Konstruktion eines Produkts.

- **das Halbleiterschutzgesetz (Kapitel 6)**
  Das Halbleiterschutzgesetz – orientiert am Patent- und Gebrauchsmustergesetz – garantiert den Schutz von Chips (Topographie und Halbleitererzeugnis). In der Praxis verliert das Halbleiterschutzrecht immer mehr an Bedeutung zu Gunsten des Patentrechts.

- **das Urheberrechtsgesetz (Kapitel 7)**
  Im Gegensatz zu den fünf bereits genannten Bereichen des Immaterialgüterrechts verlangt das Urheberrechtsgesetz *keine* Registrierung für den Schutz. Dieser umfasst den Werkschutz (das Gesetz nennt vier Werkarten) und den Leistungsschutz (geschützt werden bestimmte Leistungen in Zusammenhang mit dem Urheberrecht). Im Gegensatz zu den anderen Rechtsbereichen kennt das Urheberrecht keine absoluten Schutzfristen; diese endet in der Regel 70 Jahre nach dem Tod des Schöpfers.

Neben den sechs Bereichen des Immaterialgüterrechts werden in Kapitel 8 rechtliche Sonderfragen zu Homepages beantwortet. Konkret sollen dabei ua der Schutz des Layouts einer Homepage und die Problematik von gleichen Domainnamen, die von verschiedenen Personen in Anspruch genommen werden möchten, behandelt werden.

➡ **Hinweis**   *Im vorliegenden Buch werden detailliert nur österreichische Bestimmungen des Immaterialgüterrechts dargestellt; daneben existieren auch weitverzweigte internationale Normen die Schutz für immaterielle Güter bieten. Auf diese wird im Sinne des Einführungsgedankens dieses Werkes nur kurz eingegangen.*

Kapitel 2 | Markenrecht

2,1   Einführung

Das Markenrecht – normiert im Markenschutzgesetz (MaSchG) – ist Teil des Kennzeichenrechts; die zentrale Norm bildet § 9 UWG („Mißbrauch von Kennzeichen eines Unternehmens"). Als Kennzeichen können neben der Marke unter anderem auch der Name – die Domain – (geschützt durch § 43 ABGB) und die Firma – als Name des Unternehmens – (geschützt durch § 17 UGB) angesprochen werden.

Die Registrierung eines Zeichens als Marke bietet vor allem den Vorteil, dass dadurch Dritte ohne Zustimmung das Zeichen nicht benützen dürfen und daher nicht am wirtschaftlichen Erfolg teilhaben können. Des Weiteren dürfen nur registrierte Marken mit dem ®-Symbol gekennzeichnet werden.

2,1.1   Begriff „Marke"

Das MaSchG definiert als „Marke" alle Zeichen, „die sich grafisch darstellen lassen, insbesondere Wörter einschließlich Personennamen, Abbildungen, Buchstaben, Zahlen und Formen oder Aufmachung der Ware, soweit solche Zeichen geeignet sind, Waren oder Dienstleistungen eines Unternehmens von denjenigen anderer Unternehmen zu unterscheiden" (vgl § 1 MaSchG). Aus dieser Formulierung kann abgeleitet werden, dass als Marke in der Regel nur Zeichen in das Markenregister eingetragen werden, die mit dem Auge wahrgenommen werden können. Daher sind auch Hologramme und körperliche Gegenstände als Marke schutzfähig.

Eine Ausnahme von diesem Grundsatz bilden so genannte Klangmarken; dabei hat die grafische Darstellung in Notenschrift zu erfolgen (§ 16 Abs 2 MaSchG). Bisher nicht schutzfähig sind – obwohl grafisch in Form von chemischen Formeln darstellbar – Duft- bzw Geruchsmarken.

2,1.2   Funktionen der Marke

Aus den Regelungen des MaSchG können verschiedene Funktionen der Marke abgeleitet werden. Dazu zählen insbesondere:

- **Herkunftsfunktion:** Die Marke soll auf die Herkunft einer Ware bzw Dienstleistung aus einem bestimmten Unternehmen hinweisen.
- **Unterscheidungs- und Kennzeichenfunktion:** § 1 MaSchG enthält die Aufgabe der Marke Waren oder Dienstleistungen zu kennzeichnen, um sie so von anderen Waren oder Dienstleistungen unterscheiden zu können.

Diese Funktion kann in Verbindung mit der Herkunftsfunktion betrachtet werden.

- **Qualitäts-, Garantie- oder Vertrauensfunktion:** Konsumenten haben in der Regel bestimmte Ansprüche an die Beschaffenheit von Markenwaren und -dienstleistungen.
- **Identifizierungsfunktion:** Die Marke soll dem Konsumenten helfen, die von ihm gesuchte Ware bzw Dienstleistung aufzufinden.
- **Werbefunktion:** Einer Marke kann auch die Funktion zukommen, den Absatz von Waren oder Dienstleistungen zu fördern; dadurch kann mit den Verbrauchern über die Marke auch kommuniziert werden.

2,1.3   Arten der Marke

Durch das MaSchG können unterschiedliche Zeichen als Marken geschützt werden; folgende Markenarten können unterschieden werden:

- **Wortmarken** bestehen aus einem oder mehreren Wörtern oder Namen (zB „COCA-COLA").
- **Bildmarken** beinhalten grafische oder bildliche Darstellungen, allerdings keine Wörter oder Schriftzeichen (zB das „Lacoste"-Krokodil).
- **Wort-Bild-Marken** sind Kombinationen aus Wort- und Bildmarken (zB der geschwungene „COCA-COLA"-Schriftzug).

➜ **Hinweis**

Sobald eine Wortmarke eine besondere Schriftart bzw Farbe aufweist, wird bereits von einer Wort-Bild-Marke ausgegangen. Gleiches gilt bei der Verwendung von Sonderzeichen, insbesondere des @-Symbols.

- **Klangmarken** sind Tonabfolgen (so genannte „Jingles"), die zur Kennzeichnung von Waren (zB „Nokia-Tune") oder Dienstleistungen dienen.
- **Körperliche Marken** können Figuren (zB „Michelin"-Männchen), Warenverpackungen oder die Ware selbst sein.
- **Farbmarken** bestehen aus einer oder mehreren konturlosen Farben (zB „Milka"-Lila); bei der Anmeldung müssen Sie in einem international anerkannten Farbcode (zB dem RGB-System) angegeben werden. Voraussetzung für den Schutz ist auch in diesem Fall, dass sich die Farbe dazu eignet, Waren oder Dienstleistungen eines Unternehmens zu kennzeichnen und unterscheidbar zu machen.

Sonderformen:

- **Buchstabenmarken** sind Zusammensetzungen mehrerer Buchstaben ohne Wortcharakter (zB „XP").
- **Ziffernmarken** bestehen aus einzelnen Ziffern; solche Marken sind nur bei Verkehrsgeltung schutzfähig, da sie keine Unterscheidungskraft aufweisen (zB „4711").

2.2 Erwerb des Markenrechts

Das Markenrecht wird durch Anmeldung des Zeichens beim Patentamt und anschließender Eintragung in das Markenregister erworben (vgl §§ 2 und 16 MaSchG). Im Folgenden sollen die Schritte von der Anmeldung bis zur Eintragung näher vorgestellt werden.

Tipp *Vor der Anmeldung eines Zeichens zur Registrierung in das Markenregister ist unbedingt eine Recherche in Bezug auf ähnliche bzw gleiche Kennzeichen (dazu gehören auch Zeichen, die nicht als Marke registriert sind) durchzuführen, um ausschließen zu können, dass durch die eigene Marke in fremde Rechte eingegriffen wird. Wird diese Recherche nicht durchgeführt, kann man ua zur Leistung von Schadenersatz in Anspruch genommen werden, wenn man fremde Rechte verletzt (vgl Tz 2.4.1).*

2.2.1 Anmeldung

Zeichen sind ausnahmslos schriftlich – per Post oder Fax – beim **Patentamt** zur Registrierung als Marke und Eintragung in das Markenregister anzumelden.

➡ Hinweis *Zur Hilfe hat das Patentamt ein Anmeldeformular (mit einer Ausfüllhilfe) aufgelegt, das auf der Homepage des Patentamtes (ua als Word-Datei) unter http://www.patentamt.at/Home/Markenschutz/Formulare/12852.html heruntergeladen werden kann.*
Das Anmeldeformular finden Sie auch im Anhang abgedruckt.

Anmeldungen sind aber auch zulässig, wenn dafür nicht das entsprechende Formular verwendet wurde. In diesem Fall hat die Anmeldung aber den Inhalt des Anmeldeformulars aufzuweisen.

Die Anmeldung hat schließlich zu enthalten:

- **Name und Adresse des Markenanmelders**
  Der Name kann sein:

  - der vollständige Firmenwortlaut laut Firmenbuch,
  - der Vor- und Zuname – ohne Abkürzungen – des Anmelders bzw der Anmelder bei Bestehen einer Gesellschaft nach bürgerlichem Recht, einer OG bzw KG oder
  - bei Vereinen der in das Vereinsregister eingetragene Vereinsname.

Tipp *Zwei oder mehr natürliche Personen können eine Marke gemeinsam anmelden, ohne eine Personen- oder Kapitalgesellschaft gründen zu müssen. Für diesen Fall schließen sich die Personen zu einer Gesellschaft nach bürgerlichem Recht zusammen, deren einziger Zweck die Anmeldung eines Zeichens zum Markenregister ist.*

- **gegebenenfalls Name und Anschrift eines Vertreters** (vgl § 61 MaSchG)
  Wenn der Anmelder weder einen Wohnsitz noch eine Niederlassung im EWR hat, ist es ausreichend, einen Zustellbevollmächtigten zu bestellen. Ist der Anmelder zB eine Kapitalgesellschaft müssen die Vorstände bzw Geschäftsführer nicht als Vertreter genannt werden.

- **Unterschrift des Markenanmelders bzw der Markenanmelder oder des bestellten Vertreters**

- **Wiedergabe der Marke**
  Wortmarken sind in Großbuchstaben wiederzugeben; Wort-Bild-Marken, Bildmarken und dreidimensionale Marken sind auf dem Anmeldeformular und zusätzlich – fünffach – auf Papier (Größe: 8 x 8 cm) der Anmeldung anzuschließen. Soll eine Klangmarke oder ein Hologramm angemeldet werden, ersucht das Patentamt um vorherige Kontaktaufnahme bezüglich der grafischen bzw auch klanglichen Wiedergabe.

- **Waren- und Dienstleistungsverzeichnis**
  In der Anmeldung ist anzugeben für welche Klassen – nach der Nizzaer Klassifikation – Schutz beantragt wird. Dabei sind nicht nur die Klassennummern, sondern auch die Bezeichnungen der Waren oder Dienstleistungen anzugeben.

Tipp   *Sie finden die Klassifikation im Anhang abgedruckt!*

➡ Hinweis   *Ohne Zustimmung des Berechtigten dürfen der Name, die Firma oder die besondere Bezeichnung des Unternehmens eines anderen nicht zur Registrierung als Marke angemeldet werden bzw generell zur Kennzeichnung von Waren oder Dienstleistungen verwendet werden (vgl § 12 MaSchG).*

Die Anmeldung wird nach Einlangen beim Patentamt auf formale Mängel geprüft; das sind Mängel, die die Registrierung des Zeichens nicht ausschließen; es wurde zB die Anschrift des Anmelders nicht korrekt angeführt. Die Verbesserung solcher Mängel ist in der Regel zulässig.

2.2.2   ## Gesetzmäßigkeitsprüfung

Jede Markenanmeldung ist auf Gesetzmäßigkeit zu überprüfen (vgl § 20 Abs 1 MaSchG). Geprüft wird dabei, ob die Anmeldung gegen ein **absolutes** (das Zeichen kann nicht als Marke in das Markenregister eingetragen werden) oder ein **relatives Registrierungshindernis** (das Zeichen kann als Marke eingetragen werden, wenn das Zeichen innerhalb der beteiligten Verkehrskreise Unterscheidungskraft aufweist) verstößt (vgl § 4 MaSchG).

Nicht als Marke eingetragen werden können Zeichen die (**absolute Registrierungshindernisse**):

- aus Staatszeichen, amtlichen Prüfungszeichen oder Zeichen internationaler Organisationen, die im Bundesgesetzblatt kundgemacht wurden, bestehen oder diesen ähnlich sind.

    Diese Bestimmung ist auch dann anzuwenden, wenn die Darstellung der Marke dem amtlichen Zeichen ähnlich ist (vgl § 7 MaSchG).

    Ausnahme: Ein genanntes Zeichen darf aufgrund einer – nachweisbaren – Auszeichnung verwendet werden, vgl § 5 MaSchG.
- die nicht der Definition des § 1 MaSchG entsprechen;
- aus der Form einer Ware bestehen, die durch die Herstellung der Ware vorgegeben ist;
- gegen die öffentliche Ordnung (das sind die tragenden Grundsätze der Rechtsordnung) oder die guten Sitten (dabei handelt es sich um die Rechtsvorschriften, die nicht gesetzlich verankert sind, sich aber aus der Betrachtung der rechtlichen Interessen ergeben), verstoßen, in der Praxis spielt dieses Registrierungshindernis nur eine untergeordnete Rolle;
- die Konsumenten zum Beispiel über die Art, die Beschaffenheit oder die geographische Herkunft der Ware oder Dienstleistung täuschen können oder
- eine geografische Angabe enthalten, durch die Weine bzw Spirituosen gekennzeichnet werden, allerdings für Weine bzw Spirituosen verwendet werden sollen, die nicht dieser Herkunft sind.

Das angemeldete Zeichen kann trotz eines vorliegenden (relativen) Registrierungshindernisses als Marke eingetragen werden, wenn es innerhalb der beteiligten Verkehrskreise vor der Anmeldung infolge seiner Benutzung Unterscheidungskraft erworben hat. Dies gilt für Zeichen, die:

- keine Unterscheidungskraft aufweisen;
- ausschließlich aus Zeichen oder Angaben bestehen, die zur Bezeichnung der Art, der Beschaffenheit, der Menge, der Bestimmung, des Wertes, der geographischen Herkunft, der Zeit der Herstellung oder ähnlicher Merkmale der Ware oder der Erbringung oder Dienstleistung dienen können oder
- ausschließlich aus Zeichen oder Angaben bestehen, die im allgemeinen Sprachgebrauch oder in den Verkehrsgepflogenheiten zur Bezeichnung der Ware oder Dienstleistung dienen.

Bestehen im Anschluss an diese Prüfung Bedenken gegen die Zulässigkeit des Zeichens, ist der Anmelder aufzufordern, sich – binnen einer festgelegten Frist – zu äußern. Lässt der Anmelder diese Frist verstreichen bzw kann die abgegebene Stellungnahme die Bedenken nicht ausräumen, ist die Anmeldung mit Beschluss abzuweisen.

2.2.3 Ähnlichkeitsprüfung

Nach positiver Gesetzmäßigkeitsprüfung ist das angemeldete Zeichen vom Patentamt auf Ähnlichkeit mit älteren Marken, die für Waren oder Dienstleistungen derselben Klasse registriert sind, zu überprüfen (vgl § 21 MaSchG). Gleiche oder ähnliche Marken bilden kein Registrierungshindernis, sind allerdings dem Anmelder mitzuteilen. Dieser kann danach entscheiden, ob das Zeichen trotzdem als Marke einzutragen ist oder ob er die Anmeldung – binnen einer vom Patentamt festgesetzten Frist – zurücknimmt.

Dem Inhaber einer älteren Marke wird nicht mitgeteilt, wenn jüngere Marken seiner Marke gleich oder ähnlich sind.

2.2.4 Eintragung

Nach der Prüfung auf Gesetzmäßigkeit und Ähnlichkeit und der Einzahlung der vorgeschriebenen Gebühren ist das Zeichen als Marke zu registrieren. Dazu wird die Marke in das, vom Patent geführte, Markenregister eingetragen; dabei sind folgende Informationen anzuführen (vgl § 17 MaSchG):

- die Marke (Wortmarken sind dabei in Großbuchstaben, Ziffernmarken in arabischen Ziffern einzutragen),
- die Registernummer,
- der Tag der Anmeldung,
- der Inhaber der Marke bzw dessen Vertreter,
- die Waren oder Dienstleistungen, für welche die Marke bestimmt ist und
- der Beginn der Schutzdauer.
- Gegebenenfalls ist auch der Hinweis, dass die Marke aufgrund eines Nachweises der Verkehrsgeltung registriert wurde, einzutragen.

Dem Markeninhaber wird eine amtliche Bestätigung (die Markenurkunde) ausgestellt, die den Inhalt der Eintragung wiedergibt. Des Weiteren ist die Marke nach ihrer Registrierung im Markenanzeiger zu veröffentlichen.

2.2.5 Schutzdauer und territorialer Umfang des Schutzes

Das Markenrecht entsteht mit dem Tag der Eintragung der Marke in das Markenregister. Der Schutz nach dem MaSchG endet zehn Jahre nach dem Ende des Monats, in dem die Marke registriert wurde (vgl § 19 MaSchG).

> **Beispiel:**
> Die Marke wurde am 14.9.200x in das Markenregister eingetragen; der Schutz endet am 30.9.201x.

Durch rechtzeitige Erneuerung kann der Markenschutz danach immer wieder um 10 Jahre verlängert werden. Hinsichtlich der diesbezüglich anfallenden Gebühren *siehe Tz 2.2.6.*

Der Schutz beschränkt sich auf das österreichische Staatsgebiet. Zum internationalen Schutz *siehe Tz 2,2.7.*

2,2.6　　**Gebühren**

In Zusammenhang mit der Anmeldung eines Zeichens zur Registrierung als Marke fallen folgende Gebühren an:

Anmeldung	€	80,—
Klassengebühr (für drei Klassen)	€	20,—
Schutzdauergebühr	€	200,—
Druckkostenbeitrag	€	25,—
Bestätigung über die Registrierung	€	4,—
	€	329,—
+ Klassengebühr ab der vierten Klasse pro Klasse	€	25,—

Damit das Prüfungsverfahren der Anmeldung beginnt, ist es – mindestens – notwendig die Anmelde- und die Klassengebühr zu bezahlen. Durch die Bezahlung aller Gebühren kann das Verfahren beschleunigt werden; kommt es nicht zur Registrierung der Marke, werden die Schutzdauergebühr, der Druckkostenbeitrag und der Beitrag für die Bestätigung über die Registrierung zurückerstattet.

Nach Abschluss des gesamten Verfahrens werden vom Patentamt die so genannten Schriftengebühren ermittelt und dem Anmelder vorgeschrieben. Diese Gebühren hängen von der Art und der Anzahl der Eingaben ab und können daher nicht pauschal benannt werden.

Durch rechtzeitige Einbezahlung der **Erneuerungsgebühr** (€ 500,—), diese wird am Ende der Schutzdauer fällig, kann der Schutz immer wieder um zehn Jahre verlängert werden. Einbezahlt werden kann die Erneuerungsgebühr frühestens ein Jahr vor Fälligkeit und spätestens sechs Monate – mit einem Aufschlag in Höhe von 20% – danach.

2,2.7　　**Internationaler Schutz**

Das Madrider Markenabkommen ermöglicht es eine national bereits registrierte Marke beim internationalen Büro zum Schutze des gewerblichen Eigentums in Genf international registrieren zu lassen. Die Marke wird dadurch in jedem Mitgliedsland des Abkommens geschützt. Die Schutzdauer beträgt 20 Jahre und kann immer wieder für weitere 20 Jahre erneuert werden.

Im Rahmen der EU kann eine Gemeinschaftsmarke direkt beim Europäischen Harmonisierungsamt für den Binnenmarkt in Alicante (Spanien) oder auch beim österreichischen Patentamt angemeldet werden.

2,3 Inhalt des Markenrechts

Die – eingetragene – Marke gewährt ihrem Inhaber das ausschließliche Recht, Dritten zu verbieten, ohne seine Zustimmung (*siehe dazu die Ausführungen unter Tz 2,6*) im geschäftlichen Verkehr (vgl § 10 Abs 1 MaschG):

Anmerkung: *Unter dem Begriff „geschäftlicher Verkehr" werden alle auf Erwerb gerichteten Tätigkeiten zusammengefasst; eine Gewinnabsicht ist nicht notwendig solange am Erwerbsleben teilgenommen wird.*

- ein mit der Marke gleiches Zeichen für Waren oder Dienstleistungen zu benutzen, die mit denjenigen gleich sind, für die die Marke eingetragen ist (eine völlige Identität ist nicht erforderlich) oder
- ein mit der Marke gleiches oder ähnliches Zeichen für gleiche oder ähnliche Waren oder Dienstleistungen zu benutzen, wenn dadurch Verwechslungsgefahr besteht. Das Vorliegen der Verwechslungsgefahr ist streng zu prüfen.

➡ Hinweis: *Verwechslungsgefahr ist insbesondere dann gegeben, wenn der durchschnittliche Konsument im Rahmen einer Gesamtbetrachtung glauben könnte, dass die Waren oder Dienstleistungen aus demselben Unternehmen stammen.*

Ein Zeichen wird insbesondere dann zur Kennzeichnung benutzt wenn (vgl § 10a MaSchG):

- es auf Waren oder deren Verpackung bzw an Gegenständen, die zur Erbringung einer Dienstleistung dienen, angebracht wird;
- unter dem Zeichen Waren angeboten, in den Verkehr gebracht oder zu diesen Zwecken besessen werden bzw unter dem Zeichen Dienstleistungen angeboten oder erbracht werden;
- Waren unter dem Zeichen eingeführt oder ausgeführt werden oder
- das Zeichen in Geschäftspapieren, Ankündigungen oder der Werbung verwendet wird.

2,3.1 Schutz der bekannten Marke

Neben dem Schutz der Marke kennt das MaSchG den Schutz der „bekannten" Marke (vgl § 10 Abs 2 MaSchG). Durch diese Bestimmung kann der Inhaber einer Marke Dritten verbieten, ohne seine Zustimmung, ein mit der Marke gleiches oder ähnliches Zeichen für Waren oder Dienstleistungen zu benutzen (*vgl Tz 2,3*), die nicht den Waren oder Dienstleistungen ähnlich sind, für die die Marke eingetragen wurde, wenn

- diese – im Inland – bekannt ist und
- die Benutzung des Zeichens die Unterscheidungskraft oder die Wertschätzung der Marke ausnützt oder beeinträchtigt.

Die Marke muss spätestens am Tag der Anmeldung der jüngeren Marke bzw im Entstehungszeitpunkt des jüngeren sonstigen Zeichens bekannt sein.

2.3.2 Freie Benutzung

Das MaSchG bietet in der Regel dem Inhaber einer Marke Schutz vor Eingriffen in seine Rechte. Einem Dritten darf jedoch nicht verboten werden (vgl § 10 Abs 3 MaSchG):

- den Namen und die Anschrift des Markeninhabers,
- Angaben über Merkmale (insbesondere Art, Menge, Herkunft) der Ware oder der Erbringung der Dienstleistung oder
- die Marke als Hinweis auf die Bestimmung der Ware (zB als Ersatzteil oder Zubehör) oder Dienstleistung

im geschäftlichen Verkehr zu benutzen, wenn dies den anständigen Gepflogenheiten in Gewerbe und Handel entspricht.

> **Beispiel:**
> Eine Kfz-Werkstätte, die vertraglich nicht an einen bestimmten Autoproduzenten gebunden ist, darf zB damit werben Pkw der Marke „Mercedes-Benz" zu reparieren, wenn sie auf diese Marke spezialisiert ist (zB durch eine frühere Vertragsbeziehung, Spezialwerkzeuge etc).

Des Weiteren kann der Inhaber einer Marke einem Dritten die Verwendung der Marke für Waren, die vom Inhaber oder mit dessen Zustimmung im EWR in den Verkehr (dh, die Ware wird an einen Konsumenten verkauft) gebracht wurden, nicht verbieten (vgl § 10b MaSchG).

Ausnahme *Der Markeninhaber kann sich – bei Vorliegen rechtfertigender Gründe – dem weiteren Vertrieb der Waren unter seiner Marke widersetzen. Als rechtfertigende Gründe können insbesondere die Veränderung oder die Verschlechterung des Zustandes einer Ware genannt werden.*

2.4 Schutz des Markenrechts

Der Inhaber kann sein Markenrecht auf zwei Arten durchsetzen: Zum einen auf privatrechtlichem, zum anderen auf strafrechtlichem Weg. Allerdings kann er nicht gegen die freie Benutzung seiner Marke durch Dritte oder gegen ältere Marken vorgehen.

2.4.1 Privatrechtlicher Schutz

Privatrechtliche Möglichkeiten des Schutzes des Markenrechts sind die Ansprüche auf:

- Unterlassung, wenn eine Markenverletzung erfolgte oder zu erfolgen droht (§ 51 MaSchG); es kann auch der Inhaber des Unternehmens auf Unterlassung geklagt werden, wenn die Markenverletzung von einem Bediensteten oder Beauftragten begangen wurde oder droht (§ 54 MaSchG).

- Beseitigung von markenverletzenden Gegenständen (§ 52 MaSchG); es kann auch verlangt werden, dass Vorräte vernichtet werden bzw Werkzeuge und Hilfsmittel zur Herstellung solcher Gegenstände unbrauchbar gemacht werden. Statt der Vernichtung kann der Verletzte, gegen eine angemessene Entschädigung (diese darf die Herstellungskosten nicht übersteigen), auch die Überlassung der Gegenstände verlangen.
- Angemessenes Entgelt, unabhängig vom Nachweis eines Verschuldens (§ 53 MaSchG).

➡ Hinweis: *Als Hilfe zur Bemessung der Höhe können die ansonsten üblichen Lizenzgebühren herangezogen werden.*

Wurde die Marke grob fahrlässig oder vorsätzlich verletzt, kann das doppelte Entgelt verlangt werden.

(**Definition:** Grobe Fahrlässigkeit liegt vor, wenn die Sorglosigkeit – in diesem Fall eine ausreichende Recherche nach ähnlichen Marken – so schwer ist, dass sie einem ordentlichen Menschen in dieser Situation nicht unterläuft; vorsätzlich handelt, wem die Rechtswidrigkeit bewusst ist, den Schaden vorhersieht und billigt.)

Bei schuldhafter Markenverletzung kann stattdessen Schadenersatz einschließlich des entgangenen (fiktiven) Gewinns bzw die Herausgabe des, durch die Markenverletzung, erzielten Gewinns verlangen; dabei handelt es sich nicht um den Umsatz, den der Verletzer mit dem Verkauf der Ware erzielt hat, sondern viel mehr um den Reingewinn.

(**Definition:** Schuldhaft handelt, wer ein Verhalten setzt, das er hätte vermeiden sollen und auch hätte vermeiden können.)

➡ Hinweis: *In diesem Fall ist leichte Fahrlässigkeit ausreichend; leicht fahrlässig handelt wer ein Verhalten – in diesem Fall eine ausreichende Recherche nach ähnlichen Marken – setzt, das gelegentlich auch einem sorgfältigen Menschen unterläuft*

Darüber hinaus hat der Verletzte unter Umständen Anspruch auf immateriellen Schadenersatz (dh, der Verletzte hat keinen Schaden, der in Geld messbar ist), wenn seine Marke fahrlässig bzw vorsätzlich verletzt wurde.

Tipp   *Vor der Verwendung eines Kennzeichens ist man dazu verpflichtet, sich sorgfältig darüber zu informieren, ob man dadurch in fremde Rechte eingreift. In diesem Zusammenhang ist daher vor der Anmeldung einer Marke oder der Verwendung eines Kennzeichens dringend eine umfassende Recherche in Bezug auf ähnliche Marken oder Kennzeichen durchzuführen. Wer ohne Recherche ein Kennzeichen und zB ein Markenrecht verletzt, begeht diese Verletzung schuldhaft und kann auf Leistung von Schadenersatz (einschließlich Gewinn) bzw Herausgabe des erzielten Gewinns in Anspruch genommen werden.*

In diesem Zusammenhang hat der Inhaber der Marke den Anspruch auf Rechnungslegung (§ 151 PatG) durch den Verletzer seines Markenrechts;

diese Rechnungslegung kann in der Folge auf ihre Richtigkeit – von einem Sachverständigen – überprüft werden.

Achtung! *Stellt sich nach der Prüfung die Richtigkeit der Rechnungslegung heraus, hat der Inhaber der Marke die Kosten der Prüfung zu tragen!*

Ansprüche bei Markenverletzungen – Übersicht:		
unbefugte Markenbenutzung	schuldhafte Markenverletzung	
	leichte Fahrlässigkeit	grobe Fahrlässigkeit oder Vorsatz
angemessenes Entgelt	angemessenes Entgelt und immaterieller Schadenersatz *oder* Schadenersatz (einschließlich Gewinn) und immaterieller Schadenersatz *oder* Herausgabe des Gewinns und immaterieller Schadenersatz	angemessenes Entgelt und immaterieller Schadenersatz *oder* Schadenersatz (einschließlich Gewinn) und immaterieller Schadenersatz *oder* Herausgabe des Gewinns und immaterieller Schadenersatz *oder* doppeltes Entgelt

- Wer in einer der ihm aus einer Marke zustehenden Befugnisse verletzt worden ist, hat die Möglichkeit Auskunft über den Ursprung und die Vertriebswege der Gegenstände zu verlangen, mit denen das Markenrecht verletzt wurde, soweit dadurch nicht gegen das gesetzliche Verschwiegenheitsgebot verstoßen wurde (§ 55a MaSchG). Zur Auskunftserteilung verpflichtet sind Personen die gewerbsmäßig:
- rechtsverletzende Waren in Besitz gehabt haben,
- rechtsverletzende Dienstleistungen in Anspruch genommen haben oder
- für Rechtsverletzungen genutzte Dienstleistungen erbracht haben.

Die Auskunftspflicht umfasst dabei zB die Namen und Anschriften der Hersteller, Lieferanten und Verkaufsstellen bzw die Mengen und Preise der Waren oder Dienstleistungen.

- Urteilsveröffentlichung (§ 149 PatG): Bei Klage auf Unterlassung oder Beseitigung hat das Gericht der siegenden Partei – auf deren Antrag – im Urteil das Recht zuzusprechen, das Urteil oder einen abweichenden Text auf Kosten des Gegners zu veröffentlichen.

Die Ansprüche auf Geld, Rechnungslegung und Auskunft müssen innerhalb von drei Jahren (§ 149 PatG iVm § 1489 ABGB) geltend gemacht werden.

2,4.2 Strafrechtlicher Schutz

Wer im geschäftlichen Verkehr eine Marke vorsätzlich verletzt ist vom Gericht mit einer Geldstrafe (bis zu 360 Tagessätzen) zu bestrafen; wer die Verletzung gewerbsmäßig begangen hat ist mit einer Freiheitsstrafe bis zu zwei Jahren zu bestrafen (vgl § 60 Abs 1 MaSchG).

Anmerkung: *In der Regel handelt gewerbsmäßig, wer sich durch die wiederholte Bege-hung der Tat eine fortlaufende Einnahmequelle schaffen will.*

➡ **Hinweis** *Wer einen Namen, eine Firma oder sonstige besondere Bezeichnung eines Unternehmens oder ein diesen Zeichen ähnliches Zeichen zur Kennzeich-nung von Waren oder Dienstleistungen benutzt (vgl 2,3.1) das geeignet ist, Verwechslungen hervorzurufen, ist ebenso wie der Verletzer einer Marke (Geldstrafe bis zu 360 Tagessätzen bzw Freiheitsstrafe bis zu zwei Jahren) zu bestrafen (vgl § 60 Abs 2 MaSchG).*

Der Inhaber eines Unternehmens ist genauso zu bestrafen, wenn er eine in seinem Betrieb – von einem Bediensteten oder einem Beauftragten – began-gene Verletzung nicht verhindert hat. Bedienstete oder Beauftragte sind hin-gegen nicht zu bestrafen, wenn sie die Handlung im Auftrag ihres Dienst- oder Auftraggebers vorgenommen haben und ihnen – aus wirtschaftlichen Gründen – nicht zugemutet werden konnte, die Durchführung abzulehnen.

Im Strafverfahren sind die Ansprüche auf Beseitigung und Urteilsveröffentli-chung anwendbar (*siehe Tz 2,4.1*).

➡ **Hinweis** *Strafrechtliche Sanktionen gegen den Verletzer einer Marke sind nur auf Ver-langen des Verletzten zu verfolgen.*

2,4.3   Verwirkung von Ansprüchen

Duldet der Inhaber einer – älteren – Marke während eines Zeitraums von fünf Jahren die (ihm bekannte) Verwendung eines jüngeren – ähnlichen oder gleichen – Kennzeichens, kann er nicht gegen diese Verwendung vorgehen. Wird das jüngere Kennzeichen allerdings bösgläubig benützt bzw eine jünge-re Marke bösgläubig angemeldet (dh, die Benützung oder Anmeldung erfolgt aufgrund rechtsmissbräuchlicher oder sittenwidriger Handlungen), verwirkt der Inhaber der älteren Marke seine Rechte nicht; die Bösgläubigkeit ist al-lerdings vom Inhaber der Marke zu beweisen (vgl § 58 MaSchG).

Im Gegensatz dazu kann sich allerdings der Inhaber der jüngeren Marke bzw der Benützer des jüngeren Zeichens nicht gegen die Verwendung der älteren Marke widersetzen, auch wenn deren Inhaber seine Ansprüche verwirkt hat.

Tipp *Wurde die ältere Marke fünf Jahre lang nicht ernsthaft benutzt, kann von je-dermann deren Löschung beantragt werden (vgl Tz 2,5.4.3).*

2,5 Verlust des Markenrechts

Eine Marke ist bei Vorliegen eines – der vier im Folgenden genannten – Löschungsgrundes aus dem Markenregister zu löschen (vgl § 29 MaSchG):

- Antrag des Inhabers,
- Nicht-Erneuerung der Registrierung,
- Erlöschen des Markenrechts aus einem anderen Grund (Dieser Löschungsgrund ist nach einer Novelle des MaSchG in der Praxis nicht mehr relevant) und
- Stattgabe eines Löschungsantrages.

2,5.1 Antrag des Inhabers

Mit einem Löschungsantrag des Inhabers wird der Verzicht auf die Marke rechtswirksam und damit unwiderruflich; der Antrag ist gegenüber dem Patentamt abzugeben. Möglich ist auch ein Teilverzicht; in diesem Fall werden Waren- bzw Dienstleistungsgruppen aus dem Waren- und Dienstleistungsverzeichnis gelöscht.

2,5.2 Unterlassen der Erneuerung der Registrierung

Die Schutzdauer der Marke endet zehn Jahre nach dem Ende des Monats in dem die Marke registriert wurde. Durch rechtzeitige Bezahlung der Erneuerungsgebühr kann die Schutzdauer immer wieder um zehn Jahre verlängert werden.

Wird die Erneuerungsgebühr allerdings nicht rechtzeitig – spätestens sechs Monate nach der Fälligkeit – einbezahlt, endet der Schutz. Die Marke ist daraufhin aus dem Markenregister zu löschen.

2,5.3 Löschungsantrag

Ein Löschungsantrag kann bei Vorliegen eines **relativen** bzw eines **absoluten Löschungsgrundes** bei der Nichtigkeitsabteilung gestellt werden (vgl § 37 MaSchG). Relative Löschungsgründe können dabei nur von bestimmten Personen, absolute Löschungsgründe von jedermann geltend gemacht werden.

2,5.3.1 Relative Löschungsgründe

Ein relativer Löschungsgrund liegt vor, wenn eine ältere Marke mit einer jüngeren Marke kollidiert. Es ist daher notwendig, dass (a) dem Antragsteller das ältere Recht, das kann auch ein Firmenkennzeichen sein, zusteht und (b) beide Zeichen gleich oder ähnlich sind und daher Verwechslungsgefahr besteht.

- Der Inhaber einer (noch) registrierten älteren Marke kann die Löschung der jüngeren Marke verlangen, wenn (a) die beiden Marken und die Waren bzw Dienstleistungen, für die die Marken eingetragen sind, gleich oder (b) ähnlich sind und dadurch Verwechslungsgefahr besteht.
  Des Weiteren kann ein Löschungsantrag gestellt werden, wenn zwar die Marken gleich oder ähnlich aber für verschiedene Waren bzw Dienstleistungen eingetragen sind, dadurch aber die Unterscheidungskraft oder die Wertschätzung der, am Tag der Anmeldung der jüngeren Marke, älteren bekannten Marke in unlauterer Weise ausgenutzt oder beeinträchtigt würde (vgl § 30 MaSchG).

> **Beispiel:**
>
> Ein findiger Brauereibetreiber möchte im Rahmen einer sportlichen Großveranstaltung am wirtschaftlichen Gewinn „mitnaschen". Aus diesem Grund beschließt er sein Bier unter einer speziellen Wort-Bild-Marke (in einer besonderen Schriftart ist das Wort „AUSTRIA" zu lesen; über der rechten oberen Ecke ist eine springende Kuh zu sehen) zu vertreiben. Diese Marke ähnelt der Marke eines internationalen Konzerns, der unter anderem unter der eingetragenen – bekannten – Marke P*** (über die rechte obere Ecke des Schriftzuges springt eine Raubkatze) Sportartikel (Klasse 25 und 28) herstellt und vertreibt.
>
> In diesem Fall kann sich der internationale Konzern gegen den Brauereibetreiber zur Wehr setzen und einen Löschungsantrag stellen, da die spätere Marke die bekannte Marke ausnützt, indem davon ausgegangen wird, dass die Konsumenten mit diesem speziellen Bier ein besonders sportliches Getränk verbinden.

- Die Löschung einer Marke kann von demjenigen beantragt werden, der nachweist, dass das von ihm verwendete – allerdings nichtregistrierte – Zeichen bereits zum Zeitpunkt der Anmeldung der angefochtenen gleichen oder ähnlichen Marke Verkehrsgeltung aufgewiesen hat. Die Löschung kann nicht beantragt werden, wenn die Marke bereits vor der Registrierung ebenso lange wie das gleiche oder ähnliche Zeichen als nichtregistriertes Zeichen verwendet wurde (vgl § 31 MaSchG).

➡ **Hinweis**   *Der Löschungsantrag ist abzuweisen, wenn der Inhaber des nichtregistrierten Zeichens die Verwendung der Marke fünf Jahre lang geduldet hat.*

- Ein Unternehmer kann die Löschung einer Marke beantragen, wenn diese seinen Namen, seine Firma oder besondere Bezeichnung seines Unternehmens oder diesen Bezeichnungen ähnliche Bezeichnungen enthält und ohne seine Zustimmung registriert wurde. Damit diesem Antrag stattgegeben werden kann ist es notwendig, dass durch die registrierte Marke Verwechslungsgefahr mit einer der genannten Bezeichnungen auftreten kann (vgl § 32 MaSchG).

Definition: Unternehmer ist, wer ein Unternehmen betreibt; ein Unternehmen ist jede auf Dauer angelegte Organisation selbstständiger wirtschaftlicher Tätigkeit.

➡ **Hinweis** *Der Löschungsantrag ist abzuweisen, wenn der Inhaber des nichtregistrierten Zeichens die Verwendung der Marke fünf Jahre lang geduldet hat.*

2,5.3.2 Absolute Löschungsgründe

Absolute Löschungsgründe können von jedermann ohne ein besonderes Interesse geltend gemacht werden:

- Aus einem von Amts wegen wahrzunehmenden Grund kann die Löschung einer Marke von jedermann beantragt werden (vgl § 33 MaSchG). Dabei handelt es sich um die Gründe, aus denen ein Zeichen überhaupt nicht als Marke registriert werden kann (*vgl Tz 2,2*).
- Die Löschung einer Marke kann von jedermann beantragt werden, wenn diese mindestens fünf Jahre lang für die eingetragenen Waren oder Dienstleistungen – weder vom Inhaber noch von einem berechtigten Dritten – ernsthaft benutzt (*vgl Tz 2,3*) wurde (vgl § 33a MaSchG).

➡ **Hinweis** *Die Ernsthaftigkeit der Benützung ist für den Einzelfall zu beurteilen. Es ist allerdings zB nicht möglich die Ernsthaftigkeit durch die Erhebung von Verkaufszahlen einer bestimmten Ware festzustellen.*

Die Löschung kann allerdings nicht beantragt werden, wenn eine Marke in einer Form verwendet wird, die in ihren Bestandteilen von der eingetragenen Marke abweicht, solange die Unterscheidungskraft der Marke nicht beeinflusst wird.

Die Benützung der Marke ist im Verfahren vom Markeninhaber zu beweisen.

- Jedermann kann die Löschung einer Marke beantragen, wenn sie – nach der Eintragung – durch das Verhalten oder Untätigkeit des Inhabers im geschäftlichen Verkehr zur gebräuchlichen Bezeichnung (Gattungsbezeichnung) einer Ware oder Dienstleistung für die sie eingetragen ist, geworden ist (vgl § 33b MaSchG).

> **Beispiel:**
> Die Marken „Tixo", „Walkman" oder „Uhu" gelten als Gattungsbezeichnungen für Klebefilm, tragbare Kassettenabspielgeräte mit Kopfhörern bzw flüssigen Klebstoff.

Tipp *Als Inhaber einer Marke sollte man regelmäßig kontrollieren ob diese in einem Wörterbuch, Lexikon oder ähnlichem Nachschlagewerk – darunter sind auch elektronisch zugängliche Nachschlagewerke zu verstehen – wiedergegeben wird. Erweckt nämlich diese Wiedergabe den Eindruck, dass es sich bei der Marke um eine Gattungsbezeichnung handelt, ist der*

> *Verleger auf das Markenrecht hinzuweisen und dazu aufzufordern, dass im Rahmen einer Neuauflage der Marke der Hinweis angefügt wird, dass es sich um eine eingetragene Marke handelt.*

- Ist die eingetragene Marke dazu geeignet Konsumenten insbesondere über die Art, die Beschaffenheit oder die geographische Herkunft einer Ware oder Dienstleistung irrezuführen, kann jedermann die Löschung beantragen (vgl § 33c MaSchG).
- Die Löschung einer Marke kann von jedermann beantragt werden, wenn der Anmelder bei der Anmeldung bösgläubig war (vgl § 34 MaSchG). In diesem Fall wird Bösgläubigkeit insbesondere dann gegeben sein, wenn durch die Anmeldung ein Mitbewerber sittenwidrig behindert werden soll, eine bekannte Marke von einem Dritten für Waren bzw Dienstleistungen schützen lässt, die bisher nicht vom Schutz umfasst waren, um den Inhaber daran zu hindern die Marke selbst für diese Waren bzw Dienstleistungen einzusetzen oder ein Fall von Markenpiraterie vorliegt (dh, mehrere – bekannte – Zeichen werden als Marke angemeldet mit der Absicht diese gegen Geld zu übertragen).

2,6 Übertragung des Markenrechts

Das Markenrecht kann auf zwei Arten übertragen werden: Zum einen durch Lizenzen, zum anderen durch Vereinbarung – zB im Rahmen eines Verkaufes – zwischen dem Inhaber und einer dritten Person.

2,6.1 Lizenz

Das Markenrecht kann durch eine ausschließliche oder nicht ausschließliche Lizenz übertragen werden. Inhalt der Lizenz können dabei alle Waren oder Dienstleistungen (oder ein Teil davon) sein, für die die Marke eingetragen wurde; des Weiteren kann sich die Lizenz auf das gesamte Bundesgebiet oder einen Teil davon erstrecken (vgl § 14 MaSchG).

Der Inhaber der Marke kann allerdings seine Rechte in bestimmten Fällen gegen den Lizenznehmer geltend machen wenn dieser in Bezug auf:

- die Dauer der Lizenz,
- die Form, in der die Marke verwendet werden darf,
- die Art der Waren oder Dienstleistungen, für die die Lizenz erteilt wurde,
- das Gebiet, in dem die Marke verwendet werden darf, oder
- die Qualität der hergestellten Waren oder erbrachten Dienstleistungen

gegen den Lizenzvertrag verstößt.

2,6.2   Übertragung durch Vereinbarung

Die Marke kann für einen Teil oder alle eingetragenen Waren oder Dienstleistungen von ihrem Inhaber auf eine andere Person übertragen werden. Dafür ist es nicht notwendig, dass das gesamte Unternehmen veräußert wird; dh, auch natürliche Personen können Marken übertragen bzw übertragen bekommen.

Gehört das Markenrecht zu einem Unternehmen, geht es bei dessen Veräußerung – einschließlich aller Lizenzen – auf den neuen Inhaber über. Dieser Übergang kann allerdings durch eine besondere Vereinbarung zwischen Veräußerer und Erwerber ausgeschlossen werden.

2,7   Behörden und Gerichte

Zuständig für Markenangelegenheiten ist das **Patentamt**. Über Markenanmeldungen, Änderungsanträge zum Registerstand sowie die Löschung von Marken entscheiden die Mitglieder der **Rechtsabteilung**. Beschlüsse der Rechtsabteilung können durch Beschwerde an die **Beschwerdeabteilung** angefochten werden. Gegen die Entscheidung der Beschwerdeabteilung ist kein weiteres – ordentliches – Rechtsmittel zulässig.

Die **Nichtigkeitsabteilung** des Patentamtes entscheidet insbesondere über Anträge auf Löschung einer Marke; gegen Entscheidungen der Nichtigkeitsabteilung steht die Berufung an den **Obersten Patent- und Markensenat** offen.

Die Beschwerde- und die Nichtigkeitsabteilung entscheiden jeweils durch drei Mitglieder (zwei davon müssen rechtskundig sein), von denen eines den Vorsitz führt. Der Oberste Patent- und Markensenat entscheidet in Senaten unter dem Vorsitz des Präsidenten bzw des Vizepräsidenten; daneben müssen drei rechtskundige Mitglieder und ein fachtechnisches Mitglied dem Senat angehören.

Über zivilrechtliche Ansprüche (*vgl Tz 2,4.1*) bzw strafrechtliche Sanktionen (*vgl Tz 2,4.2*) entscheiden die ordentlichen Gerichte. In **Zivilrechtssachen** sind die Handelsgerichte (außer in Wien sind die Handelsgerichte bei den Landesgerichten für Zivilrechtssachen angesiedelt) sachlich zuständig; örtlich zuständig ist das Handelsgericht in dessen Sprengel der Beklagte sein Unternehmen betreibt bzw seinen allgemeinen Gerichtsstand hat. Strafverfahren obliegen dem Einzelrichter des Gerichtshofes erster Instanz (= Einzelrichter am Landesgericht für Strafsachen); die örtliche Zuständigkeit richtet sich nach dem Ort an dem die Markenverletzung begangen wurde.

Kapitel 3	**Patentrecht**

3,1 Einführung

Im Patentrecht – normiert im Patentgesetz (PatG) – wird die Erteilung von Patenten für Erfindungen geregelt. Die Patentierung hat vor allem den Vorteil, dass die Erfindung vor der Ausbeutung bzw Nachahmung durch Dritte geschützt wird; dh, dem Erfinder wird ein – allerdings beschränktes – Monopol auf seine Erfindung eingeräumt.

Im Rahmen des Patentrechts ist zwischen den Begriffen „Patent" und „Erfindung" zu unterscheiden; beide Begriffe werden allerdings im PatG nicht genau definiert. Des Weiteren muss angemerkt werden, dass nicht jede „Erfindung" bei Anmeldung zur Registrierung automatisch zu einem Patent führt.

3,1.1 Theorien des Patentrechts

Die Einräumung eines (befristeten) Monopols auf Erfindungen kann durch folgende Theorien – unterschiedlich – gerechtfertigt werden:

- **Eigentumstheorie:** Neue Erfindungen fallen in das Eigentum des Erfinders; er kann sich gegen die Übernahme seiner Leistung durch Dritte zur Wehr setzen.
- **Belohnungstheorie:** Der Erfinder soll für seine Leistung, die er – in der Regel – für die Allgemeinheit erbringt, belohnt werden. Aus diesem Grund soll ihm das Recht eingeräumt werden, seine Erfindung zu verwerten.
- **Ansporntheorie:** Das Patentrecht soll dazu anspornen erfinderisch tätig zu werden, um in weiterer Folge den technischen und wirtschaftlichen Fortschritt zu fördern.
- **Offenbarungstheorie:** Durch die Erteilung des Patents soll der Erfinder dazu animiert werden, seine Erfindung auch der Öffentlichkeit vorzustellen, damit diese weiterentwickelt werden kann, ohne seine Rechte daran zu verlieren.

Vor allem die Eigentums-, die Belohnungs- und die Offenbarungstheorie finden im PatG Niederschlag.

3,1.2 Begriff „Patent"

Das „Patent" kann als Schutzrecht an einer Erfindung,

- die neu ist,
- sich für den Fachmann nicht in nahe liegender Weise aus dem Stand der Technik ergibt (dh, es muss eine bestimmte Erfindungshöhe vorliegen) und
- gewerblich anwendbar ist,

erworben werden (vgl § 1 Abs 1 PatG). Im Folgenden sollen die Voraussetzungen der Patentierbarkeit näher beschrieben werden.

3,1.2.1   Neuheit

Damit eine Erfindung patentiert werden kann ist es notwendig, dass sie neu ist; dh, die Erfindung darf nicht zum „Stand der Technik" gehören. Den Stand der Technik bildet alles, was der Öffentlichkeit vor dem Tag der Anmeldung durch

- schriftliche oder mündliche Beschreibung,
- Benützung oder
- in sonstiger Weise

zugänglich gemacht worden ist („absolute Neuheit", vgl § 3 PatG).

Ob die Erfindung vom Erfinder selbst oder von einem Dritten der Öffentlichkeit zugänglich gemacht wird ist bei der Beurteilung der Frage, ob Neuheit vorliegt unerheblich. Das PatG sieht allerdings vor, dass Neuheit trotz einer Veröffentlichung gegeben sein kann, wenn diese nicht länger als sechs Monate zurückliegt und (a) zum Nachteil des Erfinders oder (b) im Rahmen einer amtlich anerkannten Ausstellung stattfand.

➡ **Hinweis**   *Da eine Erfindung nicht dem Stand der Technik entsprechen darf, können Weiterentwicklungen nicht durch das PatG sondern möglicherweise durch das Gebrauchsmustergesetz (GMG) geschützt werden (siehe Kapitel 4).*

3,1.2.2   Erfindungshöhe

Damit von einer Erfindung gesprochen werden kann, muss eine erfinderische Tätigkeit vorliegen, die sich für den (Durchschnitts-)Fachmann nicht aus dem Stand der Technik ergeben. Aus diesem Grund können Weiterentwicklungen ebenfalls (*vgl dazu Tz 5,1.2.1*) keine Erfindung sein. Die Frage, ob eine entsprechende Erfindungshöhe gegeben ist, ist im Vorhinein zu beurteilen.

3,1.2.3   Gewerbliche Anwendbarkeit

Eine Erfindung ist gewerblich anwendbar, wenn sie der gewerblichen Vervielfältigung zugänglich ist (dh, es müssen die Merkmale einer berufsmäßigen Tätigkeit vorliegen). Damit ist allerdings nicht gemeint, dass eine Verwertung auch tatsächlich stattzufinden hat bzw die Sicherstellung, dass die Erfindung dem Erfinder auch einen wirtschaftlichen Vorteil bringen kann. Dieses Merkmal ist vor allem bei Erfindungen, die „unsinnigen Problemstellungen" zugrunde liegen, nicht gegeben.

3,1.2.4 **Ausnahmen von der Patentierbarkeit**

§ 2 PatG normiert Fälle in denen Erfindungen nicht patentiert werden können. Dazu gehören:

- Erfindungen, deren Verwertung gegen die öffentliche Ordnung (das sind die tragenden Grundsätze der Rechtsordnung) oder die guten Sitten (dabei handelt es sich um die Rechtsvorschriften, die nicht gesetzlich verankert sind, sich aber aus der Betrachtung der rechtlichen Interessen ergeben) verstoßen würde (dh, auch Erfindungen, die den genannten ähnlich sind, können nicht patentiert werden).

Dazu gehören insbesondere:

- Verfahren zum Klonen von menschlichen Lebewesen,
- Verfahren zur Veränderung der genetischen Identität der Keimbahn des menschlichen Lebewesens,
- die Verwendung von menschlichen Embryonen,
- die Herstellung und Verwertung von hybriden Lebewesen, die aus Zellen oder Zellkernen von Menschen und Tieren entstehen,
- Verfahren zur Veränderung der genetischen Identität von Tieren, die geeignet sind, Leiden dieser Tiere ohne wesentlichen medizinischen Nutzen für den Menschen oder das Tier zu verursachen.
- Verfahren zur chirurgischen oder therapeutischen Behandlung des menschlichen oder tierischen Körpers und Diagnoseverfahren, die am menschlichen oder tierischen Körper vorgenommen werden.

➡ **Hinweis** *Patentiert werden können allerdings Stoffe oder Stoffgemische, die zur Anwendung in einem chirurgischen Verfahren oder einem Diagnoseverfahren bestimmt sind.*

- Pflanzensorten oder Tierrassen und für Verfahren zur Züchtung von Pflanzen oder Tieren, die im Wesentlichen biologisch sind (zB auf Kreuzung oder Selektion beruhen).

3,1.2.5 **Wiederholbarkeit**

Der Erfinder muss wissen, wie er zur Lösung des Problems – somit zur Erfindung – gekommen ist. Kennt er den Lösungsweg nicht (dh: kann er die Erfindung nicht wiederholen), kann keine Erfindung vorliegen. Ob die Erfindung einem Zufall zuzurechnen ist, ist nicht ausschlaggebend.

3,1.2.6 **Arten von Patenten**

Im Patentrecht können zwei Patentarten unterschieden werden; diese sind:

- **Sachpatente:** Durch diese Patentart werden anfassbare Gegenstände (zB Stoffe), dh eine Sache als solche, geschützt.
- **Verfahrenspatent:** Geschützt wird der zeitliche Ablauf von bestimmten Vorgängen; das Ergebnis dieses Ablaufes muss nicht unbedingt eine Sa-

che sein. Werden allerdings Erzeugnisse durch das Verfahren hergestellt, sind auch diese vom Patentrecht mitumfasst (vgl § 22 Abs 2 PatG).

3,1.3 Begriff „Erfindung"

Wie bereits ausgeführt, wird der Begriff „Erfindung" im PatG nicht definiert; genannt werden lediglich die Voraussetzungen (Neuheit, Erfindungshöhe, gewerbliche Anwendbarkeit *vgl dazu Tz 5,1.2*) bei deren Vorliegen eine Erfindung patentiert werden kann. Das PatG nennt allerdings Fälle in denen überhaupt keine Erfindung vorliegt; dazu gehören insbesondere:

- Entdeckungen (**Definition:** Eine Entdeckung ist die Auffindung von Erkenntnissen aus bereits Vorhandenem; zB einem neuen Gestein) sowie wissenschaftliche Theorien und mathematische Methoden,
- der menschliche Körper in den einzelnen Phasen seiner Entstehung und Entwicklung,
- die bloße Entdeckung eines Bestandteils des menschlichen Körpers, einschließlich der Sequenz oder Teilsequenz eines Gens,
- ästhetische Formschöpfungen (zB ein neuer Baustil; Ausnahme: die Erfindung hat eine besondere technische Wirkung),
- Pläne, Regeln und Verfahren für gedankliche Tätigkeiten, für Spiele oder für geschäftliche Tätigkeiten sowie Programme für Datenverarbeitungsanlagen (zB neue Sprache/Schrift, Spielregeln oder psychologische Tests),
- die Wiedergabe von Informationen.

3,2 Erwerb des Patentrechts

Das Patentrecht wird durch Anmeldung der Erfindung beim Patentamt und Bekanntmachung im Patentblatt erworben. Im Folgenden sollen die Schritte von der Anmeldung bis zur Erteilung des Patents erläutert werden.

3,2.1 Anmeldung

Die Anmeldung einer Erfindung zur Erlangung eines Patents hat schriftlich beim **Patentamt** zu erfolgen.

➡ **Hinweis** *Zu diesem Zweck hat das Patentamt ein Anmeldeformular, das auch eine Ausfüllhilfe beinhaltet, aufgelegt; dieses kann ua als Word-Datei unter http://www.patentamt.at/Home/Erfindungsschutz/Formulare/12832.html heruntergeladen werden (vgl § 87 PatG).*

Selbstverständlich muss das Anmeldeformular des Patentamts nicht verwendet werden jedoch sind Anmeldungen bzw Anträge so abzufassen, dass sie den Formularen des Patentamts entsprechen.

Das Anmeldeformular finden Sie auch am Ende des Buches im Anhang abgedruckt!

In der Regel darf mit jeder Anmeldung nur eine Erfindung zur Patentierung angemeldet werden; verwirklichen jedoch mehrere Erfindungen eine gemeinsame Idee, können sie gemeinsam angemeldet werden (vgl § 88 PatG).

Die Anmeldung hat folgenden Inhalt aufzuweisen (vgl § 89 PatG):

- den Namen des Anmelders und seinen Sitz bzw Wohnort oder die Daten seines Vertreters; Vertreter müssen einen Wohnsitz oder eine Niederlassung in Österreich haben und ihre Bevollmächtigung – soweit es sich dabei nicht um einen Rechtsanwalt, Patentanwalt oder Notar handelt – durch eine schriftliche Vollmacht beweisen (vgl § 21 Abs 1 PatG),

- den Antrag auf Erteilung des Patents,

- eine kurze, sachgemäße Bezeichnung der zu patentierenden Erfindung (Titel; dieser hat keine Marken- oder Phantasiebezeichnungen zu enthalten),

- eine Beschreibung der Erfindung; diese hat Folgendes zu enthalten:
  - das technische Gebiet, auf das sich die Erfindung bezieht,
  - der bisherige Stand der Technik (soweit er für das Verständnis der Erfindung nützlich ist),
  - die technische Aufgabe, welche mit der Erfindung gelöst werden soll und die Lösung,
  - die Erfindung, wie sie in den Patentansprüchen gekennzeichnet ist,
  - falls Zeichnungen vorhanden sind, eine Aufzählung und die Benennung der in den Zeichnungen enthaltenen Figuren und
  - eine ausführliche Beschreibung des Erfindungsgegenstandes.

- einen oder mehrere (diese sind fortlaufend mit arabischen Ziffern zu nummerieren) Patentansprüche; dh, es muss genau angegeben werden, wofür Schutz begehrt wird (vgl § 91 Abs 1 PatG):

> **Beispiel:**
>
> „Parkscheibe zur dauernden Befestigung an der Innenseite einer durchsichtigen Fahrzeugscheibe, mit einer transparenten Zeitskalenscheibe und mindestens einem drehbar befestigten Zeiger, dadurch gekennzeichnet, dass die Zeitskalenscheibe als auf der Fahrzeugscheibe zugewandten Seite mit einem Klebemittel beschichtete Folie ausgebildet ist, wobei der oder die Zeiger drehbar an einem Trägerkörper gelagert sind, der seinerseits zum Befestigen an der Folie mit einer Klebeschicht ausgestattet ist."

Ein Patentanspruch besteht aus dem Oberbegriff (das sind die bereits bekannten technischen Merkmale – Stand der Technik – der Erfindung) und dem kennzeichnenden Teil (das sind jene technischen Merkmale, für die in Verbindung mit dem Oberbegriff Schutz begehrt wird). Eingeleitet wird der kennzeichnende Teil durch dadurch „gekennzeichnet, dass" oder „gekennzeichnet durch".

- die zum Verständnis der Erfindung nötigen Zeichnungen und

- eine Zusammenfassung; diese dient ausschließlich der technischen Information und darf insb nicht zur Bestimmung des Schutzbereiches herangezogen werden.

Jede Anmeldung ist außerdem vom Anmelder bzw den Anmeldern am Ende zu unterschreiben.

➡ **Hinweis** *Die Beschreibung, die Bezeichnung des Patentanspruches bzw der Patentansprüche und die Zusammenfassung können auch in englischer oder französischer Sprache erfolgen. In diesem Fall ist allerdings eine deutsche Übersetzung für die Gesetzmäßigkeitsprüfung vorzulegen.*

Darüber hinaus ist im Rahmen der Anmeldung die Erfindung in der Art und Weise zu beschreiben, dass sie von einem Fachmann ausgeführt werden kann (vgl § 87a Abs 1 PatG; Offenbarungsgrundsatz).

Die Beschreibung, die Patentansprüche, die Zeichnungen und die Zusammenfassung dürfen bis zur Erteilung des Patents (vgl § 101c PatG) geändert werden, solange die Änderungen nicht das Wesen der Erfindung berühren. Gehen die Änderungen soweit, dass das Wesen der Erfindung verändert wird, sind diese gesondert als Erfindung anzumelden, um Schutz dafür zu erlangen (vgl § 91 Abs 3 PatG).

Mit dem Tag der Anmeldung erlangt der Anmelder das Recht der Priorität seiner Anmeldung; dh, seine Erfindung hat ab diesem Tag Vorrang gegenüber jeder später angemeldeten gleichen Erfindung (§ 93 Abs 1 und 2 PatG).

➡ **Hinweis** *Eine Gebrauchsmusteranmeldung kann bis zur Bezahlung der Veröffentlichungsgebühr in eine Patentanmeldung umgewandelt werden. In diesem Fall gilt der Tag der Gebrauchsmusteranmeldung als Tag der Patentanmeldung (vgl § 21 GMG; siehe dazu Tz 4,2.5).*

3,2.2 Gesetzmäßigkeitsprüfung

Jede Anmeldung ist von der Technischen Abteilung des Patentamts auf Gesetzmäßigkeit zu prüfen (vgl § 99 Abs 1 PatG); zu prüfen sind dabei materielle (es liegen zB die Voraussetzungen für die Patentierbarkeit – *vgl Tz 5,1.2.1 bis Tz 5,1.2.4* – nicht vor) und formale (die Anschrift des Anmelders ist zB nicht korrekt angegeben) Mängel. Nicht zu prüfen bzw nicht zu beurteilen sind die Fragen, ob der Anmelder überhaupt einen Anspruch auf die Erteilung des Patents hat bzw ob die Erfindung finanzielle Ertragsfähigkeit – davon zu unterscheiden ist die gewerbliche Anwendbarkeit – aufweist.

3,2.2.1 Behebbare Mängel

Die Prüfung durch die Technische Abteilung kann folgende Ergebnisse liefern:

- Die Anmeldung weist formale Mängel auf (*vgl dazu die Ausführungen unter Tz 5,2.1*; § 99 Abs 2 PatG): Der Anmelder ist dazu aufzufordern, diese innerhalb einer bestimmten Frist zu beheben. Werden die Mängel behoben, bleibt auch die Priorität (Tag der Anmeldung) aufrecht (vgl § 93 Abs 3 PatG).

- Eine patentierbare Erfindung liegt – unter Umständen nach Einbeziehung eines Sachverständigen – nicht vor (vgl § 99 Abs 3 PatG): Der Anmelder ist – unter Angabe von Gründen – dazu aufzufordern, sich binnen einer bestimmten Frist dazu zu äußern; gegebenenfalls ist der Anmelder davor einzuvernehmen.
- Die Anmeldung ist uneinheitlich; dh, jede Erfindung ist in der Regel extra anzumelden (vgl § 99 Abs 4 PatG): Dem Anmelder ist in diesem Fall aufzutragen, die Einheitlichkeit binnen einer bestimmten Frist herzustellen.
- Die Anmeldung wurde unzulässiger Weise abgeändert (vgl § 99 Abs 5 PatG): Der Anmelder ist dazu aufzufordern binnen einer bestimmten Frist, die unzulässigen Änderungen aus der Anmeldung zu löschen.

Die Dauer der Fristen, in denen Anmeldungen korrigiert werden können, sind vom Präsident des Patentamts festzulegen. Auf Antrag des Anmelders können die Fristen auch verlängert werden (vgl § 99 Abs 6 PatG).

Lässt der Anmelder eine – im Rahmen der Mängelbehebung – gesetzte Frist ungenutzt verstreichen bzw äußert er sich nicht bis zur Fassung des Zurückweisungsbeschlusses, ist die Anmeldung in jedem Fall als Ganzes zurückzuweisen (vgl § 100 Abs 2 PatG).

3,2.2.2   Nicht-behebbare Mängel

Ergibt die Gesetzmäßigkeitsprüfung, dass die Patenterteilung unzulässig ist, ist die Anmeldung zurückzuweisen. Weist nur ein Teil der Anmeldung die Schutzvoraussetzungen (*vgl Tz 3,1.2.1 bis Tz 3,1.2.4*) nicht auf, so ist nur dieser Teil zurückzuweisen (vgl § 100 Abs 1 PatG).

3,2.3   Veröffentlichung der Anmeldung

Die Anmeldung ist nach Ablauf von 18 Monaten bzw vor Ende dieser Frist auf Antrag des Anmelders zu veröffentlichen (vgl § 101 Abs 1 PatG).

Die Veröffentlichung der Anmeldung hat folgenden Inhalt (vgl § 102 Abs 2 PatG) aufzuweisen:

- die Beschreibung,
- die Patentansprüche (wurden diese vor der Veröffentlichung geändert, sind auch die geänderten Ansprüche in die Veröffentlichung aufzunehmen),
- die Zeichnungen,
- die Zusammenfassung in der jeweils ursprünglich eingereichten Fassung und

- einen Recherchenbericht, wenn dieser vor den Vorbereitungen zur Veröffentlichung vorliegt.

Der Recherchenbericht hat alle Schriftstücke zu enthalten, anhand derer das Patentamt die Patentierbarkeit der Erfindung beurteilen kann. Dem Bericht sind die Patentansprüche der Anmeldung zugrunde zu legen. Kann der Recherchenbericht nicht vor der Veröffentlichung der Anmeldung fertig gestellt werden, ist er nach der Fertigstellung gesondert zu veröffentlichen.

Auf die Veröffentlichung der Anmeldung ist im Patentblatt (II. Teil A), unter Angabe von Name und Sitz bzw Wohnort des Anmelders, dem Titel der Erfindung und dem Tag der Anmeldung, hinzuweisen (vgl § 101 Abs 4 PatG); die Veröffentlichungen selbst können unter: http://www.patentamt.at/Home/Patentamt/ Publikationsserver/14444.html abgerufen werden.

Wurde eine Anmeldung vor Abschluss der technischen Vorbereitungen zur Veröffentlichung zurückgezogen oder zurückgewiesen, ist diese nicht zu veröffentlichen (§ 101a Abs 2 PatG). Ausnahme: Der Beschluss der Zurückweisung wird nicht rechtskräftig; in diesem Fall ist die Anmeldung auch nach Ablauf der Frist von 18 Monaten zu veröffentlichen.

Wird eine Gebrauchsmusteranmeldung in eine Patentanmeldung umgewandelt, ist die Anmeldung auch nach Ablauf der Frist von 18 Monaten zu veröffentlichen (§ 101a Abs 3 PatG).

➡ Hinweis *Ab dem Tag der Bekanntmachung der Anmeldung im Patentblatt hat der Anmelder einen einstweiligen Anspruch auf angemessenes Entgelt gegen denjenigen, der den Gegenstand der Anmeldung unbefugt benutzt (§ 101 Abs 5 PatG).*

Wird das Patent vor Ablauf der Frist von 18 Monaten rechtskräftig, ist die Anmeldung gleichzeitig mit der Patentschrift *(vgl Tz Tz 3,2.4)* zu veröffentlichen; in diesem Fall wird kein Recherchenbericht veröffentlicht (§ 101a Abs 1 PatG).

➡ Hinweis *Nach der Veröffentlichung der Anmeldung kann jeder Dritte Einwendungen gegen die Patentierbarkeit der angemeldeten Erfindung erheben. Die Einwendungen werden dem Anmelder mitgeteilt; dieser kann dazu Stellung nehmen (vgl § 101b PatG).*

3,2.4 Erteilung des Patents

Die Erteilung des Patents ist von der Technischen Abteilung zu beschließen wenn (§ 101c Abs 1 PatG):

- keine Bedenken bestehen *(vgl Tz 5,2.3)* und
- die Veröffentlichungsgebühr für die Patentschrift (für die ersten 15 Seiten: € 200,—; für jeden weiteren Block – je 15 Seiten – € 130,—) bezahlt wurde.

Im Anschluss (§ 101c Abs 2 PatG) an die Erteilung des Patents ist

- diese im Patentblatt zu veröffentlichen,
- die Patentschrift zu veröffentlichen,
- das Patent in das Patentregister einzutragen und
- die Patenturkunde auszufertigen.

Bei der Patentschrift handelt es sich um eine selbstständige Publikation, in die jedermann Einsicht nehmen kann; den Inhalt der Patentschrift bilden die Beschreibung, die Patentansprüche, die Zeichnungen und die Zusammenfassung des erteilten Patents. Darüber hinaus sind in der Patentschrift alle Entgegenhaltungen (Einwendungen) anzugeben, die das Patentamt für die Beurteilung der Patentierbarkeit der angemeldeten Erfindung in Betracht gezogen hat (vgl § 80 Abs 4 PatG).

➡ **Hinweis** *Mit der Veröffentlichung der Patenterteilung im Patentblatt treten die (gesetzlichen) Wirkungen des Patents ein (vgl Tz 3,3).*

Anspruch auf die Erteilung eines Patents hat nur der Erfinder oder sein Rechtsnachfolger; bis zum Beweis des Gegenteils gilt der erste Anmelder als Erfinder (vgl § 4 Abs 1 PatG). Der erste Anmelder hat allerdings keinen Anspruch auf Erteilung des Patents, wenn er nicht der Erfinder oder dessen Rechtsnachfolger ist bzw wesentliche Inhalte seiner Anmeldung ohne Einwilligung der Arbeit eines Dritten entnommen hat (vgl § 5 Abs 1 PatG).

➡ **Hinweis** *Die ab dem 25.9.2005 veröffentlichten Patentschriften sind unter http://www.patentamt.at/Home/Patentamt/Publikationsserver/14444.html abrufbar.*

Nutzen Sie diese Möglichkeit, wenn Sie sich näher mit praktischen Beispielen vertraut machen wollen!

3,2.4.1   **Einspruch**

Gegen die Erteilung eines Patents kann jedermann innerhalb von 4 Monaten Einspruch erheben (vgl § 102 PatG); dieser muss spätestens am letzten Tag der Frist beim Patentamt eingelangt sein. Die Einspruchsmöglichkeit bereits im Zuge des Anmeldeverfahrens ist eine Besonderheit des Patentrechts.

Der Einspruch kann sich nur auf eine der genannten Behauptungen stützen, die durch bestimmte Tatsachen zu beweisen sind, wenn:

- der Gegenstand der Erfindung nicht den §§ 1 bis 3 PatG entspricht (*vgl dazu Tz 5,1.2 bis Tz 5,1.2.4*),
- die Erfindung nicht in der Weise offenbart wird, dass sie ein Fachmann ausführen kann,
- der Gegenstand des Patents über den Inhalt der Anmeldung hinausgeht (Grundsatz: Der Inhalt des Patents wird von der Anmeldung bestimmt) oder
- das hinterlegte biologische Material nicht ständig zugänglich war.

Eine Ausfertigung des Einspruchs ist dem Patentinhaber zuzustellen; dieser hat daraufhin Gelegenheit innerhalb von zwei Monaten eine schriftliche Äußerung abzugeben.

Die Entscheidung über den Einspruch bzw den teilweisen Einspruch ist in das Patentblatt einzutragen.

3,2.4.2 Sonderfall: Mehrere Erfinder

Entsteht eine Erfindung durch Zusammenarbeit mehrerer Personen wird ihnen lediglich ein Patent – ohne Bestimmung der Teile – erteilt. Die Übertragung bzw die Benützung der Erfindung können die Erfinder – im Zweifel – nur gemeinsam gestatten; jeder Erfinder kann allerdings Eingriffe in das Patent – ohne die Zustimmung der übrigen Patentinhaber – geltend machen (vgl § 27 PatG).

3,2.4.3 Sonderfall: Dienstnehmererfindung

Dienstnehmer – Angestellte oder Arbeiter – haben auch für die von ihnen während des Bestandes des Dienstverhältnisses gemachten Erfindungen Anspruch auf die Erteilung (*vgl Tz 5,2.4*) eines Patents (vgl § 6 PatG).

Vereinbarungen zwischen dem Dienstnehmer und dem Dienstgeber darüber, dass dem Dienstgeber Erfindungen seiner Dienstnehmer gehören sollen oder ihm ein Benützungsrecht zustehen soll, sind nur dann gültig, wenn es sich bei der Erfindung um eine Diensterfindung handelt (vgl § 7 Abs 1 PatG). Damit solche Vereinbarungen gültig sind, bedürfen sie der Schriftform (Dienstvertrag bzw Kollektivvertrag).

Ist das Dienstverhältnis nicht privatrechtlicher, sondern öffentlich-rechtlicher Natur, kann der Dienstgeber ohne Vereinbarung mit dem Dienstnehmer die Erfindung zur Gänze oder ein Benützungsrecht in Anspruch nehmen (vgl § 7 Abs 2 PatG).

Eine Diensterfindung (§ 7 Abs 3 PatG) liegt vor, wenn die Erfindung in den Gegenstand des Unternehmens fällt und:

- die Tätigkeit, die zur Erfindung geführt hat, zu den Obliegenheiten des Dienstnehmers gehört oder
- der Dienstnehmer die Anregung zur Erfindung durch seine Tätigkeit im Unternehmen erhalten hat oder
- das Zustandekommen der Erfindung durch die Benützung der Erfahrungen oder der Hilfsmittel des Unternehmens wesentlich erleichtert worden ist.

Dem Dienstnehmer gebührt für seine Erfindung eine angemessene Vergütung, es sei denn, der Dienstnehmer ist ausdrücklich zur Erfindertätigkeit im

Unternehmen angestellt und vorwiegend damit beschäftigt. Bei der Bemessung ist auf:

- die wirtschaftliche Bedeutung der Erfindung für das Unternehmen,
- auf eine sonst verfolgte Verwertung der Erfindung im In- oder Ausland und
- auf den Anteil des Unternehmens an der Erfindung

Bedacht zu nehmen.

Besteht zwischen dem Dienstgeber und einem Dienstnehmer eine Vereinbarung, wonach Erfindungen dem Dienstgeber gehören sollen, so hat der Dienstnehmer seinen Dienstgeber über jede Diensterfindung zu informieren. In diesem Fall hat der Dienstgeber seinem Dienstnehmer innerhalb von vier Monaten zu erklären, ob er die Diensterfindung in Anspruch nehmen will oder nicht (vgl § 12 Abs 2 PatG). Der Dienstnehmer kann in einem solchen Fall verlangen, dass die Rechte an der Erfindung auf ihn übertragen werden (vgl § 15 Abs 1 PatG).

3,2,5 Schutzdauer und territorialer Umfang

Der Schutz nach dem PatG dauert höchstens 20 Jahre (§ 28 Abs 1 PatG) ab dem Anmeldetag; dafür ist es allerdings notwendig, dass die jährliche Erneuerungsgebühr (*siehe Tz 3,2,6*) ab dem dritten Jahr regelmäßig einbezahlt wird.

Der Schutz nach dem PatG erstreckt sich lediglich auf das Bundesgebiet der Republik Österreich. Zum internationalen Schutz *siehe Tz 3,2,7*.

3,2,6 Gebühren

In Zusammenhang mit der **Anmeldung** einer Erfindung beim Patentamt fallen folgende Gebühren an:

Anmelde- und Recherchegebühr	€ 50,—
Gebühr für die Veröffentlichung der Anmeldung	€ 130,—
diese Gebühren sind gemeinsam nach der Anmeldung auf Aufforderung zu bezahlen	€ 180,—
Gebühr für die Veröffentlichung der Patentschrift (für die ersten 15 Seiten)	€ 200,—
+ für jeden weiteren Block (jeweils 15 Seiten)	€ 130,—

Nach Abschluss des gesamten Verfahrens werden vom Patentamt die so genannten Schriftengebühren ermittelt und dem Anmelder vorgeschrieben. Diese Gebühren hängen von der Art und der Anzahl der Eingaben ab und können daher nicht pauschal benannt werden; einbezahlt werden dürfen die Schriftengebühren erst nach einer entsprechenden Zahlungsaufforderung.

Die Höhe der **Jahresgebühren** steigt mit der Dauer des Schutzes und beträgt zwischen € 70,— (für das dritte Jahr) und € 1.400,— (für das zwanzigste Jahr).

3,2.7   Internationaler Schutz

Da sich der Schutz nach dem PatG nur auf Österreich erstreckt, wären für jedes andere Land eigene Anmeldungen vorzunehmen. Um dies zu erleichtern existiert zB das Münchner Europäische Patentübereinkommen. Es ermöglicht eine Anmeldung in jedem vom Anmelder gewünschten europäischen Vertragsstaat beim Europäischen Patentamt in München. Der Vertrag über die internationale Zusammenarbeit auf dem Gebiet des Patentwesens vereinfacht ebenso das Verfahren zum Erlangen eines internationalen Patentschutzes, da der Anmelder für seine Erfindung gleichzeitig um Schutz in allen Ländern, die dem Vertrag beigetreten sind ansuchen kann. Ein entsprechender Antrag kann beim österreichischen Patentamt eingebracht werden.

3,3   Inhalt des Patentrechts

Durch das Patent ist der Patentinhaber dazu berechtigt, andere davon auszuschließen den Gegenstand der Erfindung bzw die Erzeugnisse, sollte das Patent für ein Verfahren erteilt worden sein, betriebsmäßig (dh in Gewinnerzielungsabsicht; vgl dazu § 22 Abs 1 und 2 PatG):

- herzustellen,
- in Verkehr zu bringen (in Verkehr wird etwas gebracht, indem es der Öffentlichkeit – zB durch Verteilen von Gratisexemplaren – zugänglich gemacht wird),
- feilzuhalten (dh zum Kauf anzubieten),
- zu gebrauchen oder
- zu den genannten Zwecken einzuführen oder zu besitzen.

Darüber hinaus ist es jedem Dritten – ohne Zustimmung des Patentinhabers – verboten, anderen als den zur Benützung der Erfindung berechtigten Personen Mittel, die sich auf ein wesentliches Element der Erfindung beziehen zur Benützung der Erfindung anzubieten oder zu liefern. Dieses Verbot gilt allerdings nur unter der Voraussetzung, dass der Dritte weiß oder wissen musste, dass diese Mittel für die Benutzung der Erfindung geeignet oder bestimmt sind (vgl § 22 Abs 3 PatG). Sind die genannten Mittel im Handel erhältlich, ist das entsprechende Verbot nicht anzuwenden; es sei denn, der Verkäufer wurde bewusst dazu veranlasst diese Mittel anzubieten (vgl § 22 Abs 4 PatG).

Der Schutzbereich des Patents bestimmt sich nach den Patentansprüchen; zur Auslegung der Ansprüche können allerdings die Beschreibung und die Zeichnungen herangezogen werden (§ 22a Abs 1 PatG).

Die Wirkungen des Patents (Ausschließungsrecht) treten gegen denjenigen nicht ein, der bereits zur Zeit der Anmeldung im guten Glauben die Erfindung im Inland in Benützung genommen oder die dazu erforderlichen Vorbereitungen getroffen hat (Vorbenützerrecht; vgl § 23 PatG).

Anmerkung: *Im guten Glauben bzw gutgläubig handelt, wer bei Berücksichtigung aller Umstände davon ausgehen konnte, im Recht zu sein bzw kein fremdes Recht zu verletzen.*

3,4 Schutz des Patentrechts

Das Patentrecht kann auf zwei Arten geschützt werden: Dem Inhaber stehen neben zivilrechtlichen Ansprüchen auch strafrechtliche Möglichkeiten zur Verfügung.

Die Wirkung des Patents treten nicht gegen denjenigen („Vorbenützer") ein, der bereits zur Zeit der Anmeldung die Erfindung im guten Glauben benützt hat bzw Vorbereitungen zur Benützung getroffen hat. Der Vorbenützer kann verlangen, dass sein Recht, die Erfindung weiterhin zu benutzen, in einer Urkunde festgelegt und im Patentregister eingetragen wird (vgl § 23 PatG).

Wurde das Patent mehreren Anmeldern gemeinsam erteilt, können diese – im Zweifel – zwar nur gemeinsam darüber bestimmen; Verletzungen des Patentrechts kann allerdings jeder einzelne Inhaber gerichtlich verfolgen.

3,4.1 Zivilrechtliche Ansprüche

Gegen unberechtigte Dritte kann der Inhaber des Patents folgende Ansprüche geltend machen:

- Wer in seinem Patentrecht verletzt wurde bzw eine solche zu befürchten hat, kann auf Unterlassung klagen (vgl § 147 PatG). Geklagt werden kann auch der Inhaber eines Unternehmers, wenn eine Patentverletzung im Betrieb seines Unternehmens von einem Bediensteten oder Beauftragten begangen wurde oder droht (vgl § 152 Abs 1 PatG).
- Der Inhaber des Patents kann die Beseitigung des gesetzesverletzenden Zustands (in der Regel die Beseitigung von Gegenständen, die das Patentrecht verletzen) verlangen. Dazu gehören vor allem die Vernichtung von Gegenständen (Eingriffsgegenständen), die das Patentrecht verletzten, und die Vernichtung von Werkzeugen und anderen Hilfsmitteln, mit deren Hilfe die Eingriffsgegenstände hergestellt wurden. Anstelle der Vernichtung kann der Patentinhaber auch die Übergabe der Eingriffsgegens-

tände bzw der Werkzeuge gegen eine Entschädigung – diese darf die Herstellungskosten nicht übersteigen – verlangen (vgl § 148 PatG).

- Neben den Ansprüchen auf Unterlassung bzw Beseitigung hat der Inhaber eines Patents bei Verletzung seines Rechts Ansprüche in Geld (vgl § 150 PatG). Diese sind im Einzelnen:
  - (Verschuldensunabhängiger) Anspruch auf angemessenes Entgelt bei Verletzung des Patents; wurde das Patent grob fahrlässig oder vorsätzlich verletzt, kann der Patentinhaber das doppelte Entgelt verlangen.

Anmerkung: *Grobe Fahrlässigkeit liegt vor, wenn die Sorglosigkeit so schwer ist, dass sie einem ordentlichen Menschen in dieser Situation nicht unterläuft; vorsätzlich handelt, wem die Rechtswidrigkeit bewusst ist, den Schaden vorhersieht und billigt.*

  - Anspruch auf Schadenersatz einschließlich des entgangenen (fiktiven) Gewinns bzw Anspruch auf Herausgabe des Gewinns, den der Verletzer durch die Patentverletzung erzielt hat. Diese Ansprüche bestehen nur bei schuldhafter Verletzung; dh, die Verletzung ist das Ergebnis eines Verhaltens, das der Verletzter vermeiden hätte sollen und auch vermeiden hätte können.
  - Anspruch auf Ersatz des immateriellen Schadens, wenn die Patentverletzung schuldhaft begangen wurde und dieser aufgrund der Umstände des Einzelfalls berechtigt erscheint.

In diesem Zusammenhang hat der Inhaber des Patents Anspruch auf Rechnungslegung (§ 151 PatG) durch den Verletzer seines Patentrechts; diese Rechnungslegung kann in der Folge auf ihre Richtigkeit – von einem Sachverständigen – überprüft werden.

Achtung! *Stellt sich nach der Prüfung die Richtigkeit der Rechnungslegung heraus, hat der Inhaber der Marke die Kosten der Prüfung zu tragen.*

- Auskunft über den Ursprung und die Vertriebswege der Gegenstände, mit denen das Patentrecht verletzt wurde, soweit dadurch nicht gegen gesetzliche Verschwiegenheitsgebote verstoßen werden würde (§ 151a PatG). Zur Auskunftserteilung verpflichtet sind Personen die gewerbsmäßig:
  - rechtsverletzende Waren in Besitz gehabt haben,
  - rechtsverletzende Dienstleistungen in Anspruch genommen haben oder
  - für Rechtsverletzungen genutzte Dienstleistungen erbracht haben.

  Die Auskunftspflicht umfasst dabei zB die Namen und Anschriften der Hersteller, Lieferanten und Verkaufsstellen bzw die Mengen und Preise der Waren oder Dienstleistungen.

- Urteilsveröffentlichung (§ 149 PatG): Bei Klage auf Unterlassung oder Beseitigung hat das Gericht der siegenden Partei – auf deren Antrag – im

Urteil das Recht zuzusprechen, das Urteil oder einen abweichenden Text auf Kosten des Gegners zu veröffentlichen.

Die Ansprüche auf Geld, Rechnungslegung und Auskunft müssen innerhalb von drei Jahren (§ 154 PatG iVm § 1489 ABGB) geltend gemacht werden.

3,4.2 Strafrechtliche Möglichkeiten

Wer ein Patent verletzt ist vom Gericht mit einer Geldstrafe bis zu 360 Tagessätzen zu bestrafen; wurde die Tat gewerbsmäßig begangen, ist der Täter mit Freiheitsstrafe bis zu 2 Jahren zu bestrafen (vgl § 159 Abs 1 PatG).

Anmerkung: *In der Regel handelt gewerbsmäßig, wer sich durch die wiederholte Begehung der Tat eine fortlaufende Einnahmequelle schaffen will.*

Der Inhaber eines Unternehmens ist genauso zu bestrafen, wenn er eine in seinem Betrieb – von einem Bediensteten oder einem Beauftragten – begangene Verletzung nicht verhindert hat. Bedienstete oder Beauftragte sind hingegen nicht zu bestrafen, wenn sie die Handlung im Auftrag ihres Dienst- oder Auftraggebers vorgenommen haben und ihnen – aus wirtschaftlichen Gründen – nicht zugemutet werden konnte, die Durchführung abzulehnen.

➡ Hinweis *Strafrechtliche Sanktionen gegen den Verletzer eines Patents sind nur auf Verlangen des Verletzten zu verfolgen.*

3,4.3 Feststellungsantrag

Mit Hilfe eines Feststellungsantrags kann Klarheit darüber geschaffen werden, ob (a) ein Gegenstand bzw ein Verfahren ganz oder teilweise unter ein Patent fällt und dieses daher verletzt wird oder (b) ein Gegenstand bzw ein Verfahren gerade nicht unter ein Patent fällt und dieses verletzt. Über Feststellungsanträge entscheidet die Nichtigkeitsabteilung des Patentamts (vgl § 163 Abs 1 und 2 PatG); diese sind zurückzuweisen, wenn zwischen Antragsteller und Antragsgegner bereits eine Verletzungsklage anhängig ist. Des Weiteren kann sich der Feststellungsantrag nur auf ein Patent beziehen.

3,4.3.1 Positiver Feststellungsantrag

Der Inhaber eines Gebrauchsmusters oder der ausschließliche Lizenzinhaber kann gegen jedermann, der

* einen Gegenstand betriebsmäßig herstellt,
* in Verkehr bringt,
* zum Verkauf anbietet bzw
* gebraucht oder
* ein Verfahren betriebsmäßig anwendet oder
* solche Maßnahmen beabsichtigt

beim Patentamt die Feststellung beantragen, dass der Gegenstand oder das Verfahren ganz oder teilweise unter das Patent fällt.

3,4.3.2 Negativer Feststellungsantrag

Wer einen

- Gegenstand betriebsmäßig herstellt,
- in Verkehr bringt,
- zum Verkauf anbietet bzw
- gebraucht oder
- ein Verfahren betriebsmäßig anwendet oder
- solche Maßnahmen beabsichtigt

kann gegen den Patentinhaber oder den ausschließlichen Lizenznehmer beim Patentamt die Feststellung beantragen, dass der Gegenstand oder das Verfahren weder ganz noch teilweise unter das Patent fällt.

3,4.4 Abhängigerklärung

Ein eigenes Patent aber auch ein eigenes Gebrauchsmuster kann mit Hilfe eines Antrages auf Abhängigerklärung geschützt werden. Dadurch soll entschieden werden, ob die gewerbliche Verwendung einer patentierten Erfindung die teilweise oder vollständige Benützung eines älteren Patents bzw älteren Gebrauchsmusters voraussetzt. Zuständig für die Entscheidung über die Abhängigerklärung ist das Patentamt (vgl § 50 PatG).

3,4.5 Auskunftspflicht

Wer Gegenstände in einer Weise bezeichnet, die geeignet sind, den Eindruck zu erwecken, dass sie Patentschutz genießen, hat auf Verlangen Auskunft darüber zu geben, auf welches Schutzrecht sich die Bezeichnung stützt.

3,5 Verlust des Patentrechts

Das Patentrecht geht bei Vorliegen eines der vier folgenden Gründe verloren (vgl §§ 46 ff PatG):

- Erlöschen durch Zeitablauf, Nichtzahlung der Jahresgebühr und Verzicht,
- Rücknahme,
- Nichtigerklärung oder
- Aberkennung.

Ein Verfahren auf Rücknahme, Nichtigerklärung bzw Aberkennung ist nur auf Antrag möglich. Das Patentamt ist jedoch berechtigt, das Verfahren von Amts wegen fortzusetzen, wenn der Antrag zurückgezogen wird.

3,5.1 Erlöschen

Das PatG (§ 46) nennt drei Gründe in denen das Patentrecht erlischt; dazu zählen:

- das Erreichen der Höchstdauer (20 Jahre) bei regelmäßiger Einbezahlung der Jahresgebühr,
- die Nichtzahlung der Jahresgebühr oder
- der Verzicht auf das Patent durch den Patentinhaber; betrifft der Verzicht nur einen Teil des Patents, bleibt es für die verbliebenen Teile – soweit diese ein selbstständiges Patent bilden können – aufrecht.

Das Erlöschen wirkt mit dem Tag der auf die Erreichung der Höchstdauer bzw das letzte Gültigkeitsjahr folgt; im Falle des Verzichts mit dem Tag, der auf die Bekanntgabe folgt.

3,5.2 Rücknahme

Das Patent kann vom Patentamt ganz oder teilweise zurückgenommen werden (§ 47 PatG), wenn die Einräumung von Zwangslizenzen nicht genügt hat, um die Ausübung der Erfindung im Inland in angemessenen Umfang zu sichern. Wirksam wird die Rücknahme mit der Rechtskraft der Entscheidung.

Die Rücknahme ist erst zwei Jahre nach der Erteilung einer Zwangslizenz möglich; ausgeschlossen ist sie, wenn der Patentinhaber nachweisen kann, dass ihm die Ausübung der Erfindung nicht zugemutet werden kann.

3,5.3 Nichtigerklärung

Ein Patent ist vom Patentamt – auf Antrag eines Dritten – für nichtig zu erklären (vgl § 48 PatG), wenn:

- der Gegenstand der Erfindung nicht den §§ 1 bis 3 PatG entspricht (*vgl dazu Tz 5,1.2 bis Tz 5,1.2.4),*
- die Erfindung nicht in der Weise offenbart wird, dass sie ein Fachmann ausführen kann,
- der Gegenstand des Patents über den Inhalt der Anmeldung hinausgeht (Grundsatz: Der Inhalt des Patents wird von der Anmeldung bestimmt) oder
- das hinterlegte biologische Material nicht ständig zugänglich war.

Eine Nichtigerklärung ist auch teilweise möglich, wenn die Nichtigkeitsgründe nur teilweise vorliegen.

Wird die Nichtigerklärung aufgrund der ersten drei Gründe vom Patentamt ausgesprochen, so wirkt sie auf den Anmeldetag zurück. Wird das Patent aufgrund mangelnder Neuheit für nichtig erklärt, so bleiben Lizenzen, die vom Patentinhaber an Dritte weitergegeben wurden aufrecht.

3.5.4   Aberkennung

Das Patent wird dem Patentinhaber auf Antrag aberkannt (§ 49 PatG), wenn der Nachweis erbracht wird, dass

- der Patentinhaber überhaupt keinen Anspruch auf die Patenterteilung hatte (*vgl Tz 5,2,4*) oder
- der wesentliche Inhalt der Anmeldung den Beschreibungen, Zeichnungen, Modellen, Gerätschaften oder Einrichtungen eines anderen oder einem von diesem angewendeten Verfahren ohne dessen Einwilligung entnommen war (im Sinne eines geistigen Diebstahls).

Ebenso wie die Nichtigerklärung kann auch die Aberkennung nur teilweise vorgenommen werden, wenn eine der genannten Voraussetzungen nur teilweise vorliegt.

Den Antrag auf Aberkennung kann im ersten Fall (der Patentinhaber hatte keinen Anspruch auf die Erteilung des Patents) derjenige stellen, dem das Recht auf Erteilung des Patents tatsächlich zusteht; im zweiten Fall (geistiger Diebstahl) nur derjenige, der den Inhalt der Anmeldung geschaffen hat. Gegen einen gutgläubigen Anmelder kann ein Antrag auf Aberkennung nur innerhalb von drei Jahren ab Eintragung des Patents gestellt werden.

Anstelle der Aberkennung kann auch ein Antrag auf Übertragung bzw teilweise Übertragung des Patents gestellt werden.

Hat der frühere Patentinhaber Lizenzen an Dritte erteilt, bleiben diese im Fall einer Patentübertragung auch gegenüber dem neuen Patentinhaber aufrecht, wenn sie bereits seit einem Jahr in das Patentregister eingetragen sind. Möglicherweise bestehen in einem solchen Fall allerdings Ersatzansprüche gegen den früheren Patentinhaber.

Stellt ein Berechtigter keinen Antrag auf Übertragung eines Patents und wird dieses daher vollständig aberkannt, so erlischt der Patentschutz mit der Rechtskraft der Entscheidung über die Aberkennung.

Beispiel:

Ein Antrag auf Aberkennung bzw Übertragung eines Patents kann bereits vor der Erteilung des Patents hinsichtlich der Patentanmeldung gestellt werden. Wird die Übertragung der Patentanmeldung verlangt, ist das Anmeldeverfahren auszusetzen und kann vor einer Entscheidung über den Antrag auf Aberkennung bzw Übertragung nur mit Zustimmung des Antragstellers fortgesetzt werden.

3.6   Übertragung des Patentrechts

Ein Patent kann durch eine Lizenz oder eine Zwangslizenz übertragen werden; des Weiteren geht das Patentrecht im Todesfall auf die Erben über. Die

Übertragung eines Patents im Wege einer Lizenz ist in das Patentregister einzutragen (vgl § 43 PatG).

3,6.1 (Freiwillige) Lizenz

Der Inhaber eines Patents ist dazu berechtigt, die Benützung der Erfindung (Lizenz) Dritten für das ganze Geltungsgebiet des Patents oder für einen Teil davon mit oder ohne Ausschluss anderer Benützungsberechtigter zu überlassen (§ 35 PatG). Eine Lizenz wird durch einen Lizenzvertrag eingeräumt, in welchem der Inhaber dem Lizenznehmer das Nutzungsrecht an der Erfindung überlässt. Steht ein Patent mehreren Inhabern zu, können diese – im Zweifel – nur gemeinsam einen Lizenzvertrag abschließen (vgl § 27 Abs 3 PatG). Es können zwei Arten von Lizenzverträgen unterschieden werden:

- **einfacher Lizenzvertrag:** der Patentinhaber darf trotz Abschluss eines Lizenzvertrages seine Erfindung weiterhin nutzen und
- **ausschließlicher Lizenzvertrag:** der Patentinhaber darf seine Erfindung weder selbst nutzen noch mit Dritten einen Lizenzvertrag abschließen.

3,6.2 Zwangslizenz

Kann eine Erfindung nicht ohne Verletzung eines älteren Patents verwertet werden, hat der Inhaber des jüngeren Patents einen Anspruch auf Erteilung einer nicht ausschließlichen Lizenz am älteren Patent. Voraussetzung dafür ist, dass das jüngere Patent einen wichtigen technischen Fortschritt von erheblicher wirtschaftlicher Bedeutung gegenüber dem älteren Patent darstellt (vgl § 36 Abs 1 PatG); der Inhaber des älteren Patents kann dabei ebenso verlangen, dass ihm eine Lizenz am jüngeren Patent eingeräumt wird.

Eine Zwangslizenz kann auch dann eingeräumt werden, wenn das Patent im Inland nicht benutzt wird und der Inhaber des Patents keine entsprechenden Vorkehrungen zur Benützung tätigt. Die Benützung des Patents kann allerdings auch durch Import erfolgen. Eine entsprechende Zwangslizenz ist nicht einzuräumen, wenn der Patentinhaber nachweist, dass das Patent nicht oder nicht in größerem Umfang zumutbar ist (vgl § 36 Abs 4 PatG). Der Antrag auf Einräumung einer solchen Lizenz kann frühestens 4 Jahre ab Anmeldung der Erfindung zur Patentierung beantragt werden.

Das PatG sieht darüber hinaus auch vor, dass jedermann für seinen Betrieb bzw der Bund einen Anspruch auf Einräumung einer Zwangslizenz hat, wenn dies das öffentliche Interesse gebietet (vgl § 36 Abs 5 PatG).

Zwangslizenzen werden auf Antrag durch das Patentamt eingeräumt, wenn der Patentinhaber dem Lizenzwerber keine Lizenz eingeräumt hat, obwohl er sich darum zu üblichen Bedingungen bemüht hat. In diesem Fall hat das Patentamt eine angemessene Vergütung zu bestimmen; diese hat sich am wirtschaftlichen Wert der Lizenz zu orientieren. Die Dauer und der Umfang der

Lizenz haben sich vorwiegend am Zweck der Vorsorgung des inländischen Marktes zu richten (vgl § 37 Abs 1 PatG).

Aufzuheben sind Zwangslizenzen auf Antrag des Berechtigten, wenn die Umstände, unter denen die Lizenz eingeräumt wurde, nicht mehr bestehen und wahrscheinlich nicht mehr auftreten werden. Über den Antrag entscheidet das Patentamt (vgl § 37 Abs 4 PatG).

3,6.3 Übertragung von Lizenzen

Freiwillige Lizenzen und Zwangslizenzen an jüngeren (*vgl Tz 5,6.2*) Patenten können ohne Zustimmung des Patentinhabers unter Lebenden übertragen werden, wenn gleichzeitig das Unternehmen oder der Geschäftsbereich, in dem die Lizenz verwertet wird, übertragen wird. Eine Übertragung von Todes wegen erfolgt nur dann, wenn das Unternehmen oder der lizenzverwertende Geschäftsbereich fortgeführt wird (vgl § 38 PatG).

3,7 Behörden und Gerichte

Für die **Beschlussfassung in Patentangelegenheiten** ist das Patentamt zuständig; konkret handelt es sich dabei um (vgl § 60 PatG):

- die **Technische Abteilung**
  - für das Verfahren zur Erteilung von Patenten,
  - das Einspruchsverfahren und
  - für die Erstattung schriftlicher Recherchen und Gutachten,
- die **Rechtsabteilung**
  - für das Verfahren in Angelegenheiten, die sich auf die Übertragung des Rechts aus der Anmeldung, auf andere rechtliche Verfügungen über ein solches Recht, auf erteilte Patente oder
  - auf Anträge auf Wiedereinsetzung in den vorigen Stand

  beziehen, soweit nicht die Technische Abteilung, die Beschwerdeabteilung oder die Nichtigkeitsabteilung zuständig ist;
- die **Beschwerdeabteilung**

  für das Beschwerdeverfahren gegen Beschlüsse der Technischen Abteilung bzw der Rechtsabteilung in zweiter und letzter Instanz (vgl § 70 Abs 1 PatG);
- die **Nichtigkeitsabteilung**

  für das Verfahren über
  - Anträge auf Rücknahme,
  - Nichtigerklärung,
  - Aberkennung,
  - Abhängigerklärung,

- auf Nennung als Erfinder,
- auf Anerkennung des Vorbenützerrechts,
- über Feststellungsanträge und
- die Erteilung von Zwangslizenzen.

Gegen Entscheidungen der Nichtigkeitsabteilung kann Berufung an den **Obersten Patent- und Markensenat** erhoben werden (vgl § 70 Abs 3 PatG).

Zivilrechtliche Ansprüche aufgrund einer Patentverletzung können durch Klage bzw Beantragung einer einstweiligen Verfügung beim **Handelsgericht Wien** geltend gemacht werden. Das **Landesgericht für Strafsachen Wien** ist für die Verfolgung der **Straftatbestände** zuständig (vgl § 162 PatG).

Kapitel 4	Gebrauchsmuster

4,1　Einführung

Der Schutz von Gebrauchsmustern wurde im Jahr 1994 mit dem Gebrauchsmustergesetz (GMG) geschaffen. Es soll Schutz für technische Entwicklungen bieten, die nicht den für eine Patenterteilung erforderlichen hohen Erfindungsgehalt erreichen, weshalb das Gebrauchsmuster auch als „kleines Patent" bezeichnet wird und die Regelungen stark dem PatG nachgebildet wurden. Das diesbezügliche Verfahren ist aber einfacher und kürzer als bei Patenten. Es entfällt im Gegensatz zum Patentierungsverfahren insbesondere die Neuheitsprüfung. Das GMG bietet dafür aber einen geringeren Bestandschutz als das PatG, da beispielsweise jedermann eine Nichtigerklärung beantragen kann. Ebenso ist die Schutzdauer kürzer als bei Patenten.

Der Gesetzgeber hatte bei der Schaffung des Gesetzes insbesondere die kleinere und mittlere Industrie sowie das Handwerk und das Gewerbe als Anmelder sowie einen unkomplizierten und effizienten Schutz kurzlebiger Wirtschaftsgüter im Auge.

4,1.1　Begriff „Gebrauchsmuster"

Das GMG enthält keine umfassende Definition des Erfindungsbegriffes. Als Gebrauchsmuster werden nach § 1 GMG Erfindungen geschützt, die

- neu sind,
- auf einem erfinderischen Schritt beruhen und
- gewerblich anwendbar sind.

Den Erfindungen wird die Programmlogik, die Programmen für Datenverarbeitungsanlagen zugrunde liegt, gleichgehalten.

Achtung! *Computerprogramme als solche genießen keinen gebrauchsmusterrechtlichen Schutz!*

Der Schutz bezieht sich auf die zu einem Problem entwickelte abstrakte, allgemeine Lösungsidee, deren Umsetzung in verschiedenen Programmiersprachen und Hardwarekonfigurationen erfolgen kann.

➡ Hinweis *Ein Patentschutz nach PatG kommt für Computerprogramme nur in Frage, wenn bei dessen Ablauf auf einem Computer ein weiterer technischer Effekt bewirkt wird. Der konkrete sprachliche Ausdruck eines Computerprogramms (source und object code, Datenflussdiagramme, etc) genießt sobald er eine geistige Schöpfung darstellt, Schutz durch das Urheberrecht (siehe Kapitel 7). Weiters ist zwischen konkurrierenden Unternehmern auch ein Schutz nach dem Bundesgesetz gegen den unlauteren Wettbewerb (UWG) möglich.*

4,1.1.1   Neuheit

Der absolut gefasste Neuheitsbegriff entspricht grundsätzlich jenem des PatG: die Erfindung wird als neu qualifiziert, wenn sie nicht zum Stand der Technik gehört. Als Stand der Technik gilt alles, was der Öffentlichkeit vor der Anmeldung durch schriftliche oder mündliche Beschreibung, Benützung oder in sonstiger Weise zugänglich gemacht worden ist. Als Stand der Technik gelten auch prioritätsältere Gebrauchsmuster- und (europäische bzw internationale) Patentanmeldungen, in der ursprünglich eingereichten Fassung, deren Inhalt erst am Prioritätstag der jüngeren Anmeldung oder danach amtlich veröffentlicht worden ist. Bei der Beurteilung der Frage, ob sich die Erfindung für den Fachmann nicht in naheliegender Weise aus dem Stand der Technik ergibt, werden solche prioritätsälteren Anmeldungen nicht in Betracht gezogen.

➡ **Hinweis**   *Mit dem Tag der ordnungsgemäßen Anmeldung – als solche gilt eine Anmeldung die sogleich mängelfrei war oder die fristgerecht verbessert wurde – erlangt der Anmelder das **Prioritätsrecht**. Er erlangt damit Vorrang gegenüber jeder später angemeldeten gleichen Erfindung.*

Das GMG gewährt dem Anmelder anders als das PatG jedoch eine **Neuheitsschonfrist von sechs Monaten**. Offenbarungen, die nicht früher als sechs Monate vor dem Anmeldetag erfolgt sind und unmittelbar oder mittelbar auf den Anmelder bzw seinen Rechtsnachfolger oder auf offensichtlichen Missbrauch zu deren Nachteil zurückgehen, bleiben außer Betracht. Diese Regelung dient insbesondere zum Schutz rechtlich unerfahrener Anmelder.

Achtung!   *Es muss beachtet werden, dass durch eine Veröffentlichung vor der Gebrauchsmusteranmeldung unter Umständen die für eine Auslandsanmeldung notwendige Neuheit verloren geht! Auch könnte der mögliche Umstieg von einer Gebrauchsmusteranmeldung zu einer Patentanmeldung behindert werden.*

4,1.1.2   Der erfinderische Schritt

Auch für Gebrauchsmuster wird eine bestimmte erfinderische Leistung, ein so genannter erfinderischer Schritt, gefordert. Das GMG verlangt dabei eine niedrigere Erfindungsqualität als das PatG, wobei der Gesetzgeber aber diesbezüglich eine nähere Bestimmung unterlassen hat. Diese wurde von der Rechtsprechung vorgenommen. Für das Vorliegen eines erfinderischen Schritts genügt eine über die fachmännische Routine hinausgehende Lösung, die aber für den Durchschnittsfachmann grundsätzlich auffindbar ist.

4,1.1.3   **Die gewerbliche Anwendbarkeit**

Der Begriff gewerbliche Anwendbarkeit entspricht dem des PatG. Es kann daher auf *Tz 3,1.2.3* verwiesen werden.

4,1.1.4   **Ausnahmen vom Gebrauchsmusterschutz**

Ebenso wie das PatG, qualifiziert das GMG

- Entdeckungen (**Definition:** Eine Entdeckung ist die Auffindung von Erkenntnissen aus bereits Vorhandenem; zB einem neuen Gestein) sowie
- wissenschaftliche Theorien und mathematische Methoden,
- ästhetische Formschöpfungen (zB ein neuer Baustil; Ausnahme: die Erfindung hat eine besondere technische Wirkung),
- Pläne, Regeln und Verfahren für gedankliche Tätigkeiten, für Spiele oder für geschäftliche Tätigkeiten (zB neue Sprache/Schrift, Spielregeln, psychologische Tests),
- Programme für Datenverarbeitungsanlagen sowie
- die Wiedergabe von Informationen

ausdrücklich nicht als Erfindungen.

Weiters vom Schutz des GMG ausgenommen sind

- Erfindungen, deren Veröffentlichung oder Verwertung gegen die öffentliche Ordnung (das sind die tragenden Grundsätze der Rechtsordnung) oder die guten Sitten (dabei handelt es sich um die Rechtsvorschriften, die nicht gesetzlich verankert sind, sich aber aus der Betrachtung der rechtlichen Interessen ergeben) verstoßen würde;
- Verfahren zur chirurgischen oder therapeutischen Behandlung von Menschen und Diagnostizierverfahren an Menschen;

➡ **Hinweis**   *Erzeugnisse zur Anwendung in einem dieser Verfahren sind von dieser Ausnahme nicht mit umfasst!*

- Pflanzen, Tiere und biologisches Material sowie Verfahren zu deren Züchtung.

➡ **Hinweis**   *Hierbei handelt es sich um eine Einschränkung gegenüber dem Patentrecht (siehe Tz 3,1.2.4)!*

4,2   **Erwerb des Gebrauchsmusters**

Anspruch auf den Gebrauchsmusterschutz hat der Erfinder oder sein Rechtsnachfolger. Der Erfinder hat darüber hinaus gem § 8 GMG Anspruch auf Nennung in amtlichen Veröffentlichungen, im Gebrauchsmusterregister, in der Gebrauchsmusterschrift, in der Gebrauchsmusterurkunde und in den vom Patentamt auszustellenden Prioritätsbelegen. Einen Anspruch auf Nennung auf dem Erzeugnis hat er nicht.

Das Gebrauchsmuster wird durch Anmeldung der Erfindung beim Patentamt und Bekanntmachung im Gebrauchsmusterblatt erworben. Im Folgenden sollen die Schritte von der Anmeldung bis zur Erlangung des Gebrauchsmusters erläutert werden.

4,2.1   Anmeldung

Die Anmeldung der Erfindung zur Erlangung eines Gebrauchsmusters hat beim Patentamt schriftlich zu erfolgen. Tag der Anmeldung ist der Tag des Einlangens beim Patentamt.

➡ **Hinweis**   *Zur Anmeldung hat das Patentamt ein Anmeldeformular, das auch eine Ausfüllhilfe beinhaltet, aufgelegt; dieses kann wiederum auch als Word-Datei unter http://www.patentamt.at/Home/Erfindungsschutz/Formulare/12832.html heruntergeladen werden (vgl § 14 GMG).*

Selbstverständlich muss das Anmeldeformular des Patentamts nicht verwendet werden, jedoch sind Anmeldungen bzw Anträge so abzufassen, dass sie den Formularen des Patentamts entsprechen.

Tipp   *Das Anmeldeformular finden Sie auch am Ende des Buches im Anhang abgedruckt!*

Es gilt der Grundsatz der Einheitlichkeit. Die Anmeldung darf nur eine einzige Erfindung oder eine Gruppe von Erfindungen enthalten, die untereinander in der Weise verbunden sind, dass sie eine einzige allgemeine erfinderische Idee verwirklichen. Liegt keine Einheitlichkeit vor, so kann der Mangel möglicherweise durch eine Einschränkung oder Teilung behoben werden.

Die Anmeldung muss enthalten:

- den Namen und den Sitz bzw den Wohnsitz des Anmelders sowie gegebenenfalls seines Vertreters,
- den Antrag auf Registrierung eines Gebrauchsmusters,
- eine kurze, sachgemäße Bezeichnung der Erfindung (Titel),
  In den Titel der als Gebrauchsmuster zu schützenden Erfindung dürfen keine Marken oder Phantasiebezeichnungen aufgenommen werden. Der Titel hat zu bezeichnen, welche Gegenstände nach den Patentansprüchen unter Schutz gestellt werden sollen. Er hat mit der Einleitung (erstes bzw erste Wort(e)) des Anspruches 1 übereinzustimmen.
- eine Beschreibung der Erfindung,
  Als Deckblatt für die Beschreibung ist das vom Patentamt ausgegebene oder ein entsprechendes Formular zu verwenden. In der Beschreibung sind folgende Angaben zu machen:
  - das technische Gebiet, auf das sich die Erfindung bezieht;
  - der bisherige Stand der Technik, soweit er für das Verständnis der Erfindung als nützlich anzusehen ist;

- die technische Aufgabe der Erfindung;
- die Erfindung, wie sie in den Ansprüchen gekennzeichnet ist;
- falls Zeichnungen vorhanden sind, eine Aufzählung der in den Zeichnungen enthaltenen Figuren;
- eine ausführliche Beschreibung des Erfindungsgegenstandes, falls Zeichnungen vorhanden sind, an Hand dieser, unter Verwendung der darin eingetragenen Bezugszeichen.

Überflüssige und das Wesen der Erfindung nicht kennzeichnende Weitläufigkeiten sind zu vermeiden.

- einen oder mehrere (diese sind fortlaufend mit arabischen Ziffern zu nummerieren) Ansprüche,

    Die Ansprüche müssen genau und in unterscheidender Weise angeben, wofür Schutz begehrt wird. Marken und Phantasiebezeichnungen dürfen wiederum nicht verwendet werden. Die Ansprüche müssen auf die Beschreibung gestützt werden können.

Soweit zweckdienlich haben die Ansprüche zu enthalten:

- die technischen Merkmale, die zur Festlegung des beanspruchten Gegenstandes der Erfindung notwendig sind, jedoch in Verbindung miteinander zum Stand der Technik gehören, also bereits bekannt sind und den Ausgangspunkt der Erfindung bilden (Oberbegriff),
- einen kennzeichnenden Teil, der durch die Worte „dadurch gekennzeichnet" oder „gekennzeichnet durch" eingeleitet wird und die technischen Merkmale bezeichnet, für die in Verbindung mit den technischen Merkmalen Schutz begehrt wird, die also neu sind.

Beispiele:

„Selbsttragendes Fernmeldeluftkabel, bestehend aus einer Kabelseele mit einem Kunststoffmantel und einer über diesem angeordneten Bewehrung, **dadurch gekennzeichnet**, dass unmittelbar unter der Bewehrung auf dem Kunststoffmantel eine zumindest auf ihrer dem Kunststoffmantel zugekehrten Seite mit einem Kunststoff beschichtete Metallfolie, vorzugsweise aus Aluminium, festhaftend, den Kunststoffmantel vollständig einschließend angeordnet ist."

„1. Stoffbahn für die Herstellung von Reinigungstüchern, Bodenwischtüchern, Bespannungen für Feuchtreinigungsgeräte, Reinigungshandschuhe oder dergleichen mit einer textilen Gewebeschicht, **dadurch gekennzeichnet**, dass die Gewebeschicht auf eine als Schwamm wirkende Trägerschicht aufkaschiert ist.

2. Stoffbahn nach Anspruch 1, **dadurch gekennzeichnet**, dass die Trägerschicht aus Schaumstoff besteht.

3. Stoffbahn nach Anspruch 1 oder 2, **dadurch gekennzeichnet**, *dass* die von der Gewebeschicht abgewandte Rückseite der Trägerschicht von einer dünnen, gewebten oder gewirkten Textilschicht abgedeckt ist."

> „Programmlogik für eine Datenverarbeitungsanlage zur Abwicklung von Wetten, **dadurch gekennzeichnet**, dass zugeleitete Wettangebotsdaten mit eingegebenen Auswahldaten bei Vorliegen von Kreditdaten zu Wettdaten logisch verknüpft werden."

- die zum Verständnis der Erfindung nötigen Zeichnungen und
- eine Zusammenfassung.

  Die Zusammenfassung muss eine Kurzfassung der in der Anmeldung enthaltenen Offenbarung enthalten und hat ein klares Verständnis des technischen Problems und seiner Lösung zu ermöglichen. Enthält die Anmeldung Zeichnungen, so hat der Anmelder für die Veröffentlichung in der Zusammenfassung diejenige Figur anzugeben, welche die Erfindung am besten kennzeichnet. Es genügt dabei, den Anspruch 1 zu zitieren (zB unter Einleitung durch die Formulierung „Die Erfindung betrifft ein(e) ...") und die Worte „dadurch gekennzeichnet, dass" bzw „gekennzeichnet durch" zB durch das Wort „wobei" zu ersetzen oder in zwei Sätzen zu formulieren.

Achtung! *Die Zusammenfassung dient ausschließlich der technischen Information und darf insbesondere nicht zur Bestimmung des Schutzbereiches herangezogen werden!*

Jede Anmeldung ist außerdem vom Anmelder bzw den Anmeldern am Ende zu unterschreiben.

Beschreibung, Ansprüche, Zeichnungen und Zusammenfassung sind zweifach vorzulegen. Für die Beschreibung, die Ansprüche und die Zusammenfassung ist Papier im Format DIN A4 zu verwenden, ebenso für die Zeichnungen. Die Seiten sind fortlaufend zu nummerieren. Ein mindestens 2 cm breiter Rand ist freizulassen. Zwischen den Zeilen ist genügend Raum zum Einfügen von Berichtigungen zu lassen.

➡ Hinweis *Die Beschreibung, die Bezeichnung des Patentanspruches bzw der Patentansprüche und die Zusammenfassung können auch in englischer oder französischer Sprache erfolgen. In diesem Fall ist allerdings eine deutsche Übersetzung für die Gesetzmäßigkeitsprüfung vorzulegen.*

Achtung! *Die Erfindung ist in der Anmeldung jedenfalls so deutlich und vollständig zu offenbaren, dass sie ein Fachmann ausführen kann, andernfalls ist sie mit Nichtigkeit bedroht!*

Als Fachmann gilt ein Sachverständiger, der über durchschnittliche Fähigkeiten zur Überwindung technischer Schwierigkeiten verfügt und den Stand der Technik kennt.

4,2.2   Abzweigung

Gemäß § 15a GMG ist eine so genannte Abzweigung insofern möglich, als innerhalb einer Frist von zwei Monaten nach dem Einlangen der Gebrauchs-

musteranmeldung von einem Anmelder oder Inhaber eines in Österreich angemeldeten oder erteilten Patents eine entsprechende Abzweigungserklä-
rung beim Patentamt abgegeben werden kann, mit der für dieselbe Erfindung
während des gesamten Anmeldeverfahrens sowie bis zum Ablauf einer Frist

- von zwei Monaten, nachdem die Patentanmeldung als zurückgenommen
  gilt, oder
- von zwei Monaten nach Rechtskraft der Entscheidung, mit der die Patentanmeldung zurückgewiesen wurde, oder
- von sechs Monaten nach der Bekanntmachung der Erteilung des Patentes, wenn kein Einspruch eingelegt wurde, oder
- von elf Monaten, nachdem die Entscheidung über die Erteilung des europäischen Patentes wirksam geworden ist, wenn kein Einspruch eingelegt
  wurde, oder
- von zwei Monaten nach Rechtskraft der Entscheidung über einen rechtzeitig erhobenen Einspruch

eine Gebrauchsmusteranmeldung eingereicht und als Anmeldetag der Gebrauchsmusteranmeldung der Anmeldetag der Patentanmeldung in Anspruch
genommen werden kann. Für die Patentanmeldung beanspruchte Prioritäts-
rechte bleiben für die Gebrauchsmusteranmeldung erhalten.

4.2.3 Gesetzmäßigkeitsprüfung

Das Patentamt prüft lediglich die formalen Voraussetzungen, insbesondere
ob die Unterlagen den dargelegten Vorgaben entsprechen. Die Neuheit, der
erfinderische Schritt, die gewerbliche Anwendbarkeit und ob der Anmelder
Anspruch auf Gebrauchsmusterschutz hat werden nicht geprüft.

Bestehen gegen die Veröffentlichung und Registrierung des Gebrauchsmusters keine Bedenken, wird binnen 6 Monaten ab dem Anmeldetag gemäß
§ 19 GMG unter Zugrundelegung der in der Anmeldung gemachten Ansprüche ein Recherchenbericht erstellt. Der technische Prüfer ermittelt dazu den
Stand der Technik und teilt diesen dem Anmelder unter Nennung der zur Beurteilung der Neuheit und des erfinderischen Schritts relevanten Schriftstücke
in Form des Berichts mit. Dessen Inhalt macht es dem Anmelder damit möglich, die Ansprüche, die den Schutzumfang festlegen, präzise zu fassen, insbesondere seine Ansprüche einzuschränken oder im Fall offensichtlich feh-
lender Neuheit seine Anmeldung zurückzuziehen.

Bestehen nach der Gesetzmäßigkeitsprüfung Bedenken gegen die Veröffentlichung und Registrierung des Gebrauchsmusters wird der Anmelder aufgefordert, sich binnen einer zweimonatigen, aus rücksichtswürdigen Gründen
auch verlängerbaren Frist zu äußern. Wird nach Ablauf der Frist die Unzulässigkeit der Veröffentlichung und Registrierung festgestellt, wird die Anmeldung zurückgewiesen.

➡ **Hinweis** *§ 27 GMG ermöglicht dem Anmelder die **Beantragung der beschleunigten Veröffentlichung und Registrierung**. Er kann dies bis zum Tag vor Zustellung des Recherchenberichtes die sofortige Veröffentlichung und Registrierung des Gebrauchsmusters beantragen. Dem Antrag wird aber nur dann stattgegeben, wenn die Zahlung der Veröffentlichungsgebühr und der Zuschlagsgebühr für die beschleunigte Veröffentlichung und Registrierung ordnungsgemäß nachgewiesen wird. Ist zum Zeitpunkt der Veröffentlichung und Registrierung des Gebrauchsmusters der Recherchenbericht noch nicht fertiggestellt, wird er nicht in die Gebrauchsmusterschrift (Tz 4,2.4) aufgenommen, sondern gesondert ausgegeben. Er wird dem Gebrauchsmusterinhaber dann übermittelt.*

4,2.4 Registrierung und Veröffentlichung

Entspricht die Anmeldung den gesetzlichen Anforderungen wird das Verfahren durch am selben Tag erfolgende Registrierung im Gebrauchsmusterregister und Veröffentlichung im Gebrauchsmusterblatt abgeschlossen. Im Normalfall dauert es bis dahin 11 Monate. Die Veröffentlichung einer Anmeldung erfolgt dann jeweils am 15. eines Monats.

➡ **Hinweis** *Mit der Veröffentlichung im Gebrauchsmusterblatt beginnt der Gebrauchsmusterschutz (vgl Tz 4,3).*

Das Patentamt stellt dem Gebrauchsmusterinhaber schließlich eine Gebrauchsmusterurkunde (§ 26 GMG) aus. Das Gebrauchsmusterregister steht jedermann zur Einsicht offen. Die Urkunde enthält eine Bestätigung über die Registrierung des Gebrauchsmusters sowie eine Ausfertigung der zu jedem registrierten Gebrauchsmuster ausgegebenen Gebrauchsmusterschrift (§ 25 GMG). Die Gebrauchsmusterschrift wird vom Patentamt herausgegeben und dient der Detailinformation der Öffentlichkeit. Der jeweilige Recherchenbericht sowie Ansprüche, Beschreibung, Zeichnungen und Zusammenfassung werden mit der Gebrauchsmusterschrift veröffentlicht.

➡ **Hinweis** *Die ab dem 25.9.2005 veröffentlichten Gebrauchsmusterschriften sind unter http://www.patentamt.at/Home/Patentamt/Publikationsserver/14444.html abrufbar.*

Nutzen Sie diese Möglichkeit, wenn Sie sich näher mit praktischen Beispielen vertraut machen wollen!

4,2.5 Umwandlung

Das Verfahren wurde auch insofern flexibel gestaltet, als die Umwandlung der Gebrauchsmusteranmeldung in eine Patentanmeldung beantragt werden kann. Analog ist auch der Wechsel von einer Patent- zu einer Gebrauchsmusterabmeldung möglich. Insofern kann der Anmelder schnell und unkompliziert auf einen entsprechenden Recherchenbericht, der zB die Patentfähig-

keit nahe legt, reagieren. Nicht vergessen werden darf hierbei, dass die Neuheitsschonfrist für Patentanmeldungen nicht gilt. Auch muss auf den vom
GMG verschiedenen Erfindungsbegriff im PatG Bedacht genommen werden.

4.2.6 Dienstnehmererfindung

Hinsichtlich dieser Frage verweist das GMG in § 7 auf die entsprechenden
Stellen im PatG. *Siehe daher Tz 3.2.4.3.* Allerdings werden die diesbezüglichen Vergütungen für gebrauchsmusterfähige Erfindungen hinter jenen für
patentierbare zurückbleiben.

4.2.7 Schutzdauer und territorialer Umfang des Schutzes

Der Gebrauchsmusterschutz beginnt mit dem Tag der amtlichen Veröffentlichung des Gebrauchsmusters und endet bei entsprechender Verlängerung
spätestens zehn Jahre nach dem Ende des Monats, in dem das Gebrauchsmuster angemeldet worden ist (§ 6 GMG). Hinsichtlich Verlängerung und
Gebühren *siehe Tz 4.2.8.*

Der Gebrauchsmusterschutz erstreckt sich auf das gesamte Bundesgebiet
der Republik Österreich. Zum internationalen Schutz *siehe Tz 4.2.9.*

4.2.8 Gebühren

Für die Anmeldung eines Gebrauchsmusters fallen folgende Gebühren an:

Normale Anmeldung:	
Anmeldegebühr	€ 50,—
Gebühr für die Veröffentlichung der Anmeldung	€ 130,—
diese Gebühren sind gemeinsam nach der Anmeldung auf Aufforderung zu bezahlen	€ 180,—

Beschleunigte Anmeldung:	
Anmeldegebühr	€ 50,—
Beschleunigungsgebühr	€ 50,—
Gebühr für die Veröffentlichung der Anmeldung	€ 130,—
diese Gebühren sind gemeinsam nach der Anmeldung auf Aufforderung zu bezahlen	€ 230,—

Nach Abschluss des gesamten Verfahrens werden vom Patentamt die so
genannten Schriftengebühren für Gebrauchsmusteranmeldungen, sonstige
Eingaben und Beilagen ermittelt und dem Anmelder vorgeschrieben. Diese
Gebühren hängen von der Art und der Anzahl der Eingaben ab und können
daher nicht pauschal benannt werden; einbezahlt werden dürfen die Schriftengebühren erst nach einer entsprechenden Zahlungsaufforderung.

Die **Jahresgebühren** betragen bei einer jährlichen Verlängerung:

vom 2. bis zum 5. Jahr jeweils	€ 80,—
vom 6. bis zum 10. Jahr jeweils	€ 190,—

Es kann aber auch eine pauschale Gebühr bezahlt werden:

für das 2. bis 5. Jahr in Höhe von	€ 290,—
für das 6. bis 10. Jahr in Höhe von	€ 820,—

Die Jahresgebühren sind jeweils am letzten Tag des Anmeldemonats fällig. Sie sind innerhalb von drei Monaten vor der Fälligkeit zu überweisen bzw einzuzahlen. Sie können auch noch bis maximal sechs Monate nach dem Fälligkeitsdatum (ab der zweiten zu zahlenden Jahresgebühr inklusive eines 20%-igen Zuschlags) entrichtet werden. Der Fälligkeitstag für Pauschalzahlungen entspricht dem Fälligkeitstag für die 2. bzw 6. Jahresgebühr.

4.2.9 Internationaler Gebrauchsmusterschutz

Wird eine Folgeanmeldung in einem Mitgliedstaat der Pariser Verbandsübereinkunft innerhalb von zwölf Monaten nach der Erstanmeldung in Österreich getätigt und Priorität beansprucht, wird sie im Anmeldeland genauso behandelt, als wäre sie am selben Tag wie die österreichische Erstanmeldung eingereicht worden. Die genannte „Pariser Verbandsübereinkunft von 1883", der praktisch alle Industrieländer beigetreten sind, regelt die gegenseitige Anerkennung von gewerblichen Schutzrechten.

Eine Gebrauchsmusteranmeldung in Österreich kann so prioritätsbegründend für Gebrauchsmusteranmeldungen in anderen Staaten sein. Vice versa kann aber auch eine ausländische Priorität bei einer österreichischen Gebrauchsmusteranmeldung beantragt werden.

4.3 Rechte des Gebrauchsmusterinhabers

Das Gebrauchsmuster berechtigt den Gebrauchsmusterinhaber wie den Patentinhaber, andere davon auszuschließen, den Gegenstand der Erfindung

- betriebsmäßig (dh in Gewinnerzielungsabsicht) herzustellen,
- in Verkehr zu bringen (in Verkehr wird etwas gebracht, indem es der Öffentlichkeit – zB durch Verteilen von Gratisexemplaren – zugänglich gemacht wird),
- feilzuhalten (dh zum Kauf anzubieten) oder
- zu gebrauchen oder
- zu den genannten Zwecken einzuführen oder zu besitzen.

Bei einem Verfahren erstreckt sich die Wirkung auch auf die durch dieses Verfahren unmittelbar hergestellten Erzeugnisse.

Das Gebrauchsmuster hat wie das Patent ferner die Wirkung, dass es jedem Dritten verboten ist, ohne Zustimmung des Gebrauchsmusterinhabers anderen als den zur Benützung der als Gebrauchsmuster geschützten Erfindung berechtigten Personen Mittel, die sich auf ein wesentliches Element der Erfindung beziehen, zur Benützung der Erfindung anzubieten oder zu liefern, wenn der Dritte weiß oder es aufgrund der Umstände offensichtlich ist, dass diese Mittel dazu geeignet und bestimmt sind, für die Benützung der Erfindung verwendet zu werden. Sind diese Mittel allgemein im Handel erhältliche kommt das Verbot nicht zum Tragen, es sei denn, dass der Dritte den Belieferten bewusst veranlasst hat, sie anzubieten.

Der Schutzbereich des Gebrauchsmusters wird durch die geltenden Ansprüche bestimmt. Die Beschreibung und die Zeichnungen sind zur Auslegung der Ansprüche heranzuziehen.

➡ **Hinweis**   *Wie im Patentrecht wird das Schutzrecht möglicherweise durch ein Vorbenützerrecht beschränkt (siehe Tz 3,3).*

4,4   Gebrauchsmusterschutz

4,4.1   Zivilrechtlicher Schutz

Wer in seinem Gebrauchsmuster verletzt worden ist, hat wie der Patentinhaber Anspruch auf Unterlassung, Beseitigung, Urteilsveröffentlichung, angemessenes Entgelt, Schadenersatz, Herausgabe des Gewinnes, Rechnungslegung usw. § 41 GMG verweist diesbezüglich auf §§ 147 bis 157 des PatG. Hinsichtlich der zivilrechtlichen Ansprüche *siehe daher Tz 3,4.1.*

4,4.2   Strafrechtliche Möglichkeiten

§ 41 GMG pönalisiert ähnlich wie § 159 PatG die Verletzung eines Gebrauchsmusters mit Geldstrafe bis zu 360 Tagessätzen. Bei gewerbsmäßiger Begehung droht eine Freiheitsstrafe bis zu zwei Jahren.

Anmerkung: *In der Regel handelt gewerbsmäßig, wer sich durch die wiederholte Begehung der Tat eine fortlaufende Einnahmequelle schaffen will.*

Ebenso ist der Inhaber oder Leiter eines Unternehmens zu bestrafen, der eine im Betrieb des Unternehmens von einem Bediensteten oder Beauftragten begangene Gebrauchsmusterverletzung nicht verhindert. Bedienstete oder Beauftragte, die die Handlung im Auftrag ihres Dienstgebers oder Auftraggebers vorgenommen haben, sind nicht zu bestrafen, sofern ihnen wegen ihrer wirtschaftlichen Abhängigkeit nicht zugemutet werden konnte, die Vornahme dieser Handlungen abzulehnen.

➡ **Hinweis**   *Analog zum Patentrecht sind Gebrauchsmusterverletzungen nur auf Verlangen des Verletzten zu verfolgen (so genannte Privatanklagedelikte).*

4,4.3 Feststellungsantrag

Wie im Patentrecht sind gem § 45 GMG positive bzw negative Feststellungsanträge möglich, die Klarheit darüber schaffen sollen, ob (a) ein Gegenstand bzw ein Verfahren ganz oder teilweise unter ein Gebrauchsmuster fällt und dieses daher verletzt wird oder (b) ein Gegenstand bzw ein Verfahren gerade nicht unter ein Gebrauchsmuster fällt und dieses verletzt. Zuständig ist wiederum die Nichtigkeitsabteilung des Patentamtes. Feststellungsanträge sind zurückzuweisen, wenn zwischen Antragsteller und Antragsgegner bereits eine Verletzungsklage anhängig ist. Des Weiteren kann sich der Feststellungsantrag nur auf ein einzelnes Gebrauchsmuster beziehen.

4,4.3.1 Positiver Feststellungsantrag

Der Patentinhaber oder der ausschließliche Lizenzinhaber kann gegen jedermann, der

- einen Gegenstand betriebsmäßig herstellt,
- in Verkehr bringt,
- zum Verkauf anbietet bzw
- gebraucht oder
- ein Verfahren betriebsmäßig anwendet oder
- solche Maßnahmen beabsichtigt

beim Patentamt die Feststellung beantragen, dass der Gegenstand oder das Verfahren ganz oder teilweise unter das Gebrauchsmuster fällt.

4,4.3.2 Negativer Feststellungsantrag

Wer einen

- Gegenstand betriebsmäßig herstellt,
- in Verkehr bringt,
- zum Verkauf anbietet bzw
- gebraucht oder
- ein Verfahren betriebsmäßig anwendet oder
- solche Maßnahmen beabsichtigt

kann gegen den Gebrauchsmusterinhaber oder den ausschließlichen Lizenznehmer beim Patentamt die Feststellung beantragen, dass der Gegenstand oder das Verfahren weder ganz noch teilweise unter das Gebrauchsmuster fällt.

4,5 Verlust des Gebrauchsmusterschutzes

Gebrauchsmuster werden – wie gesehen – ohne umfassende Prüfung geschützt, weshalb mit einer größeren Zahl nicht rechtsbeständiger Registrierungen gerechnet wird. Das Gebrauchsmuster kann aus drei Gründen verloren gehen:

- Erlöschen,
- Nichtigerklärung und
- Aberkennung.

Ein Verfahren auf Nichterklärung bzw Aberkennung ist nur auf Antrag möglich. Das Patentamt ist jedoch berechtigt, das Verfahren von Amts wegen fortzusetzen, wenn der Antrag zurückgezogen wird.

4,5.1 Erlöschen

Der Gebrauchsmusterschutz kann aus drei Gründen erlöschen (§ 12 GMG):

- mit Erreichung seiner Höchstdauer (*siehe Tz 4,2.7*);
- bei nicht rechtzeitiger Zahlung einer Jahresgebühr (*siehe Tz 4,2.8*);
- bei Verzicht des Gebrauchsmusterinhabers auf das Gebrauchsmuster.

Das Erlöschen wirkt im Fall der Erreichung der Höchstdauer mit dem auf die Erreichung der Höchstdauer, bei nicht rechtzeitiger Zahlung der Gebühr mit dem auf den Ablauf des letzten Gültigkeitsjahres und im Fall des Verzichts mit dem auf die Bekanntgabe des Verzichts an das Patentamt folgenden Tag.

4,5.2 Nichtigerklärung

Jedermann kann gem § 28 GMG die Nichtigerklärung eines Gebrauchsmusters beantragen,

- wenn das Gebrauchsmuster den Anforderungen der §§ 1 bis 3 GMG nicht entspricht, also keine Erfindung im Sinne des Gesetzes (*siehe Tz 4,1*) darstellt, insbesondere nicht neu ist, nicht gewerblich anwendbar ist oder vom Gebrauchsmusterschutz ausdrücklich ausgeschlossen wurde;
- wenn die Erfindung Gegenstand eines prioritätsälteren Gebrauchsmusters bzw Patents ist (Vorrang des älteren Rechts);
- wenn die Erfindung nicht genügend deutlich und vollständig offenbart, damit sie ein Fachmann ausführen kann (*siehe Tz 4,2.1*);
- wenn der Gegenstand des Gebrauchsmusters über den Inhalt der Anmeldung in ihrer ursprünglich eingereichten, den Anmeldetag begründenden Fassung hinausgeht (unzulässige Erweiterung).

Treffen die Nichtigkeitsgründe nur teilweise zu, so wird das Gebrauchsmuster nur teilweise nichtig erklärt.

4,5.3 Aberkennung

Behauptet jemand,

- dass er anstelle des Gebrauchsmusterinhabers Anspruch auf Gebrauchsmusterschutz hat, oder

- dass der wesentliche Inhalt des Gebrauchsmusters seinen Beschreibungen, Zeichnungen, Modellen, Gerätschaften oder Einrichtungen oder einem von ihm angewendeten Verfahren ohne seine Einwilligung entnommen worden ist (im Sinne eines geistigen Diebstahls),

so kann er die Aberkennung des Gebrauchsmusters hinsichtlich seines aktuellen Inhabers und dessen Übertragung an ihn begehren. Wird keine Übertragung begehrt, so endet der Gebrauchsmusterschutz mit Rechtskraft der die Aberkennung aussprechenden Entscheidung.

Wie im Fall der Nichtigkeit, kann es auch zu einer teilweisen Aberkennung kommen.

Der Anspruch auf Aberkennung verjährt jedoch gegenüber dem gutgläubigen Gebrauchsmusterinhaber innerhalb dreier Jahre ab dem Tag seiner Eintragung in das Gebrauchsmusterregister.

Anmerkung: *Im guten Glauben bzw gutgläubig handelt, wer bei Berücksichtigung aller Umstände davon ausgehen konnte, im Recht zu sein bzw kein fremdes Recht zu verletzen.*

4,5.4   Abhängigerklärung

Der Inhaber eines prioritätsälteren Gebrauchsmusters oder eines prioritätsälteren Patentes kann die Entscheidung beantragen, dass die gewerbliche Verwendung eines Gebrauchsmusters die vollständige oder teilweise Benützung seiner als Gebrauchsmuster oder Patent geschützten Erfindung voraussetzt (§ 30 GMG). *Siehe dazu auch Tz 3,4.4.*

4,5.5   Auskunftspflicht

Wer Gegenstände in einer Weise bezeichnet, die geeignet ist, den Eindruck zu erwecken, dass sie Gebrauchsmusterschutz genießen, hat auf Verlangen jedermann darüber Auskunft zu geben, auf welches Gebrauchsmuster sich die Bezeichnung stützt.

4,6   Übertragung/Verwertung

Das Recht aus der Anmeldung eines Gebrauchsmusters und das Gebrauchsmuster können zur Gänze oder nach ideellen Anteilen übertragen werden (§ 10 GMG). Der Gebrauchsmusterinhaber kann es verpfänden oder Lizenzen (*siehe Tz 3,6.1*) daran einräumen. Lizenzrechte werden in das Gebrauchsmusterregister eingetragen und dadurch gegenüber Dritten wirksam. Bei Übertragung des Gebrauchsmusterrechts wird es erst mit Eintragung in das Gebrauchsmusterregister erworben. Auch ist für den Erwerb eines Pfandrechts die Eintragung in das Gebrauchsmusterregister erforderlich.

4,7 Behörden und Gerichte

Zur **Beschlussfassung** im Rahmen des **Gebrauchsmusterschutzes** ist wie im Fall der Patentangelegenheiten grundsätzlich das Patentamt zuständig. Die einzelnen Zuständigkeiten verteilen sich behördenintern wie folgt:

- Die **Technische Abteilung** für
  - das Anmeldeverfahren,
  - die Erstellung des Recherchenberichts,
  - die Kenntnisnahme eines Verzichts auf ein Gebrauchsmuster.
- Die **Rechtsabteilung** bearbeitet soweit nicht die Beschwerde- oder die Nichtigkeitsabteilung zuständig ist,
  - das Verfahren in Angelegenheiten, die sich auf die Übertragung des Rechtes aus der Gebrauchsmusteranmeldung, auf andere rechtliche Verfügungen über ein solches Recht, auf registrierte Gebrauchsmuster – mit Ausnahme der Erstellung des Recherchenberichts und der Kenntnisnahme eines Verzichts auf ein Gebrauchsmuster beziehen, sowie
  - Anträge auf Wiedereinsetzung in den vorigen Stand,
- Die **Beschwerdeabteilung**
  - für das Beschwerdeverfahren gegen Beschlüsse der Technischen Abteilung und der Rechtsabteilung.
- Die **Nichtigkeitsabteilung** für das Verfahren über Anträge auf
  - Nichtigerklärung,
  - Aberkennung,
  - Abhängigerklärung,
  - auf Nennung als Erfinder,
  - auf Anerkennung des Vorbenützerrechtes und
  - über Feststellungsanträge.

Gegen Endentscheidungen der Nichtigkeitsabteilung und der Beschwerdeabteilung steht die Berufung bzw Beschwerde an den **Obersten Patent-** und **Markensenat** offen.

Zivilrechtliche Ansprüche aufgrund der Verletzung eines Gebrauchsmusters können durch Klage bzw Beantragung einer einstweiligen Verfügung beim **Handelsgericht Wien** geltend gemacht werden. Das **Landesgericht für Strafsachen Wien** ist für die Verfolgung der **Straftatbestände** zuständig.

4,8 Vorteile des Gebrauchsmusterschutzes

Abschließend lassen sich für die Praxis folgende Vorteile des Gebrauchsmusters (auch gegenüber dem Patent) identifizieren:

- Schnelle und einfache Registrierung, sodass eine Schutzrechtsdurchsetzung binnen weniger Monate möglich ist,

- wodurch die Zeit bis zur Erteilung eines Patents überbrückt werden kann;
- umfassender Schutz bis zur etwaigen Erteilung eines Patents;
- geringere Kosten durch ein vereinfachtes Verfahren, sodass insbesondere die vom Gesetzgeber als Anmelder ins Auge gefassten KMU davon Gebrauch machen können;
- die Neuheitsschonfrist von 6 Monaten;
- ein weiteres als im Patentrecht gefasstes Gebiet, das dem Gebrauchsmusterschutz zugänglich ist, insbesondere auch der mögliche Schutz der Programmlogik.

Kapitel 5	**Musterrecht**

5,1 Einführung

Aus der Bezeichnung Musterrecht ergibt sich nicht sogleich, welcher Gegenstand hier geschützt werden soll. Die ebenfalls in Verwendung stehenden Begriffe Geschmackmusterschutz und Designschutz machen aber den Zweck des Musterrechts deutlich. Es geht um den Schutz des Aussehens eines gewerblichen Erzeugnisses. Das Produktdesign ist in den letzten Jahren immer stärker zu einem entscheidenden Verkaufsfaktor geworden, weshalb dem Schutz des Designs vor Nachahmung steigende wirtschaftliche Bedeutung zukommt. Die gegenständlichen Regelungen finden sich im Musterschutzgesetz 1990 (MuSchG).

5,1.1 Das Muster

§ 1 MuSchG definiert als Muster die Erscheinungsform eines ganzen Erzeugnisses oder eines Teils davon, die sich insbesondere aus den Merkmalen der Linien, Konturen, Farben, der Gestalt, Oberflächenstruktur und/oder der Werkstoffe des Erzeugnisses selbst und/oder seiner Verzierung ergibt.

Achtung! *Funktion, Konstruktion oder Herstellungsmaterial bzw -verfahren sind nicht Gegenstand des Musterrechts!*

➡ **Hinweis** *Für Werke des Kunstgewerbes, die die nach § 1 Urheberrechtsgesetz erforderliche schöpferische Eigenart und Werkhöhe (Individualität) aufweisen (siehe Kapitel 7), kann neben dem Musterschutz auch der urheberrechtliche Schutz in Anspruch genommen werden! Möglichweise kann die Nachahmung eines Designs auch nach dem Bundesgesetz gegen den unlauteren Wettbewerb (UWG) verhindert werden. Es ist auch denkbar, dass ein Design vom Markenschutz (siehe Kapitel 2) mitumfasst wird.*

Erzeugnis im Sinne der obigen Definition ist jeder

- industrielle oder handwerkliche Gegenstand,
- einschließlich - unter anderem - von Einzelteilen, die zu einem komplexen Erzeugnis zusammengebaut werden sollen,
- Verpackung,
- Ausstattung,
- graphischen Symbolen und
- typographischen Schriftbildern.

Ein komplexes Erzeugnis besteht aus mehreren Bauelementen, die sich ersetzen lassen, so dass das Erzeugnis auseinander- und wieder zusammengebaut werden kann. Die Nennung von Einzelteilen im Gesetz erlaubt damit auch den Schutz von Zwischenprodukten. Auch Ersatz- und Einzelteile sind damit dem Musterschutz zugänglich.

Achtung! *Computerprogramme stellen laut MuSchG explizit keine Erzeugnisse dar!*

Der Begriff „Oberflächenstruktur", macht klar, dass sich der Schutz nicht auf „unsichtbare" Teile erstreckt, die während dem bestimmungsgemäßen Gebrauch des Gegenstandes durch den Endbenutzer oder nach dem Einbau nicht sichtbar sind. Die Teile müssen aber bei bestimmungsmäßiger Verwendung nicht durchgehend sichtbar sein. Zum bestimmungsmäßigen Gebrauch gehört aber zB beim Auto auch, dass jemand hinten im Auto sitzt oder darum herum geht. Muster die bei Bauelementen, die diese Kriterien nicht erfüllen, zur Anwendung kommen, genießen daher keinen Schutz. Ausgeschlossen sind durch diese Regelung vor allem Teile, deren Design für den Verbraucher keine Rolle spielt, da diese nur im Rahmen von Reparaturen und Wartungsarbeiten sichtbar werden. Lichtmaschine, Autobatterie oder Zündkerze fallen damit aus dem Musterschutz.

➡ Hinweis *Schutzfähig sind also sowohl zweidimensionale Gestaltungen wie zB Tapeten oder Stoffe als auch dreidimensionale Designs wie zB Flaschen oder Autos.*

Schutzgegenstand des MuSchG ist damit die geistige Gestaltung, die als Vorbild für das Aussehen eines Erzeugnisses dient. Das Vorbild muss um schutzfähig zu sein für den Sehsinn (zB als Entwurf oder Zeichnung) wahrnehmbar festgelegt worden sein.

Registrierung und Schutz können schließlich jene Muster erlangen, die

- neu sind,
- Eigenart haben,
- nicht gegen die öffentliche Ordnung und die guten Sitten verstoßen,
- nicht unter das Doppelschutzverbot fallen und
- dessen Erscheinungsmerkmale nur durch dessen technische Funktion bedingt sind.

Diese Voraussetzungen sollen in den folgenden Kapiteln näher beleuchtet werden.

5,1.1.1 Neuheit

Die Neuheit eines Musters ist gegeben, solange der Öffentlichkeit kein identisches Muster vor dem Tag der Anmeldung zur Registrierung bzw vor dem Prioritätstag zugänglich gemacht worden ist.

➡ Hinweis *Das Prioritätsrecht eines Musters entsteht mit dem Tag der ordnungsgemäßen Anmeldung (§ 19 MuSchG).*

Muster, deren Merkmale sich nur in unwesentlichen Einzelheiten unterscheiden, übereinstimmen oder sich verwechselbar ähnlich sehen, gelten nach dem Gesetz ebenso als identisch (§ 2 MuSchG).

Das Gesetz verwendet hier jedoch einen „relativen Neuheitsbegriff", da die Neuheit nicht verloren geht, wenn das Muster den im EWR tätigen Fachkreisen des betreffenden Sektors im normalen Geschäftsverlauf nicht vor dem Prioritätstag bekannt sein konnte (§ 2a MuSchG). (*Vgl Tz 3,1.2.1 zum „absoluten Neuheitsbegriff" im Patentrecht*). Ob es irgendwo anders auf der Welt bereits vor dem Prioritätstag bereits zugänglich war bleibt also völlig außer Betracht. Keinesfalls als veröffentlicht gilt ein Muster, das einem Dritten unter ausdrücklicher Bedingung der Vertraulichkeit zugänglich gemacht wurde.

Das MuSchG normiert hinsichtlich der Neuheit schließlich noch eine wichtige Ausnahme. Die Neuheit eines Musters wird durch eine Offenbarung nicht zerstört, solange es nicht früher als zwölf Monate vor dem Tag der Anmeldung oder, wenn eine Priorität in Anspruch genommen wird, vor dem Prioritätstag der Öffentlichkeit

- durch den Schöpfer oder seinen Rechtsnachfolger oder durch einen Dritten als Folge von Informationen oder Handlungen des Schöpfers oder seines Rechtsnachfolgers oder
- als Folge einer missbräuchlichen Handlung gegen den Schöpfer oder seinen Rechtsnachfolger

zugänglich gemacht wird.

Das Gesetz schützt dadurch den rechtlich nicht versierten Anmelder.

Achtung! *Der Anmelder darf nicht vergessen, dass durch die Veröffentlichung die Schutzmöglichkeit in Ländern, die weiter die absolute Neuheit als Schutzvoraussetzung fordern, verloren geht. Die Regelung nützt damit vor allem jenen, die eine Musterschutzanmeldung außerhalb der Grenzen der EU nicht vorhaben.*

5,1.1.2 Eigenart

Eine weitere Voraussetzung, die ein Muster mitbringen muss, ist die Eigenart. Sie stellt so etwas ähnliches wie die Voraussetzung einer gewissen Erfindungshöhe im Patentrecht dar. Eigenart ist gegeben, wenn sich der Gesamteindruck, den es beim informierten Benutzer hervorruft, von dem Gesamteindruck unterscheidet, den ein anderes Muster beim Benutzer hervorruft, das der Öffentlichkeit vor dem Tag seiner Anmeldung zur Registrierung, oder wenn eine Priorität in Anspruch genommen wird, vor dem Prioritätstag zugänglich gemacht worden ist. Entscheidend ist der von verschiedenen Merkmalen (Form, grafische Gestaltung, Farbe, Material etc) geprägte Gesamteindruck. Als informierter Benutzer gilt nicht der Verbraucher, sondern ein „Durchschnittsdesigner." Bei der Beurteilung der Eigenart wird schließlich der die Art des Erzeugnisses, bei dem das Muster benutzt wird oder in das es aufgenommen wird, und insbesondere des jeweiligen Industriesektors und des Grades der Gestaltungsfreiheit des Entwerfers bei der Entwicklung des Musters berücksichtigt.

➡ Hinweis *An die Eigenart eines Geschmacksmusters von Verpackungen ist laut Judikatur generell ein eher strenger Maßstab anzulegen, da der informierte Beobachter seine Auswahl primär an dem Erzeugnis selbst ausrichten wird und nicht an dessen Verpackung.*

5,1.1.3 Verstoß gegen die öffentliche Ordnung und die guten Sitten

Das Muster darf weder gegen die öffentliche Ordnung noch gegen die guten Sitten verstoßen. Unter öffentlicher Ordnung werden die tragenden Grundsätze der Rechtsordnung verstanden. Ein Verstoß gegen die guten Sitten liegt insbesondere dann vor, wenn sein Aussehen oder seine Bestimmung geeignet sind, das Anstandsgefühl eines maßgeblichen Teils der Bevölkerung zu verletzen.

5,1.1.4 Doppelschutzverbot

Nach dem Prioritätsprinzip genießen ältere Rechte gegenüber jüngeren Rechten Vorrang. Vom Musterschutz ausgeschlossen sind auch Muster, die mit älteren Mustern kollidieren, die erst nach dem Prioritätstag des prioritätsjüngeren Musters veröffentlicht worden sind (§ 3 MuSchG). Die Regel soll verhindern, dass zwei im Sinne des MuSchG identische Muster aufgrund der Möglichkeit Schutz erlangen, dass das jüngere Muster zu einem Zeitpunkt der Prüfung der Schutzvoraussetzungen unterzogen wird, zu dem das ältere Muster auf Grund Anmeldung, jedoch nicht erfolgter Veröffentlichung nicht zum bereits bekannten Formenschatz gehört und damit keine Berücksichtigung finden konnte.

5,1.1.5 Technische Funktion

Ein rein durch die technische Funktion bedingtes Design, bei dessen Gestaltung aufgrund der notwendigen Erfüllung einer technischen Funktion absolut kein Spielraum für Abweichungen blieb, kommt nicht in den Genuss des Musterschutzes (§ 2b MuSchG). Die technische Innovation soll so vor Behinderungen durch den Schutz rein technischer Merkmale als Muster bewahrt werden.

Die Regelung gilt darüber hinaus insbesondere für Bauteile, deren Form zwangsläufig durch den Einbau in ein anderes Erzeugnis oder die unumgängliche Verwendung bzw Verbindung mit einem anderen Erzeugnis vorgegeben ist. Die Regelung möchte so die Monopolisierung des Designs von Verbindungselementen verhindern und die Interoperabilität von Erzeugnissen verschiedener Herkunft sichern. So bedeutet dies, sehr vereinfacht darge-stellt, dass ein Fahrradsattel zwar hinsichtlich seiner Form und Oberflächen-gestaltung Musterschutz erlangen kann, aber nicht hinsichtlich des durch den Durchmesser des Befestigungsrohres bestimmten Steckelementes.

Ausgenommen von dieser Beschränkung sind jedoch Muster, die dem Zweck dienen, den Zusammenbau oder die Verbindung einer Vielzahl von unterein-ander austauschbaren Teilen innerhalb eines modularen Systems zu ermög-lichen. Die Ausnahme wurde als so genannte „Lego Klausel" bekannt, eine Bezeichnung, die sehr deutlich macht, welcher Sachverhalt hier vom Gesetz-geber ins Auge gefasst wurde. Wenn daher der innovative Charakter des Musters im Aussehen eines Verbindungsstückes, wie zB bei zusammenbau-baren Spielzeugteilen, besteht, kann bei Vorliegen der anderen hier erläuter-ten Voraussetzungen der Musterschutz erworben werden.

5,2 Erwerb des Musters

Anspruch auf Musterschutz hat sein Schöpfer, die Person, die das Muster geschaffen hat, bzw dessen Rechtsnachfolger. Wurde das Design von meh-reren Personen geschaffen, so steht allen als Mitschöpfer das Recht ge-meinsam zu. Ohne Bedeutung sind die Nationalität des Designers wie auch der Schöpfungsort. Den Anspruch auf Musterschutz macht der Berechtigte durch Anmeldung geltend.

5,2.1 Design durch Auftrag- bzw Dienstnehmer

Werden Muster im Rahmen eines Dienst- oder Auftragsverhältnisses ge-schaffen, so fällt das Recht von Anfang an dem Dienst- bzw Auftraggeber zu, insofern die Schaffung von Mustern in das Arbeitsgebiet des Unternehmens und den Aufgabenbereich des jeweiligen Dienstnehmers gehört und nichts anderes vereinbart wurde. Aus den beiden Vertragsverhältnissen ergibt sich auch jeweils die Pflicht zur Meldung einer entsprechenden Schöpfung an den Dienst- bzw Auftraggeber.

Achtung! *Da ein Muster auch unter das UrhG fallen kann und dieses eine der erläuter-ten Regelung entsprechende Norm nicht kennt, ist es geboten eine klarstel-lende Klausel in Verträge aufzunehmen.*

Den Dienst- bzw Auftraggeber trifft schließlich keine Pflicht zur Anmeldung oder Nutzung des Musters. Dem Dienst- bzw Auftragnehmer verbleibt jedoch der Anspruch auf die Nennung als Schöpfer. Auf den Erzeugnissen selbst muss er jedoch, soweit dies nicht vertraglich vereinbart wurde, nicht genannt werden.

5,2.2 **Anmeldung**

Ein Muster ist beim Patentamt schriftlich zum Schutz anzumelden.

➡ **Hinweis** *Ein entsprechendes Anmeldeformular inklusive Ausfüllhilfe kann im PDF oder Word-Dokument-Format direkt von der Homepage des Patentamtes unter der Adresse http://www.patentamt.at/Home/Designschutz/Formulare/12831.html heruntergeladen werden.*

Es besteht aber keine Pflicht zur Verwendung dieses Formulars. Anmeldungen bzw Anträge sind aber so abzufassen, dass sie den Formularen des Patentamts entsprechen. Die Eingaben können durch Überreichung bei der Einlaufstelle des Patentamts, im Postweg, durch Einwurf in den Einlaufkasten oder mit Telefax eingebracht werden.

Tipp *Das Anmeldeformular finden Sie auch am Ende des Buches im Anhang abgedruckt!*

Das Muster selbst ist bei der Anmeldung durch Vorlage mindestens einer Musterabbildung (Fotos oder Zeichnungen in Farbe oder schwarz-weiß) oder eines Musterexemplars vollständig zu offenbaren. Es können bis zu zehn verschiedene Abbildungen überreicht werden. Sie haben das Muster möglichst ohne Beiwerk deutlich wiederzugeben.

Präsentationshilfen, wie transparente Dekorationspuppen für Kleidungsstücke oder Stützen, die einen Gegenstand in eine bestimmte Lage versetzen und dadurch erst eine bestimmte Offenbarung ermöglichen, können als zulässiges Beiwerk gelten. Sie dürfen jedoch die Konturen des Gegenstands nicht beeinträchtigen und haben optisch hinter ihn zurückzutreten. Wird durch das Beiwerk der Schutzrechtsgegenstand auch nur zum Teil verdeckt liegt ein unbehebbarer Mangel der Anmeldung vor! Ansonsten lösen Abbildungen mit unzulässigem Beiwerk einen Verbesserungsauftrag an den Antragsteller aus.

➡ **Hinweis** *Bei der Anmeldung eines Schuhsohlenmusters gelten zB sämtliche von der Sohle verschiedenen Schuhteile als unzulässiges Beiwerk.*

Die Abbildung bloß einzelner Merkmale oder Bereiche des Erzeugnisses wird nicht akzeptiert. Das zum Muster angemeldete Erzeugnis muss auf der Abbildung in seiner Gesamtheit dargestellt sein. Wenn eine oder mehrere Gesamtansichten offenbart werden, können aber auch Details der Gesamtansicht(en) in gesonderten Abbildungen vorgelegt werden. Werden nur Teilansichten vorgelegt, wird die Anmeldung abgewiesen! Jede Musterabbildung ist schließlich in zweifacher Ausfertigung zu überreichen. Sie müssen dauerhaft und reproduzierbar sein. Zeichnungen dürfen nicht größer als A4, Fotos nicht größer als A5 sein. Werden mehrere Abbildungen vorgelegt, sind diese auf der Rückseite zu nummerieren. Wurden mehrere Zeichnungen auf einem gemeinsamen Blatt ausgeführt, hat die Nummerierung unter eindeutiger Zuordnung zur jeweiligen Abbildung auf der Vorderseite des Blattes zu erfolgen. Die Ausmaße eines verpackten dreidimensionalen Musterexemplars dürfen die Maße 50 x 40 x 40 cm und das Gewicht von 10 kg nicht überschreiten. Flächige Muster dürfen nicht größer als 50 x 100 x 2,5 cm oder 75 x 100 x 1,5 cm sein, wobei es auf A4 Format zusammenfaltbar sein muss. Für „dreidimensionale" Muster (zB Kannen, Vasen, nicht jedoch Stoffe, Tapeten usw) ist eine Lagergebühr zu zahlen.

Achtung!   *Während Abbildungen auch nachgereicht werden dürfen, ist dies beim Musterexemplar nicht möglich! Wird ein Musterexemplar vorgelegt, so ist für den Schutzumfang des Musters ausschließlich das Musterexemplar maßgebend, nicht aber die vorgelegte(n) Abbildung(en).*

Der Offenbarung des Musters in der Anmeldung kommt äußerst große Bedeutung zu, da sich daraus der Gegenstand, der Inhalt und der Umfang des Ausschließungsrechts des Musterrechtsinhabers ergeben!

Das Anmeldeformular darf um eine Beschreibung zur Erläuterung des Musters, die 100 Wörter nicht übersteigt, erweitert werden. Die Beschreibung dient zwar als Interpretationshilfe, bleibt aber bei der Bestimmung des Schutzumfangs des Musters grundsätzlich außer Betracht. In der Beschreibung angeführte zusätzliche Merkmale, wie das Herstellungsmaterial des Erzeugnisses, werden nicht vom Musterschutz mit umfasst.

Die Erzeugnisse, für die das Muster bestimmt ist, sind in einem Warenverzeichnis geordnet nach der Einteilung der Klassen und Unterklassen des Abkommens von Locarno zur Errichtung einer Internationalen Klassifikation für gewerbliche Muster und Modelle, anzuführen. Die Klassifikation liegt unter anderem beim Patentamt zur Einsichtnahme auf. Zur Bezeichnung der Waren sind Begriffe zu verwenden, die die Beurteilung des Schutzumfanges des Musters ermöglichen, vorzugsweise solche, die in der Warenliste des Abkommens enthalten sind. Die bloße Angabe der Klassen oder Unterklassen, für die das Muster bestimmt ist, genügt nicht. Der Verwendungszweck der Ware muss nicht zwingend angegeben werden. Im Fall von entsprechenden Mängeln wird ein Verbesserungsauftrag erteilt.

Einer präzisen und richtigen Fassung des Warenverzeichnisses kommt wiederum hinsichtlich seiner Wichtigkeit für die Bestimmung des Schutzumfangs außerordentliche Bedeutung zu!

Tipp   *Das Warenverzeichnis finden Sie auch am Ende des Buches im Anhang abgedruckt!*

5,2.3   Geheimmuster

Das MuSchG sieht die Möglichkeit der Anmeldung eines so genannten Geheimmusters vor. Die Musterabbildung(en) bzw das Musterexemplar sowie eine Beschreibung können in diesem Fall in einem versiegelten (= fest verschlossenen) Umschlag überreicht werden. Der Umschlag ist in drei Fällen zu öffnen:

- Auf Antrag des Musteranmelders;
- auf Antrag eines Dritten, sofern dieser nachweist, dass sich der Musteranmelder ihm gegenüber auf das Muster berufen hat;
- von Amts wegen achtzehn Monate nach dem Prioritätstag des Musters.

Der Anmelder sichert sich so die Priorität des Anmeldetages. Den gesetzlichen Designschutz kann er aber erst mit der Veröffentlichung des Musters in Anspruch nehmen.

➡ **Hinweis** *Geheimmuster sind vor allem bei Saisonartikeln ratsam, da das Design für die kommende Saison so nicht frühzeitig offengelegt werden muss. Für die Anmeldung von Geheimmustern wird jedoch ein Zuschlag von 50% zu den Anmeldegebühren erhoben.*

5,2.4 **Sammelanmeldung**

Mit einer Sammelanmeldung können bis zu 50 Muster, die derselben Klasse angehören, zusammen zur Registrierung angemeldet werden. Die Klasse muss in allen Warenverzeichnissen dieselbe sein. Für jedes einzelne der in der Anmeldung zusammengefassten Muster sind ein gesondertes Beiblatt sowie gesonderte Beilagen (zB Abbildungen, Musterexemplar) zu überreichen. Die Beiblätter sind mit „1" beginnend fortlaufend zu nummerieren. Ihre Beilagen sind mit derselben Zahl zu bezeichnen. Die in einer Sammelanmeldung zusammengefassten Muster müssen entweder alle offen oder alle als Geheimmuster überreicht werden. Es ist diesbezüglich für jedes Muster ein gesonderter versiegelter Umschlag zu überreichen, der die Musterabbildung(en) sowie gegebenenfalls das Musterexemplar und die Beschreibung zu enthalten hat. Bei der Vorlage mehrerer Musterabbildungen sind diese mit der Nummer des betreffenden Beiblattes sowie – durch einen Schrägstrich getrennt – mit der Nummer der Abbildung zu kennzeichnen.

➡ **Hinweis** *Sammelanmeldungen sind gebührenbegünstigt (siehe dazu Tz 5,2.5).*

Nach erfolgter Anmeldung sind die in der Sammelanmeldung zusammengefassten Muster wie Einzelmusteranmeldungen zu behandeln.

5,2.5 **Amtliche Prüfung**

Die Musteranmeldung wird nach ihrem Einlangen rein formal nur auf ihre Gesetzmäßigkeit geprüft. Geheimmuster unterliegen spätestens mit der Öffnung des versiegelten Umschlags der Prüfung. Geprüft wird lediglich, ob überhaupt ein Muster vorliegt, ein Verstoß gegen die öffentliche Ordnung oder die guten Sitten vorliegt, die erläuterten Formvorschriften hinsichtlich des Anmeldungsinhalts und die Gebühren ordnungsgemäß entrichtet und deren Zahlung nachgewiesen wurden. Anspruchsberechtigung des Anmelders, Neuheit, Eigenart, technische Bedingtheit und das Fallen unter das Doppelschutzverbot werden nicht geprüft.

Bestehen Bedenken gegen die Registrierung, so wird der Anmelder zur Äußerung aufgefordert. Wird nach rechtzeitiger Äußerung oder nach Ablauf der Frist zur Äußerung die Unzulässigkeit der Registrierung festgestellt, wird die Musteranmeldung abgewiesen.

5,2.6   Registrierung und Veröffentlichung

Bestehen hinsichtlich der Registrierung des Musters keine Bedenken, wird dieses im Österreichischen Musteranzeiger veröffentlicht und im Musterregister registriert. Beides erfolgt am selben Tag. Der Musterinhaber erhält ein Musterzertifikat. Mit dem Tag der Registrierung beginnt schließlich der Musterschutz (*siehe Tz 5,3 und 5,4*).

5,2.7   Schutzdauer und territorialer Umfang des Schutzes

Der Musterschutz beginnt mit dem Tag der Registrierung des Musters (§ 6 MuSchG). Die Schutzdauer beträgt fünf Jahre beginnend mit dem Tag der Anmeldung. Die Schutzfrist kann durch rechtzeitige Zahlung einer Erneuerungsgebühr viermal um je fünf Jahre bis zu einer Gesamtlaufzeit von 25 Jahren ab dem Tag der Anmeldung verlängert werden. Für die Zahlung der Erneuerungsgebühr (*siehe Tz 5,2.5*) gilt als Ende der Schutzdauer jeweils der letzte Tag des Monats, der durch seine Benennung dem Monat entspricht, in den der Anmeldetag fällt.

Der Musterschutz wirkt im gesamten Bundesgebiet, jedoch nicht gegen Nutzungshandlungen im Ausland. (Zum internationalen Schutz *siehe Tz 5,2.6*).

5,2.8   Gebühren

Für die Anmeldung ist eine Anmeldegebühr – bei einer Einzelanmeldung auch eine Klassengebühr – und ein Druckkostenbeitrag zu entrichten. Für Geheimmusteranmeldungen ist der erwähnte 50%-ige Zuschlag zur Anmeldegebühr zu zahlen. Wird ein dreidimensionales Musterexemplar vorgelegt wird darüber hinaus eine Lagergebühr fällig.

Diese Gebühren sind grundsätzlich erst nach Zugang einer Zahlungsaufforderung zu entrichten!

Anmeldegebühr **Einzelanmeldung**	€ 50,—
Klassengebühr für die Einzelanmeldung pro Klasse	€ 15,—
Anmeldegebühr **Sammelanmeldung**	€ 100,—
für das 11. und jedes weitere Muster jeweils zuzüglich	€ 10,—
Druckkostenbeitrag pro veröffentlichtem Muster	€ 25,—
Lagergebühr	€ 80,—

Diese Gebühren sind gemeinsam nach der Anmeldung auf Aufforderung zu bezahlen.

Nach Abschluss des gesamten Verfahrens werden vom Patentamt die so genannten Schriftengebühren ermittelt und dem Anmelder vorgeschrieben. Diese Gebühren hängen von der Art und der Anzahl der Eingaben ab und können daher nicht pauschal benannt werden; einbezahlt werden dürfen die Schriftengebühren erst nach einer entsprechenden Zahlungsaufforderung.

Die Erneuerungsgebühr beträgt für

Einzelmuster	€ 100,—
Muster einer Sammelanmeldung pro Muster	€ 50,—

Die Erneuerungsgebühr kann frühestens ein Jahr vor dem Ende der Schutzdauer und spätestens sechs Monate nach deren Ende eingezahlt werden. Bei Zahlung nach Ende der Schutzdauer erhöht sich die Gebühr um 20%.

5,2.9   Gemeinschaftsgeschmacksmuster

Beim Harmonisierungsamt für den Binnenmarkt (HABM), dem Amt der Europäischen Union für die Eintragung von Marken und Geschmacksmustern in Alicante, aber auch beim österreichischen Patentamt kann Designschutz für die gesamte EU beantragt werden. Das Gemeinschaftsgeschmacksmuster ist jedoch vom nationalen Recht unabhängig, wobei aber die Musterdefinition mit der des MuSchG übereinstimmt. Auch die maximale Schutzdauer beträgt 25 Jahre. Die europäische Regelung unterscheidet aber zusätzlich zwischen eingetragenen und nicht eingetragenen Mustern. Den Schutz als nicht eingetragenes Gemeinschaftsmuster genießen Muster, die in der Öffentlichkeit erstmals nach dem 6. März 2002 bekannt gemacht worden sind. Die Schutzgewährung wird an keinerlei Formalien geknüpft! Das nicht eingetragene Gemeinschaftsgeschmacksmuster wird aber nur für drei Jahre ab Veröffentlichung innerhalb der EU und nur gegen Nachahmung geschützt.

Das HABM prüft die Anmeldevoraussetzungen und verfügt eine Eintragung im Register für Gemeinschaftsgeschmacksmuster. Die Durchführung von Verletzungsverfahren obliegen im Falle Österreichs dem Handelsgericht Wien und dem Landegericht für Strafsachen Wien. Zivil- und strafrechtlicher Schutz richten sich nach den österreichischen Bestimmungen.

5,3   Die Rechte des Musterinhabers

Die Registrierung eines Musters gewährt seinem Inhaber gem § 4 MuSchG das ausschließliche Recht, es zu benutzen, insbesondere

- die Herstellung,
- das Anbieten,

- das In-Verkehr-Bringen (in Verkehr wird etwas gebracht, indem es der Öffentlichkeit – zB durch Verteilen von Gratisexemplaren – zugänglich gemacht wird),
- die Einfuhr, die Ausfuhr oder
- die Benutzung

eines Erzeugnisses, in das das Muster aufgenommen oder bei dem es verwendet wird, oder den Besitz des Erzeugnisses zu den genannten Zwecken.

Im Sinne seines Ausschließungsrechts steht es dem Rechteinhaber darüber hinaus frei Dritten die Nutzung des Musters ohne seine Zustimmung zu verbieten.

Der Umfang des Schutzes erstreckt sich auf jedes Muster, das beim informierten Benutzer keinen anderen Gesamteindruck hervorruft. Wie an der Formulierung zu erkennen, bildet die früher erläuterte Eigenart auch die Grenze für den Schutzumfang.

Der Musterinhaber kann aber gem § 4a MuSchG rechtlich nicht gegen Handlungen einschreiten,

- die im privaten Bereich zu nichtgewerblichen Zwecken oder
- zu Versuchszwecken vorgenommen werden.
- Ebenso kann er seine Rechte nicht geltend machen, solange das Muster unter Quellenangabe zitiert oder zum Zweck der Lehre wiedergegeben wird, wobei diese Handlungen mit den Gepflogenheiten des redlichen Geschäftsverkehrs vereinbar sein müssen und die normale Verwertung des Musters nicht über Gebühr beeinträchtigen dürfen.

➡ **Hinweis** *Das Ausschließungsrecht richtet sich damit nur gegen eine betriebsmäßige, also auf Gewinn gerichtete Nutzung des Musters durch Dritte.*

§ 5a MuSchG regelt die so genannte Erschöpfung der Rechte des Inhabers. Sie erstrecken sich nicht auf Handlungen, die ein Erzeugnis betreffen, in das geschütztes Muster eingefügt oder bei dem es verwendet wird, wenn das Erzeugnis von ihm oder mit seiner Zustimmung im Europäischen Wirtschaftsraum in den Verkehr gebracht worden ist.

Der Musterschutz kommt schließlich auch gegenüber einem gutgläubigen Vorbenützer nicht zur Anwendung, wenn er es vor dem Prioritätstag im Inland benützt oder die entsprechenden und notwendigen Vorbereitungen getroffen hat (§ 5 MuSchG). Er darf dann das Muster für die von der Benützung erfassten Erzeugnisse für die Bedürfnisse seines eigenen Unternehmens in eigenen oder fremden Betriebsstätten weiterbenützen. Der Vorbenützer kann verlangen, dass seine Befugnis vom Musterinhaber schriftlich anerkannt wird oder bei einer diesbezüglichen Weigerung eine entsprechende Entscheidung des Patentamtes beantragen.

Anmerkung: *Im guten Glauben bzw gutgläubig handelt, wer bei Berücksichtigung aller Umstände davon ausgehen konnte, im Recht zu sein bzw kein fremdes Recht zu verletzen*

5,4 Der Musterschutz

Das Musterrecht kann auf zwei Arten geschützt werden: Dem Inhaber stehen wiederum neben zivilrechtlichen Ansprüchen auch strafrechtliche Möglichkeiten zur Verfügung.

Wurde das Muster mehreren Anmeldern gemeinsam erteilt, können diese – im Zweifel – zwar nur gemeinsam darüber bestimmen; Verletzungen des Musters kann allerdings jeder einzelne Inhaber gerichtlich verfolgen (§ 9 MuSchG).

5,4.1 Zivilrechtlicher Schutz

Hinsichtlich des zivilrechtlichen Schutzes verweist das MuschG auf das PatG, dessen Regeln unverändert übernommen werden (§ 34 MuSchG). Der in seinem Musterrecht verletzte hat damit Anspruch auf:

- Unterlassung
- Beseitigung
- Urteilsveröffentlichung
- angemessenes Entgelt
- Schadenersatz
- Herausgabe des Gewinnes
- Rechnungslegung
- Auskunft über die Herkunft und den Vertriebsweg

Hinsichtlich der einzelnen Punkte kann auf das entsprechende Kapitel zum PatG verwiesen werden. Anders als in Patentrechtsfällen prüft jedoch das zuständige Gericht die Gültigkeit oder Wirksamkeit des Musterrechts selbstständig als Vorfrage.

5,4.2 Strafrechtlicher Schutz

Auch der strafrechtliche Schutz gestaltet sich ähnlich wie im PatG. Wer ein Musterrecht verletzt, wird mit einer Geldstrafe von bis zu 360 Tagessätzen bestraft (§ 35 MuSchG). Bei gewerbsmäßiger Begehung droht eine Freiheitsstrafe bis zu zwei Jahren. Ebenso sind der Inhaber oder Leiter eines Unternehmens oder die Organe einer Gesellschaft, eines Vereins oder einer Genossenschaft zu bestrafen, der eine im Betrieb des Unternehmens von einem Bediensteten oder Beauftragten begangene Musterrechtsverletzung nicht verhindert. Bedienstete oder Beauftragte bleiben wiederum straflos, wenn ihnen wegen ihrer wirtschaftlichen Abhängigkeit nicht zugemutet werden konnte, die angeordnete Vornahme der pönalisierten Handlungen abzulehnen.

➡ **Hinweis**   *Strafrechtliche Sanktionen gegen den Verletzer eines Musters sind nur auf Verlangen des Verletzten zu verfolgen.*

5.4.3   Feststellungsantrag

Auch hinsichtlich von Mustern kann durch einen Feststellungsantrag Klarheit darüber geschaffen werden, ob (a) ein Erzeugnis ganz oder teilweise unter ein geschütztes Muster fällt und dieses daher verletzt wird oder (b) ein Erzeugnis gerade nicht unter ein geschütztes Muster fällt und dieses verletzt (§ 39 MuSchG). Über Feststellungsanträge entscheidet die Nichtigkeitsabteilung des Patentamts. Ein Feststellungsantrag kommt nicht in Frage, wenn bereits ein Verletzungsverfahren zwischen denselben Parteien und zum selben Thema eingeleitet wurde.

5.4.3.1   Positiver Feststellungsantrag

Der Inhaber eines geschützten Musters oder einer ausschließlichen Lizenz kann gegen jemanden, der ein Erzeugnis

- betriebsmäßig herstellt,
- in Verkehr bringt,
- feilhält oder
- gebraucht oder
- solche Maßnahmen beabsichtigt,

beim Patentamt die Feststellung beantragen, dass das Erzeugnis ganz oder teilweise unter das Musterrecht fällt.

5.4.3.2   Negativer Feststellungsantrag

Wer ein Erzeugnis

- betriebsmäßig herstellt,
- in Verkehr bringt,
- feilhält oder
- gebraucht oder
- solche Maßnahmen beabsichtigt,

kann gegen den Inhaber eines geschützten Musters oder einer ausschließlichen Lizenz beim Patentamt die Feststellung beantragen, dass das Erzeugnis weder ganz noch teilweise unter das Musterrecht fällt.

5,5   Verlust

Das Musterrecht geht verloren durch:

- Erlöschen durch Zeitablauf, Verzicht oder Nichtzahlung der Gebühr
- Nichtigerklärung
- Aberkennung

Nichtigerklärung und Aberkennung erfolgen nur auf Antrag.

5,5.1   Nichtigerklärung

Ein Musterrecht ist von Nichtigkeit bedroht (§ 23 MuSchG), wenn

- das Muster nicht der gesetzlichen Musterdefinition entspricht,
- das Muster nicht neu ist oder keine Eigenart hat oder sein Aussehen nur technisch bedingt oder es gegen die öffentliche Ordnung oder die guten Sitten verstößt oder keine Sichtbarkeit des Bauelements gegeben ist,
  Das Musterrecht kann aus einem dieser Gründe auch nur teilweise für nichtig erklärt werden. Dies kann von der Vorlage geänderter Unterlagen und einer freiwillige Einschränkung (Disclaimer) durch den Musterinhaber abhängig gemacht werden.
- das Muster unter das Doppelschutzverbot fällt,
  Dieser Grund kann nur vom Inhaber des kollidierenden Rechts geltend gemacht werden.
- der Musterrechtsinhaber keinen Anspruch auf Musterschutz hat, weil er nicht der Schöpfer oder dessen Rechtsnachfolger ist.
  Dieser Grund kann nur von der anspruchsberechtigten Person geltend gemacht werden.

Eine rechtskräftige Nichtigerklärung wirkt auf den Tag der Anmeldung des Musters zurück. Wird das Muster wegen eines Verstoßes gegen das Doppel-schutzverbot für nichtig erklärt, bleiben die vom späteren Anmelder rechtmä-ßig bestellten und von Dritten redlich erworbenen Lizenzrechte, die seit ei-nem Jahr im Patentregister eingetragen und durch keine rechtlich begründete Streitanmerkung im Musterregister betroffen sind, von dieser Rückwirkung unberührt. Etwaige Ersatzansprüche gegen den späteren Anmelder bleiben von dieser Regelung unberührt.

Ein Recht an einem Muster kann auch noch nach seinem Erlöschen oder nach dem Verzicht darauf für nichtig erklärt werden. Hierfür wird der An-tragsteller jedoch besondere Gründe, ein so genanntes rechtliches Interesse, geltend machen müssen.

5,5,2 Aberkennung

Wer behauptet, Anspruch auf das Recht an dem Muster zu haben, also Schöpfer oder dessen Rechtsnachfolger zu sein, kann gem § 25 MuSchG anstelle der Nichtigerklärung begehren, dass das Musterrecht dem aktuellen Musterrechtsinhaber aberkannt und dem Antragsteller übertragen wird. Der aktuelle Musterinhaber kann bis zur Rechtskraft der Entscheidung nur mit Zustimmung des Antragstellers auf das Muster verzichten.

Der Anspruch verjährt gegenüber dem gutgläubigen Musterinhaber innerhalb von drei Jahre vom Tag seiner Eintragung in das Musterregister an.

5,5,3 Auskunftspflicht

Werden Erzeugnisse in einer Weise bezeichnet, sodass der Eindruck eines auf den Gegenstand zur Anwendung kommenden Musterschutzes ergibt, hat der Erzeuger auf Verlangen jedermann darüber Auskunft zu geben, auf welches Musterrecht sich die Bezeichnung stützt. Mit dieser Bestimmung soll die Möglichkeit zur Überprüfung geboten werden, ob eine Musteranmaßung vorliegt oder tatsächlich Musterschutz besteht.

5,6 Übertragung und Verwertung

Das Recht aus der Anmeldung eines Musters und das Musterrecht können für alle oder einzelne Erzeugnisse des Warenverzeichnisses zur Gänze oder nach ideellen Anteilen übertragen werden (§ 10 MuSchG). Es kann als frei übertragbares Vermögensrecht nicht nur beliebig veräußert, sondern auch vererbt oder verpfändet werden. Im Fall der Übertragung wird das Musterrecht aber erst mit Eintragung im Musterregister erworben. Darüber hinaus erwähnt das MuSchG natürlich auch die Möglichkeit der Lizenzerteilung. Durch sie kann der Musterrechtsinhaber das Design auch verwerten ohne selbst Erzeugnisse herzustellen, indem er entsprechende Nutzungsrechte an Dritte überträgt. Lizenzrechte werden gegenüber Dritten aber erst mit der Eintragung ins Musterregister wirksam.

Schließlich kann es auch zu einer Übertragung aufgrund richterlicher Entscheidung oder Entscheidung der Nichtigkeitsabteilung (*siehe Tz 5,5.2*) kommen.

5,7 Behörden und Gerichte

Zur Beschlussfassung in Musterangelegenheiten ist grundsätzlich das Patentamt zuständig. Behördenintern verteilt sich die Zuständigkeit wie folgt:

Die **Rechtsabteilung** ist insbesondere für

- die Beschlussfassung im Anmeldeverfahren,

- das Verfahren in Angelegenheiten, die sich auf die Übertragung des Rechtes aus der Anmeldung, oder
- Anträge auf Wiedereinsetzung in den vorigen Stand

zuständig.

Die **Beschwerdeabteilung** bearbeitet Beschwerden gegen die Beschlüsse der Rechtsabteilung. Gegen ihre Entscheidung steht nur mehr die Beschwerde an den VwGH oder VfGH zur Verfügung.

Die **Nichtigkeitsabteilung** entscheidet über

- Anträge auf Anerkennung eines Vorbenützerrechts,
- die Nennung als Schöpfer,
- Anträge auf Nichtigerklärung,
- Aberkennung und Übertragung sowie
- Feststellungsanträge.

Gegen Entscheidungen der Nichtigkeitsabteilung kann Berufung beim Obersten Patent- und Markensenat erhoben werden.

Zivilrechtliche Ansprüche, Klagen und Anträge auf einstweilige Verfügungen, können ausschließlich beim **Handelsgericht Wien** geltend gemacht werden. Das **Landesgericht für Strafsachen Wien** ist für die Verfolgung der **Straftatbestände** zuständig.

Kapitel 6	**Halbleiterschutzrecht**

6,1   Einführung

Der Schutz von Halbleitererzeugnissen (Mikrochips) wird im Halbleiter-schutzgesetz (HISchG) normiert. Der Schutz erstreckt sich dabei nicht nur auf das Erzeugnis, sondern auch auf die eigentliche Topographie (dreidimensionale Struktur des Erzeugnisses).

Es ist jedoch festzustellen, dass das Halbleiterschutzrecht in der Praxis kaum von Bedeutung ist. In den letzten Jahren wurden kaum Halbleiterschutzrechte erteilt; häufiger werden auch Halbleitererzeugnisse mit Hilfe des Patentrechts geschützt.

6,1.1   Schutzgegenstand

Schutz nach dem HISchG kann für dreidimensionale Strukturen von Halbleitererzeugnissen (Topographien) auf Antrag erworben werden, wenn sie Eigenart aufweisen (vgl § 1 PatG).

Der Schutz von Topographien gilt nicht für:

- Konzepte,
- Verfahren,
- Systeme,
- Techniken oder
- gespeicherte Informationen

die in der Topographie enthalten sind.

6,1.2   Schutzvoraussetzungen

Schutz für eine Topographie kann nur beantragt werden, wenn diese Eigenart aufweist. Dies ist dann der Fall, wenn sie das Ergebnis der eigenen geistigen Arbeit (*vgl Tz 7,2.1*) ihres Schöpfers ist und in der Halbleitertechnik nicht alltäglich ist. Keine Schutzvoraussetzung ist hingegen die Neuheit der Topographie; in diesem Punkt weicht das HISchG ua entscheidend vom PatG ab (*vgl Tz 4,1.2.1*).

Besteht eine Topographie aus einer Anordnung von alltäglichen Teilen, so kann Schutz dafür beantragt werden, wenn die Anordnung in ihrer Gesamtheit Eigenart aufweist.

6,2   Erwerb des Halbleiterschutzrechts

Um für eine Topographie Schutz nach dem HISchG geltend machen zu können, ist es notwendig, dass diese beim Patentamt zur Eintragung in das Halbleiterschutzregister angemeldet wird. In seinen Grundzügen orientiert sich das Anmeldeverfahren am PatG und dem GMG.

6,2.1   Anmeldung

Die Anmeldung der Topographie beim Patentamt hat schriftlich zu erfolgen (vgl § 9 HISchG).

➡ **Hinweis**   *Das Anmeldeformular des Patentamts kann unter http://www.patentamt.at/ Home/Erfindungsschutz/Halbleiter/12246.html heruntergeladen werden.*

Sie finden das Formular auch im Anhang abgedruckt.

Die Anmeldung hat folgenden Inhalt aufzuweisen:

- Einen Antrag auf Eintragung der Topographie in das Halbleiterschutzregister,
- eine kurze und genaue Bezeichnung der Topographie (Titel),
- Unterlagen (Zeichnungen, Fotos) zur Identifizierung oder Veranschaulichung der Topographie oder eine Kombination davon und – falls notwendig – das Erzeugnis selbst (Offenlegung der Topographie),
- den Tag der ersten nicht nur vertraulichen geschäftlichen Verwertung der Topographie, wenn dieser Tag vor der Anmeldung liegt und
- Angaben aus denen sich der Anspruch auf Halbleiterschutz ergibt und
- Angaben über die Berechtigung zur Geltendmachung des Anspruches auf Halbleiterschutz.

Die Anmeldung kann auch durch mehrere Personen gemeinsam erfolgen; in diesem Fall bestimmt das Patentamt nicht, zu welchen Teilen ihnen das Schutzrecht zusteht.

➡ **Hinweis**   *Am Anmeldeformular kann angegeben werden, welche Fotos und Zeichnungen als Betriebs- oder Geschäftsgeheimnisse behandelt werden sollen. Zu diesem Zweck sind die Unterlagen zweifach einzureichen: Als Original und als Kopie mit unkenntlich gemachten Teilen.*

6,2.2   Eintragung in das Halbleiterschutzregister

Entspricht die Anmeldung den gesetzlichen Anforderungen (*vgl Tz 6,2.1*) und wurde die Antragsgebühr (€ 250,—) bezahlt, hat das Patentamt das Halbleiterschutzrecht in das Halbleiterschutzregister einzutragen. Dafür ist keine weitere vor allem inhaltliche Prüfung notwendig (vgl § 10 HISchG). Die Eintragungen in das Halbleiterschutzregister sind im Patentblatt zu veröffentlichen.

6,2.3 Anspruch auf Schutz

Anspruch auf Schutz nach dem HlSchG hat der Schöpfer der Topographie (vgl § 3 Abs 1 HlSchG); Schöpfer ist, wer die Topographie geschaffen hat.

Wurde die Topographie im Rahmen eines Dienstverhältnisses bzw im Auftrag eines Dritten geschaffen, hat – wenn nichts anderes vereinbart wurde – der Dienst- bzw Auftraggeber Anspruch auf Schutz nach dem HlSchG (vgl § 3 Abs 2 HlSchG).

6,2.3.1 Voraussetzungen der Geltendmachung

Der Anspruch auf Halbleiterschutz kann nur von

- natürlichen Personen, die Staatsbürger eines Staates der EU bzw des EWR sind bzw in einem dieser Staaten ihren gewöhnlichen Aufenthaltsort haben oder
- juristischen Personen (zB GmbH, AG) die eine tatsächliche Niederlassung in einem Staat der EU bzw des EWR haben.

Dieser Anspruch kann aufgrund einer völkerrechtlichen Vereinbarung oder Gegenseitigkeit zwischen Österreich und einem anderen Staat erweitert werden (vgl § 5 HlSchG).

6,2.3.2 Erlöschen des Anspruches

Der Anspruch auf Halbleiterschutz erlischt 15 Jahre nach der ersten Aufzeichnung (vgl § 4 HlSchG), wenn die Topographie in dieser Zeit

- nicht nur vertraulich geschäftlich verwertet wurde oder
- beim Patentamt nicht angemeldet wurde.

6,2.3.3 Sonderfall

Erfüllt weder der Schöpfer, noch der Dienst- bzw Auftraggeber die Voraussetzungen der Geltendmachung (*vgl Tz 6,2.3.1*) steht der Anspruch auf Schutz, wenn die Topographie zuvor noch nicht oder nur vertraulich geschäftlich verwertet worden ist, demjenigen zu, der

- die Topographie zuerst in einem Staat der EU oder des EWR nicht nur vertraulich geschäftlich verwertet hat und
- vom Antragsberechtigten die ausschließliche Zustimmung erhalten hat, die Topographie im gesamten Geltungsbereich des EWR nicht nur vertraulich geschäftlich zu verwerten.

Wird der Schutz von demjenigen beansprucht, der die Topographie unter Zustimmung des Berechtigten zuerst geschäftlich verwertet hat, können der Schöpfer bzw der Dienst- oder Auftraggeber den Schutz nach dem HlSchG nicht mehr beanspruchen (vgl § 3 Abs 3 HlSchG).

6,2,4 Schutzdauer

Der Schutz nach dem HlSchG entsteht in der Regel mit dem Tag der Anmeldung der Topographie beim Patentamt, wenn diese zuvor noch nicht oder nur vertraulich geschäftlich verwertet worden ist und endet im zehnten Kalenderjahr danach. Geltend gemacht werden kann das Halbleiterschutzrecht nur dann, wenn dieses in das Halbleiterschutzregister eingetragen ist.

Sonderfall:

Der Schutz kann bereits mit dem Tag der erstmaligen, nicht nur vertraulichen geschäftlichen Verwertung der Topographie entstehen. Dafür ist es allerdings notwendig, dass die Topographie innerhalb von zwei Jahren ab dieser Verwendung beim Patentamt angemeldet wird. Dabei handelt es sich um einen weiteren – gravierenden – Unterschied zu den anderen Bereichen des Immaterialgüterrechts, die in der Regel nur dann Schutz gewähren, wenn die Verwendung erst nach der Anmeldung erfolgte.

6,3 Inhalt des Halbleiterschutzrechts

Der Inhaber des Halbleiterschutzrechts kann im geschäftlichen Verkehr jedem Dritten verbieten (vgl § 6 HlSchG):

- die Topographie oder selbstständige Teile davon nachzubilden oder Darstellungen zur Herstellung der Topographie anzufertigen und
- Darstellungen zur Herstellung der Topographie oder das die Topographie enthaltende Halbleitererzeugnis
  - anzubieten,
  - in Verkehr zu bringen,
  - zu vertreiben oder
  - zu den genannten Zwecken einzuführen.

Die Wirkung des Schutzrechts bezieht sich allerdings insbesondere nicht auf Handlungen, die zu nichtgeschäftlichen Zwecken vorgenommen werden.

Das Schutzrecht nach dem HlSchG wirkt nicht gegenüber demjenigen, der ein Halbleitererzeugnis erwirbt ohne zu wissen oder wissen zu müssen, dass das Erzeugnis eine geschützte Topographie enthält. Sobald der Dritte weiß, dass das Erzeugnis eine geschützte Topographie enthält ist er dazu verpflichtet, dem Inhaber des Schutzrechts auf dessen Verlangen, ein angemessenes Entgelt (in der Höhe der Lizenzgebühr) für die weitere Benützung zu bezahlen (vgl § 7 HlSchG). In diesem Zusammenhang hat der Inhaber des Halbleiterschutzrechts einen Anspruch auf Rechnungslegung gem PatG (*vgl Tz 6,4.1*).

6,4 Schutz des Halbleiterschutzrechts

Der Systematik des Immaterialgüterrechts folgend kennt auch das HlSchG den Schutz nach Zivil- und nach Strafrecht. Wurde das Schutzrecht mehreren Personen erteilt, kann jede für sich Eingriffe in das Recht gerichtlich verfolgen.

6,4.1 Zivilrechtlicher Schutz

In Bezug auf den privatrechtlichen Schutz des Halbleiterschutzrechts verweist das HlSchG auf das PatG (vgl § 21 HlSchG); dementsprechend kann der Inhaber des Schutzrechts Folgendes verlangen:

- Wer in seinem Halbleiterschutzrechts verletzt wurde bzw eine solche zu befürchten hat, kann auf Unterlassung klagen (vgl § 147 PatG). Geklagt werden kann auch der Inhaber eines Unternehmers, wenn die Verletzung des Halbleiterschutzrechts im Betrieb seines Unternehmens von einem Bediensteten oder Beauftragten begangen wurde oder droht (vgl § 152 Abs 1 PatG).

- Der Inhaber des Halbleiterschutzrechts kann die Beseitigung des gesetzesverletzenden Zustands (in der Regel die Beseitigung von Gegenständen, die das Patentrecht verletzen) verlangen. Dazu gehören vor allem die Vernichtung von Gegenständen (Eingriffsgegenstände), die das Patentrecht verletzten, und die Vernichtung von Werkzeugen und anderen Hilfsmitteln, mit deren Hilfe die Eingriffsgegenstände hergestellt wurden. Anstelle der Vernichtung kann der Patentinhaber auch die Übergabe der Eingriffsgegenstände bzw der Werkzeuge gegen eine Entschädigung – diese darf die Herstellungskosten nicht übersteigen – verlangen (vgl § 148 PatG).

- Neben den Ansprüchen auf Unterlassung bzw Beseitigung hat der Inhaber eines Halbleiterschutzrechts bei Verletzung seines Rechts Ansprüche in Geld (vgl § 150 PatG). Diese sind im Einzelnen:
  - (Verschuldensunabhängiger) Anspruch auf angemessenes Entgelt bei Verletzung des Patents; wurde das Patent grob fahrlässig oder vorsätzlich verletzt, kann der Patentinhaber das doppelte Entgelt verlangen.
    Definition: Grobe Fahrlässigkeit liegt vor, wenn die Sorglosigkeit so schwer ist, dass sie einem ordentlichen Menschen in dieser Situation nicht unterläuft; vorsätzlich handelt, wem die Rechtswidrigkeit bewusst ist, den Schaden vorhersieht und billigt.
  - Anspruch auf Schadenersatz einschließlich des entgangenen (fiktiven) Gewinns bzw Anspruch auf Herausgabe des Gewinns, den der Verletzer durch die Verletzung eines Halbleiterschutzrechts erzielt hat. Diese Ansprüche bestehen nur bei schuldhafter Verletzung; dh, die Verlet-

zung ist das Ergebnis eines Verhaltens, das der Verletzer vermeiden hätte sollen und auch vermeiden hätte können.

- Anspruch auf Ersatz des immateriellen Schadens, wenn die Patentverletzung schuldhaft begangen wurde und dieser aufgrund der Umstände des Einzelfalls berechtigt erscheint.

In diesem Zusammenhang hat der Inhaber des Patents Anspruch auf Rechnungslegung (§ 151 PatG) durch den Verletzer seines Halbleiterschutzrechts; diese Rechnungslegung kann in der Folge auf ihre Richtigkeit – von einem Sachverständigen – überprüft werden.

Achtung! *Stellt sich nach der Prüfung die Richtigkeit der Rechnungslegung heraus, hat der Inhaber der Marke die Kosten der Prüfung zu tragen.*

- Auskunft über den Ursprung und die Vertriebswege der Gegenstände, mit denen das Halbleiterschutzrecht verletzt wurde soweit dadurch nicht gegen gesetzliche Verschwiegenheitsgebote verstoßen werden muss (§ 151a PatG). Zur Auskunftserteilung verpflichtet sind Personen die gewerbsmäßig:
  - rechtsverletzende Waren in Besitz gehabt haben,
  - rechtsverletzende Dienstleistungen in Anspruch genommen haben oder
  - für Rechtsverletzungen genutzte Dienstleistungen erbracht haben.

Die Auskunftspflicht umfasst dabei zB die Namen und Anschriften der Hersteller, Lieferanten und Verkaufsstellen bzw die Mengen und Preise der Waren oder Dienstleistungen.

- Urteilsveröffentlichung (§ 149 PatG): Bei Klage auf Unterlassung oder Beseitigung hat das Gericht der siegenden Partei – auf deren Antrag – im Urteil das Recht zuzusprechen, das Urteil oder einen abweichenden Text auf Kosten des Gegners zu veröffentlichen.

Die Ansprüche auf Geld, Rechnungslegung und Auskunft müssen innerhalb von drei Jahren (§ 154 PatG iVm § 1489 ABGB) geltend gemacht werden.

6,4.2 Strafrechtlicher Schutz

Auf Verlangen des Verletzten ist derjenige, der ein Halbleiterschutzrecht verletzt hat, vom Gericht mit einer Geldstrafe bis zu 360 Tagessätzen zu bestrafen; wurde die Tat gewerbsmäßig (dh die Ausübung der Tat weist eine berufsmäßige Merkmale auf) begangen, ist der Verletzer mit Freiheitsstrafe bis zu zwei Jahren zu bestrafen (vgl § 22 Abs 1 HlSchG). Nicht zu bestrafen ist, wer als Bediensteter oder Beauftragter das Schutzrecht im Auftrag seines Dienst- bzw Auftraggebers verletzt hat, sofern er wegen seiner wirtschaftlichen Abhängigkeit die Vornahme der Handlung nicht ablehnen konnte.

Der Inhaber oder Leiter eines Betriebes ist ebenso zu bestrafen, wenn er eine Verletzung eines Halbleiterschutzrechts durch einen Bediensteten oder Beauftragten nicht verhindert (vgl § 22 Abs 2 HlSchG).

6,4.3 Feststellungsantrag

Die Frage, ob ein Halbleitererzeugnis unter ein bestehendes Schutzrecht bzw eben nicht unter ein bestehendes Schutzrecht fällt, kann mit Hilfe eines Feststellungsantrages geklärt werden (vgl § 15 HlSchG). Dementsprechend können der positive und der negative Feststellungsantrag unterschieden werden.

6,4.3.1 Positiver Feststellungsantrag

Der Inhaber des Halbleiterschutzrechts bzw der ausschließliche Lizenznehmer kann gegen jeden Dritten, der eine Topographie geschäftlich verwertet, indem er insbesondere ein Halbleitererzeugnis, das die Topographie enthält,

- anbietet,
- in Verkehr bringt,
- vertreibt,
- zu diesen Zwecken einführt oder
- solche Maßnahmen beabsichtigt

beim Patentamt die Feststellung beantragen, dass die fragliche Topographie oder das fragliche Halbleitererzeugnis ganz oder teilweise unter das Halbleiterschutzrecht fällt (vgl § 15 Abs 2 HlSchG).

6,4.3.2 Negativer Feststellungsantrag

Wer eine Topographie geschäftlich verwertet, indem er insbesondere ein Halbleitererzeugnis anbietet, das die fragliche Topographie

- anbietet,
- in Verkehr bringt,
- vertreibt,
- zu diesem Zweck einführt oder
- solche Maßnahmen beabsichtigt

kann – gegen den Inhaber des Schutzrechts bzw den ausschließlichen Lizenznehmer – beantragen, dass festgestellt wird, dass die Topographie oder das diese Topographie enthaltende Halbleitererzeugnis weder ganz noch teilweise unter ein bestehendes Halbleiterschutzrecht fällt (vgl § 15 Abs 1 HlSchG).

6,5   Verlust des Halbleiterschutzrechts

Das Halbleiterschutzrecht geht bei Vorliegen einem der folgenden Gründe verloren:

- Zeitablauf (die höchste Schutzdauer beträgt 10 Jahre),
- Verzicht,
- Nichtigerklärung oder
- Aberkennung.

6,5.1   Nichtigerklärung

Jedermann kann beantragen, dass ein Halbleiterschutzrecht für nichtig zu erklären ist, wenn

- die geschützte Topographie nicht schutzfähig war (*vgl Tz 6,1.2*),
- der Anspruch auf ein Halberleiterschutzrecht erloschen war (*vgl Tz 6,2.3*),
- die Frist zur Anmeldung nach der ersten geschäftlichen Verwendung ungenützt verstrichen ist (*vgl Tz 6,2.3.2*),
- der Inhaber nicht dazu berechtigt war, das Halbleiterschutzrecht geltend zu machen (*vgl Tz 6,2.3.1*) oder
- die in der Anmeldung enthaltenen Unterlagen nicht dem gegebenenfalls hinterlegten Halbleitererzeugnis entsprechen (*vgl Tz 6,2.1*).

Die Entscheidung über den Antrag auf Nichtigerklärung wirkt auf den Beginn des Schutzes zurück.

6,5.2   Aberkennung

Derjenige, der in Wahrheit Anspruch auf das Halbleiterschutzrecht hat, kann beantragen, dass das Schutzrecht seinem Inhaber aberkannt wird. Dafür muss der Nachweis erbracht werden, dass dem Inhaber der Anspruch auf die Erteilung des Schutzrechts nicht zustand. Gegen den gutgläubigen Inhaber verjährt dieser Anspruch innerhalb von drei Jahren (vgl § 14 Abs 1 und 2 HISchG).

Anmerkung: *Gutgläubig handelt, wer unter Berücksichtigung aller Umstände davon ausgehen konnte, dass er im Recht ist bzw kein fremdes Recht verletzt.*

Anstelle des Antrages auf Aberkennung, kann ein Antrag auf Übertragung des Halbleiterschutzrechts gestellt werden. Besteht der Anspruch auf Übertragung nur hinsichtlich eines Teils des Halbleiterschutzrechts, ist es nur anteilsmäßig zu übertragen (vgl § 14 Abs 3 HISchG).

Das Schutzrecht erlischt – sofern keine Übertragung beantragt wird – mit Rechtskraft der Entscheidung, mit der die Aberkennung ausgesprochen wird.

6,5.3 **Auskunftspflicht**

Wer Gegenstände in einer Weise bezeichnet, die geeignet ist, den Eindruck zu erwecken, dass sie Halbleiterschutz genießen, hat auf Verlangen Auskunft darüber zu geben, auf welches Schutzrecht sich die Bezeichnung stützt.

6,6 Übertragung des Halbleiterschutzrechts

Das Halbleiterschutzrecht kann ganz oder teilweise vom Inhaber auf eine andere Person entweder unter Lebenden oder von Todes wegen (auf seine Erben) übertragen werden. Daneben können an Halbleiterschutzrechten auch Lizenzen eingeräumt werden. Die Übertragung ist in jedem Fall in das Halbleiterschutzregister einzutragen (vgl § 12 HlSchG). In Bezug auf die Übertragung von Lizenzen ist auf das Patentrecht zu verweisen *(vgl Tz 4,6)*. Wurde ein Halbleiterschutzrecht mehreren Inhabern gemeinsam erteilt, können sie – im Zweifel – nur gemeinsam darüber verfügen und Lizenzen einräumen.

6,7 Behörden und Gerichte

Die Beschlussfassung über die Eintragung in das Halbleiterschutzregister obliegt dem – nach der Geschäftsverteilung – zuständigen **fachtechnischen Mitglied** (der Technischen Abteilung) des Patentamts (vgl § 16 Abs 2 HlSchG).

Für die Beschlussfassung in Angelegenheiten, die sich auf erteilte Halbleiterschutzrechte beziehen, ist – in der Regel – das nach der Geschäftsverteilung zuständige **(rechtskundige) Mitglied** der Rechtsabteilung des Patentamts berufen. Diese Kompetenz steht dem Mitglied der Rechtsabteilung nur soweit zu, als nicht (ein *Gericht*), der **Oberste Marken- und Patentsenat**, die **Beschwerde- oder Nichtigkeitsabteilung** des Patentamts zuständig ist (vgl § 16 Abs 3 HlSchG); leider trifft das HlSchG keine Aussage darüber, welche Angelegenheiten in die Kompetenz der angeführten Stellen fallen.

Zivilrechtliche Sanktionen gegen die Verletzung des Halbleiterschutzrechtes sind durch Klage vor dem **Handelsgericht Wien** geltend zu machen. Die Gerichtsbarkeit in Strafsachen steht dem **Landesgericht für Strafsachen Wien** zu (vgl § 23 HlSchG).

Kapitel 7 | Urheberrecht

7,1 Einführung

Das Urheberrechtsgesetz (UrhG) zielt auf den Schutz von Werken der Literatur (dazu zählen auch Computerprogramme), der Tonkunst, der bildenden Künste und der Filmkunst eines Urhebers ab. Geschützt wird dabei die Leistung eines Schöpfers (Urhebers). Um den Schutz nach dem UrhG geltend machen zu können ist eine Registrierung nicht notwendig (Werkschutz). Die Kennzeichnung eines Werkes mit dem © Symbol ist für den Schutz nicht notwendig; dieser steht ab der Schöpfung zu.

Das UrhG enthält nicht nur den Schutz der im Gesetz genannten Werkarten (Werkschutz), sondern auch die „verwandten Schutzrechte". Dabei wird auf bestimmte Leistungen abgestellt (Leistungsschutz).

7,2 Werkschutz

Unter dem Werkschutz versteht man den Schutz bestimmter – im Gesetz genannter – Werkarten. Der Schutz kommt dabei dem Schöpfer zu; dieser darf sein Werk verwerten, wird dabei allerdings durch die so genannten freien Werknutzungen eingeschränkt.

7,2.1 Werk

Das UrhG (§ 1) definiert das Werk als „eigentümlich geistige Schöpfung auf den Gebieten der Literatur, der Tonkunst, der bildenden Künste und der Filmkunst".

Als Merkmale, die für den Schutz nach dem UrhG vorausgesetzt sind, werden

- die Eigentümlichkeit und
- die geistige Schöpfung genannt.

Unter **Eigentümlichkeit** ist die individuelle Eigenart eines Werkes zu verstehen, die auf der Persönlichkeit des Schöpfers (Urheber) beruht und sich vom **Alltäglichen** abhebt. Laut Gesetz und Judikatur bildet eine bestimmte **Werkhöhe** keine Schutzvoraussetzung. (Das heißt, auch Werke, die für die Mehrheit der Bevölkerung nicht dem gängigen Begriff „Kunst" entsprechen, sind geschützt.)

Als **geistige Schöpfung** bezeichnet man ein nach außen wahrnehmbares Gestaltungsereignis (zB durch Worte und Bilder); nicht geschützt werden kann allerdings die reine Idee; es ist aber nicht notwendig, dass diese auch aufgezeichnet bzw vervielfältigt wird.

Das UrhG (vgl § 2 ff) kennt 4 Werkarten; diese werden im Folgenden – ausgenommen die Werke der Tonkunst – dargestellt:

7.2.1.1 Werke der Literatur

Zu den Werken der Literatur zählen:

- **Sprachwerke aller Art einschließlich Computerprogramme**; darunter fallen sämtliche Werke, deren Ausdrucksmittel die Sprache ist (zB Bücher, Zeitschriften, Broschüren, Tagebücher, komplexe Kaufverträge, Vorträge und – improvisierte – Reden). Nicht geschützt werden kann ein einzelnes Wort als Sprachwerk, da ein Sprachgefüge fehlt.
- **Bühnenwerke**; das sind Werke, die durch Gebärden und andere Körperbewegungen dargestellt werden.
- **Werke wissenschaftlicher oder belehrender Art;** das sind bildliche Darstellungen in der Fläche (zwei-dimensional) oder im Raum (drei-dimensional), soweit sie nicht zu den Werken der bildenden Künste zählen (zB Landkarten); auf jeden Fall müssen sie die Schutzvoraussetzungen für ein Werk erfüllen (Eigentümlichkeit).

7.2.1.2 Werke der bildenden Künste

Zu den Werken der bilden Künste gehören

- **Lichtbildwerke**; das sind Werke, die durch Fotografie oder ein ähnliches Verfahren hergestellt wurden (davon zu unterscheiden sind bloße Lichtbilder; diese werden nach dem Leistungsschutz geschützt).
- **Werke der Baukunst**; geschützt werden kann ein gesamtes Bauwerk, als auch nur ein Teil (zB die Fassade) wenn die technischen Vorgaben kreativ ausgestaltet werden. Ebenfalls geschützt werden können: Modelle, Pläne, Zeichnungen und Entwürfe von Bauwerken.
- **Werke der angewandten Künste** (Kunstgewerbe); darunter versteht man Werke, die sowohl einen ästhetischen Wert, als auch einen Gebrauchswert aufweisen (zB Werke der Schmiedekunst; ein entsprechendes Werk liegt zB bei einem Tischkalender nicht vor, dessen einziges originelles Gestaltungselement eine Ringbuch-Mechanik ist), wenn eine eigentümliche geistige Schöpfung vorliegt. Abgrenzungsprobleme können zum Musterrecht bestehen.

Zu den Werken der bildenden Künste zählen auch so genannte „Gebrauchsgrafiken" (Logos; auch wenn sie ausschließlich in einem Schriftzug bestehen). Logos können darüber hinaus als Marken (*vgl Kapitel 2*) geschützt werden.

> **Beispiel:**
>
> Das Logo *„Zimmermann* FITNESS" ist ein Logo das urheberrechtlichen Schutz genießt, da der Schriftzug aus zwei Schriftarten zusammengesetzt wurde.

7,2.1.3   Werke der Filmkunst

Bei Werken der Filmkunst handelt es sich um eine Abfolge bewegter Bilder mit oder ohne Ton; selbstverständlich muss das Werk die Schutzvoraussetzungen („eigentümliche geistige Schöpfung") aufweisen. Liegen diese Merkmale nicht vor, handelt es sich um ein Laufbild; dieses wird nach dem Leistungsschutz geschützt.

7,2.1.4   Wichtige im Gesetz verwendete Begriffe

- **Bearbeitungen** sind dann wie Werke geschützt, wenn es sich dabei um eine eigentümliche geistige Schöpfung handelt.
- **Sammelwerke**; dabei handelt es sich um eine Zusammenstellung von Beiträgen, die eine eigentümliche geistige Schöpfung darstellt; ein bloßes Aneinanderreihen von Beiträgen oder zB die alphabetische Reihung von Beiträgen ist dafür nicht ausreichend.
- **Freie Werke** sind Gesetze, Verordnungen, amtliche Erlässe, Bekanntmachungen und Entscheidungen.
- **Veröffentlichte Werke – erschienene Werke**: Veröffentlicht ist ein Werk, sobald es mit Zustimmung des Schöpfers der Öffentlich zugänglich gemacht wurde; erschienen ist ein Werk, wenn es mit Einwilligung des Schöpfers feilgehalten (dh zum Verkauf angeboten wird) oder in Verkehr gebracht wird (zB durch Verteilen von Gratisexemplaren).

7,2.2   Urheber

Als Urheber eines Werkes gilt derjenige, der es geschaffen hat (vgl § 10 Abs 1 UrhG); daneben wird auch der als Urheber bezeichnet, auf den das Urheberrecht im Erbweg übergegangen ist (vgl § 10 Abs 2 UrhG).

Als Urheber kommt nur eine natürliche Person in Frage; juristische Personen, Auftraggeber oder Dienstgeber kommen als Urheber nicht in Frage.

Haben mehrere Personen gemeinsam ein Werk geschaffen, steht das Urheberrecht allen Miturhebern gemeinsam zu (vgl § 11 Abs 1 UrhG). Soll das Werk geändert oder verwertet werden, bedarf es der Zustimmung aller Miturheber (verweigert ein Miturheber grundlos die Zustimmung, kann er darauf geklagt werden); Verletzungen des Urheberrechts darf hingegen jeder Miturheber gerichtlich verfolgen (§ 11 Abs 2 UrhG).

7,2.3 Inhalt des Urheberrechts (Verwertungsrechte)

Der Urheber hat das ausschließliche Recht, darüber zu entscheiden ob und welcher Art er sein Werk der Öffentlichkeit zugängliche machen möchte (§ 14 Abs 1 UrhG). Zu den Verwertungsrechten gehören:

7,2.3.1 Vervielfältigungsrecht

Der Urheber hat das ausschließliche Recht, das Werk – unabhängig vom Verfahren und der Menge – zu vervielfältigen (§ 15 Abs 1 UrhG). Eine Vervielfältigung liegt insbesondere auch bei Aufnahme eines Vortrages auf einen Bild- oder Schallträger vor. Darüber hinaus liegt eine Vervielfältigung auch vor, wenn ein Werk der bildenden Kunst (zB ein Gebäude) nach einem Plan oder Entwurf ausgeführt wird.

7,2.3.2 Verbreitungsrecht

Ohne Einwilligung des Urhebers dürfen keine Werkstücke (zB ein Exemplar eines Buches) weder zum Verkauf angeboten werden, noch der Öffentlichkeit zugänglich gemacht werden (zB durch Verteilen von Gratisexemplaren; vgl § 16 UrhG).

Solange ein Werk nicht veröffentlich ist, zählen auch das öffentliche

- Anschlagen,
- Auflegen,
- Aushängen,
- Ausstellen oder
- ähnliche Handlungen durch die das Werk der Öffentlichkeit zugänglich gemacht wird.

7,2.3.3 Senderecht

Der Urheber hat das ausschließliche Recht, sein Werk durch Rundfunk oder ähnliche Art zu senden; dabei ist es nicht ausschlaggebend, ob die Übertragung mit Hilfe von Leitungen erfolgt (vgl § 17 UrhG).

7,2.3.4 Vortrags-, Aufführungs- und Vorführungsrecht

Der Urheber hat das ausschließliche Recht (vgl § 18 Abs 1 UrhG):

- ein Sprachwerk (*vgl Tz 8,2.1.1*) öffentlich vorzutragen oder aufzuführen (zB ein Theaterstück),
- ein Bühnenwerk, ein Werk der Tonkunst oder ein Filmwerk öffentlich aufzuführen und
- ein Werk der bildenden Künste durch optische Einrichtungen (zB mit Hilfe eines Beamers) öffentlich vorzuführen.

Dabei macht es keinen Unterschied, ob der Vortrag oder die Aufführung unmittelbar („live") oder mit Hilfe eines Bild- oder Schallträgers vorgenommen wird.

Zu den öffentlichen Vorträgen, Aufführungen und Vorführungen gehören auch die Benutzung einer Rundfunksendung zu einer öffentlichen Wiedergabe des gesendeten Werkes durch Lautsprecher oder andere technische Einrichtungen außerhalb des Ortes wo sie stattfinden (vgl § 18 Abs 3 UrhG; zB Public-Viewing-Veranstaltungen).

Öffentlichkeit liegt vor wenn:

- ein Vortrag, eine Aufführung bzw eine Vorführung frei zugänglich sind oder

- ein geschlossener Teilnehmerkreis vorliegt, sich die einzelnen Teilnehmer aber nicht gut genug kennen um von einer privaten/freundschaftlichen Verbindung sprechen zu können.

> **Beispiel:**
> Eine Aufführung eines Tonwerkes – zB durch eine Rundfunksendung – in einem Betriebsgebäude ist nicht öffentlich, wenn sie in Betriebsräumen erfolgt, in denen kein Kundenverkehr stattfindet.
> Der Betrieb eines Radios (mit Lautsprechern) in einer Gaststätte stellt auf jeden Fall eine öffentliche Aufführung dar; diese wird zu verneinen sein, wenn das Radio in der Küche benutzt wird, die Musik allerdings auch (leise) in der Gaststube zu hören ist.

7,2.3.5 Zurverfügungsstellungsrecht

Drahtlos oder drahtgebunden, darf ein Werk nur vom Urheber der Öffentlichkeit zur Verfügung gestellt werden, so dass es an jedem Ort, zu jeder Zeit abgerufen werden kann (vgl § 18a UrhG). Diese Bestimmung hat die Veröffentlichung von Werken im Internet zum Inhalt und wurde aufgrund des technischen Fortschritts und einer Richtlinie der EU im österreichischen Recht verankert.

7,2.4 Übertragung von Verwertungsrechten

Die Verwertungsrechte können von Todes (§ 23 UrhG) wegen, als auch unter Lebenden (Werknutzungsbewilligung oder Werknutzungsrecht; vgl § 24 UrhG) übertragen werden. Werden die Verwertungsrechte von Todes wegen auf mehrere Personen übertragen, so sind sie wie Miturheber zu behandeln.

Unter Lebenden können Werknutzungsbewilligungen oder Werknutzungsrechte eingeräumt werden. Bei einer **Werknutzungsbewilligung** handelt es sich um eine Vereinbarung zwischen einem Urheber und einem Dritten, wonach dieser ein Werk auf eine oder mehrere Arten verwerten darf (*vgl Tz*

7,2.3). Unter **Werknutzungsrecht** ist die Vereinbarung zu verstehen, wonach ein Dritter ein Werk auf alle genannten Arten verwerten darf; in diesem Fall darf auch der Urheber selbst das Werk nicht verwerten. Werknutzungsrechte sind vererblich und veräußerlich; die Übertragung im Rahmen einer Veräußerung bedarf in der Regel allerdings der Zustimmung durch den Urheber. Darüber hinaus können Werknutzungsrechte auch an zukünftigen Werken übertragen werden (§ 31 UrhG).

Übertragen werden können lediglich die Verwertungsrechte; nicht übertragen werden allerdings die Rechte, welche die geistigen Interessen des Urhebers schützen (*vgl Tz 7,2.5*).

➡ **Hinweis**   *Verwertungsrechte an einem Werk eines Dienstnehmers stehen dem Dienstgeber nur zu, wenn der Dienstnehmer das Werk in Erfüllung seiner Dienstpflicht geschaffen hat.*

7,2.5   Schutz geistiger Interessen

Der Urheber bestimmt mit welcher Urheberbezeichnung ein Werk zu versehen ist (vgl § 20 UrhG). Es gehört daher auch zu den Rechten des Urhebers einen Künstlernamen zu verwenden bzw überhaupt keinen Namen anzugeben.

Beispiel:

Der bekannte Künstler **Friedensreich Hundertwasser** (verstorben 2000) wurde als **Friedrich Stowasser** 1928 in Wien geboren. Hundertwasser gestaltete ua das Hundertwasser-Haus in Wien oder die Therme Bad Blumau.

Das UrhG (§ 21) sieht einen so genannten Werkschutz vor: Der Titel eines Werkes oder die Urheberbezeichnung dürfen (auch) von einem Werknutzungsberechtigten (*vgl Tz 8,2.4*) nicht gekürzt, geändert oder mit Zusätzen versehen werden, wenn er es der Öffentlichkeit zugänglich macht oder vervielfältigt. (Ausnahme: Der Urheber stimmt der Änderung zu). Änderungen, die üblich sind (zB die Korrektur von Rechtschreibfehlern) kann der Urheber nicht untersagen. Werke der bildenden Künste dürfen selbst dann nicht verändert werden, wenn diese nicht der Öffentlichkeit zugänglich gemacht oder vervielfältigt werden.

Beispiel:

Die Sammlerin X darf das Bild „Neutral" des Künstlers Y selbst dann nicht verändern, wenn es lediglich in ihrem Wohnzimmer zu sehen ist. Allerdings ist X dazu berechtigt, das Bild zu vernichten.

Auf jeden Fall kann sich der Urheber gegen Entstellungen, Verstümmelungen und ähnlichen Änderungen widersetzen, die seine Interessen gefährden.

Der Schutz der geistigen Interessen besteht auch bei der Benützung eines Werkes im Rahmen der freien Werknutzung (*vgl Tz 7,2.7*).

7,2.6 Schutzdauer

Das Urheberrecht (die Verwertungsrechte) endet 70 Jahre nach dem Tod des Urhebers bzw dem Tod des letzten Miturhebers (§ 60 UrhG). Ist ein Urheber nicht bekannt endet der Schutz 70 Jahre nach der Schaffung des Werkes bzw 70 Jahre nach dessen Veröffentlichung, wenn diese vor dem Ablauf der Schutzfrist erfolgt (§ 61 UrhG).

7,2.7 Freie Werknutzungen

Die Verwertungsrechte des Urhebers werden zugunsten der Öffentlichkeit eingeschränkt; allerdings bekommen die Urheber in bestimmten Fällen eine Vergütung zuerkannt. Zu den freien Werknutzungen gehören:

- Freie Werknutzung im Interesse der Rechtspflege und der Verwaltung (§ 41 UrhG)
- Flüchtige und begleitende Vervielfältigung (§ 41a UrhG); diese liegt ua vor, wenn Werke, die über das Internet empfangen werden, vorübergehend auf einem PC gespeichert werden.
- Vervielfältigung zum eigenen und zum privaten Gebrauch (§ 42 UrhG); Unter diese Bestimmung fallen ua:
  - Jedermann (dh auch juristische Personen, zB eine GmbH oder eine AG) darf von einem Werk einzelne Vervielfältigungsstücke (es gibt keine exakte Grenze) auf Papier (oder ähnlichen Trägern) zu eigenem Gebrauch herstellen (dh, die Kopien dürfen zB zur Fortbildung an Mitarbeiter oder als Pressespiegel verteilt werden).
  - Jede natürliche Person darf von einem Werk einzelne Vervielfältigungsstücke auf anderen Trägern als Papier (dh, auch digitale Vervielfältigungen sind zulässig) zum privaten Gebrauch herstellen, solange sie dadurch keine kommerziellen Zwecke verfolgt.

  Auf keinen Fall dürfen Bücher oder ganze Zeitschriften unter dieser Bestimmung vervielfältigt werden; es sei denn, das Buch oder die Zeitschrift ist nicht erschienen oder vergriffen.

➡ **Hinweis** *Auf Bestellung dürfen – unentgeltlich – auch Vervielfältigungsstücke zum Gebrauch eines Dritten hergestellt werden (dh, es ist erlaubt Kopien für Freunde herzustellen).*

Die Urheber haben in diesem Fall einen Anspruch auf eine Vergütung, wenn zu erwarten ist, dass ein Werk auf einem Bild- oder Schallträger (zB Herstellen einer digitalen Kopie auf einer CD-ROM; Leerkassettenvergütung) festgehalten wird oder durch reprographische Mittel (zB Kopierer;

Reprographievergütung – in Form der Gerätevergütung bzw der Betreibervergütung) vervielfältigt wird.

> **Beispiel: Copy-Shop**
>
> Vervielfältigungsstücke dürfen auch gegen Entgelt (Bezahlung) hergestellt werden, wenn diese mit Hilfe eines reprographischen Verfahrens (zB mit einem Kopierer) hergestellt werden. In diesem Fall hat der Betreiber des Copy-Shops die Reprographievergütung in Form der Betreibervergütung zu leisten.

- **„Zitatrecht" an**
  - **Werken der Literatur** (§ 43 ff UrhG)
  - **Werken der Tonkunst** (§ 51 ff UrhG)
  - **Werken der bildenden Künste** (§ 54 f UrhG)

  In diesen Fällen hat eine Quellenangabe (Urheber und Bezeichnung des Werkes) zu erfolgen; diese muss in der Art geschehen, dass die zitierte Stelle leicht im zitierten Werk aufgefunden werden kann (vgl § 57 UrhG).

- **Benutzung von Bild- oder Schallträgern und Rundfunksendungen in bestimmten Geschäftsbetrieben** (§ 56 UrhG); in Elektrohandlungen oder entsprechenden Reparaturbetrieben dürfen Bild- oder Schallträger bzw Rundfunksendungen öffentlich vorgetragen, aufgeführt oder vorgeführt werden, soweit dies dazu notwendig ist, Kunden mit den entsprechenden Geräten vertraut zu machen bzw die Geräte auf deren Brauchbarkeit zu überprüfen.

- **Öffentliche Wiedergabe in Beherbergungsbetrieben** (§ 56d UrhG); Filmwerke dürfen in Beherbergungsbetrieben für die aufgenommenen Gäste aufgeführt werden, wenn
  - seit der Erstaufführung (in Österreich) zwei Jahre vergangen sind,
  - die Aufführung nicht mit Hilfe einer „Raubkopie" erfolgt und
  - kein Entgelt für die Aufführung verlangt wird.

  Auf jeden Fall steht dem Urheber ein Vergütungsanspruch zu; dieser kann nur von einer Verwertungsgesellschaft geltend gemacht werden.

7,2.8 Sonderfälle

Das UrhG kennt insgesamt drei Sonderfälle von Werken, die systematisch kaum in seinen Anwendungsbereich passen. Dazu zählen Filmwerke, Computerprogramme und Datenbanken; die beiden letzten sollen im Folgenden kurz behandelt werden.

7,2.8.1 Computerprogramme

Seit 1993 fallen auch Computerprogramme (Software) in den Schutzbereich des UrhG (vgl §§ 40a UrhG), wenn diese das Ergebnis der eigenen geistigen

Schöpfung ihres Urhebers sind (*vgl Tz 7,2.2*). Unter dem Ausdruck Computerprogramm fallen der Maschinencode als auch das Material zur Entwicklung des Computerprogrammes.

Wird ein Computerprogramm in Ausübung der dienstlichen Obliegenheiten im Rahmen eines Dienstverhältnisses geschaffen, steht dem Dienstgeber ein unbeschränktes Werknutzungsrecht (*vgl Tz 7,2.4 und Tz 4,2.4.3*) zu. In diesem Fall steht dem Dienstgeber auch die Ausübung der Schutzrechte der geistigen Interessen (*vgl Tz 7,2.5*) zu; des Weiteren kann der Dienstgeber sein Werknutzungsrecht ohne Zustimmung des Dienstnehmers auf Dritte übertragen (*vgl Tz 7,2.4*).

Der Code eines Computerprogrammes darf vervielfältigt und in seine Codeform übersetzt werden, wenn dies ua für die Herstellung der Interoperabilität eines unabhängigen Computerprogrammes mit anderen Programmen erhalten werden soll. Zu anderen Zwecken darf der Code nicht vervielfältigt oder übersetzt werden.

Des Weiteren gelten die Bestimmungen über die freie Werknutzung (*vgl Tz 7,2.7*) nicht für Computerprogramme, obwohl es sich dabei um Werke der Literatur handelt (*Tz 7,2.1.1*).

7,2.8.2   Datenbanken

Unter Datenbanken versteht man Sammlungen von Werken, Daten oder ähnlichen – unabhängigen – Elementen, die systematisch oder methodisch angeordnet oder einzeln mit elektronischen Mitteln oder auf andere Weise zugänglich sind (vgl §§ 40f ff UrhG).

Unter den Werkschutz fallen Datenbanken (als Sammelwerke; *vgl Tz 7,2.1.4*), wenn sie – aufgrund der Auswahl oder Anordnung ihres Inhaltes – eine eigentümliche geistige Schöpfung darstellen (*vgl Tz 7,2.1*).

Die Rechte der freien Werknutzung (*vgl Tz 7,2.7*) sind in der Regel nicht auf Datenbanken anwendbar. Allerdings dürfen natürliche Personen von einer Datenbank, deren Elemente nicht einzeln elektronisch zugänglich sind, einzelne Vervielfältigungsstücke zum privaten Gebrauch herstellen, diese aber nicht für kommerzielle Zwecke nutzen.

7,3   Leistungsschutz

Während der Werkschutz den Schöpfer und seine Leistung schützt (*vgl Tz 8,2*), zielt der Leistungsschutz auf einen Schutz der Ausführenden ab, die das Werk lediglich vermitteln. Daneben enthält das UrhG auch – systemwidrig – den Brief- und Bildnisschutz oder den Nachrichten- und Titelschutz. Im Folgenden sollen ausgewählte Leistungsschutzrechte dargestellt werden:

7,3.1   **Schutz von Fotografien und Videoaufnahmen**

Wer eine Fotografie (das UrhG spricht von „Lichtbild"; vgl §§ 73 Abs 1 und 74 UrhG) herstellt, ohne dass dieses den Voraussetzungen des Werkschutzes (*vgl Tz 7,2.1*) genügt, hat das Recht, diese

- zu vervielfältigen,
- zu verbreiten,
- durch optische Einrichtungen (zB Beamer) öffentlich vorzuführen,
- durch Rundfunk zu senden oder
- der Öffentlichkeit im Internet zur Verfügung zu stellen.

Beispiel:
Es kann sich dabei um eine herkömmliche Aufnahme von Radfahrern in der Natur handeln, auch wenn andere Fotografen zum selben Ergebnis gekommen wären.

Wurde die Fotografie gewerbsmäßig (dh, in der Absicht Einkünfte aus der Tätigkeit zu erzielen und diese regelmäßig durchzuführen) hergestellt, gilt der Inhaber des Unternehmens in dessen Rahmen es hergestellt wurde als Hersteller.

Hat der Hersteller die Fotografie mit seinem Namen oder Decknamen gekennzeichnet, so sind alle Vervielfältigungsstücke mit einem entsprechenden Hinweis zu versehen (§ 74 Abs 3 UrhG).

Das Schutzrecht an Fotografien erlischt 50 Jahre nach deren Herstellung; wurde eine Fotografie allerdings vor Ablauf dieser Frist veröffentlicht, endet die Schutzfrist 50 Jahre nach dieser Veröffentlichung.

Die Bestimmungen über Fotografien sind auch auf „Laufbilder" (vgl § 73 Abs 2 UrhG) anzuwenden. Dabei handelt es sich um Videoaufnahmen, die nicht die Voraussetzungen des Werkschutzes (*vgl Tz 7,2.1*) erfüllen.

Beispiel:
Dabei kann es sich um einen einfachen „Werbefilm" über ein Unternehmen handeln, der zB den Fuhrpark eines Taxiunternehmens zeigt.

➡ **Hinweis**   *Die Bestimmungen über den Schutz von Fotografien und Videoaufnahmen werden auch auf Arbeitsergebnisse anzuwenden sein, die mit Hilfe eines Computers hergestellt wurden, wenn dieser von einem Menschen bedient und daher nur als Hilfsmittel eingesetzt wurde.*

Zu diesen Ergebnissen werden auch so genannte „Flash-Filme" zählen, die häufig bei der Gestaltung von Internetauftritten genützt werden.

7,3.2 Schutz nachgelassener Werke

Wer ein nachgelassenes Werk (dh, es wurde bisher nicht veröffentlicht) nach Ablauf der Schutzfrist (das sind 70 Jahre ab Schaffung) veröffentlicht, kann die (Verwertungs-) Rechte wie ein Urheber geltend machen. Die Schutzfrist erlischt 25 Jahre nach der Veröffentlichung.

Zu beachten dabei ist, dass das Werk weder durch Vortrag noch durch Rundfunksendung der Öffentlichkeit zugänglich gemacht worden sein.

7,3.3 Schutz von Datenbanken

Neben dem Schutz einer Datenbank als Werk (*vgl Tz 7,2.8.2*) gewährt das UrhG auch einen Schutz der Investition bei der Herstellung einer Datenbank, wenn diese die Voraussetzungen des Werkschutzes nicht erfüllt (vgl § 76c f UrhG).

> **Beispiel:**
>
> Eine Datenbank im Sinne des Leistungsschutzrechtes liegt vor, wenn diese lediglich eine systematische Aufstellung (anhand der Motorenstärke) aller jemals gebauten Kraftfahrzeuge der Marke „Puch" enthält.

Eine Datenbank unterliegt dem Leistungsschutz des UrhG, wenn für die Beschaffung, die Überprüfung oder die Darstellung ihres Inhaltes wesentliche Investitionen erforderlich waren.

Wer die Investitionen zur Herstellung einer Datenbank getragen hat, hat das ausschließliche Recht die Datenbank oder wesentliche Teile

- zu vervielfältigen,
- zu verbreiten,
- durch Rundfunk zu senden,
- öffentlich wiederzugeben oder
- der Öffentlichkeit im Internet zur Verfügung zu stellen.

Das Schutzrecht an einer Datenbank erlischt 15 Jahre nach der Herstellung bzw 15 Jahre nach deren Veröffentlichung.

Der rechtmäßige Benutzer einer Datenbank (zB durch einen Benützungsvertrag) darf in der Regel unwesentliche Teile der Datenbank entnehmen und vervielfältigen, verbreiten, durch Rundfunk senden oder der Öffentlichkeit zugänglich zu machen.

➡ **Hinweis** *Eine Datenbank, deren Inhalt oder deren Umfang wesentlich geändert wird, gilt als neue Datenbank. Daraus folgt, dass eine Datenbank die regelmäßig überarbeitet („upgedatet") wird niemals ihren Schutz verliert.*

7,3,4 **Brief- und Bildnisschutz**

Briefe, Tagebücher und ähnliche vertrauliche Aufzeichnungen dürfen weder öffentlich vorgelesen noch auf andere Art der Öffentlichkeit zugänglich gemacht werden, wenn dadurch berechtigte Interessen (dh seine Privatsphäre; zB die Bekanntmachung von familiären Tatsachen oder der Krankengeschichte) des Verfassers oder seiner nahen Angehörigen verletzt werden. Die Interessen der Angehörigen werden nur nach dem Tod des Verfassers geschützt, wenn er keine Einwilligung zur Veröffentlichung gegeben hat (§ 77 UrhG).

Neben dem Briefschutz kennt das UrhG auch den so genannten Bildnisschutz (§ 78 UrhG). Demnach darf ein Bild einer Person weder öffentlich ausgestellt noch auf eine andere Art der Öffentlichkeit zugänglich gemacht werden, wenn dadurch ihre berechtigten Interessen oder jene ihrer Angehörigen verletzt werden. Die Interessen der Angehörigen werden nur nach dem Tod des Abgebildeten geschützt, wenn dieser keine Zustimmung zur Veröffentlichung des Bildes gegeben hat.

➡ **Hinweis** *Zu Zwecken der Rechtspflege dürfen Bilder von Personen in jedem Fall veröffentlicht werden.*

Als nahe Angehörige gelten: Verwandte in auf- und absteigender Linie (zB Enkelkinder, Kinder, Eltern, Großeltern) sowie der überlebende Ehegatte. Verwandte ersten Grades sowie der Ehegatte genießen lebenslänglichen Schutz, die übrigen nahen Angehörigen lediglich 10 Jahre ab dem Tod des Verfassers.

Ebenfalls geschützt ist – im Fall eines Briefes – der Empfänger bzw dessen Angehörige, wenn durch eine Veröffentlichung deren berechtigte Interessen verletzt werden würden.

7,3,5 **Nachrichtenschutz**

Nachrichten, die keinen urheberrechtlichen Leistungsschutz genießen (das sind zB einfache Presseberichte oder Tagesneuigkeiten) und in entgeltlichen Mitteilungen von Nachrichtensammlern (das sind Nachrichtenagenturen, Korrespondenzbüros oder Berichterstatter) enthalten sind, dürfen erst 12 Stunden nach der Veröffentlichung in dazu ermächtigten Zeitungen bzw Zeitschriften auch in anderen Zeitungen bzw Zeitschriften wiedergegeben werden (vgl § 79 UrhG).

7,3,6 **Titelschutz**

Der Titel oder die sonstige Bezeichnung eines Werkes der Literatur oder der Kunst (auch wenn diese keinen urheberrechtlichen Schutz genießen) noch die äußere Ausstattung von Werkstücken dürfen für ein anderes Werk ver-

wendet werden, wenn dadurch Verwechslungen hervorgerufen werden können (vgl § 80 UrhG).

> **Beispiel:**
> Ein Goldschmied orientiert sich bei seiner Arbeit an den Stücken des welt-
> bekannten Unternehmens S******** aus Tirol. Er verletzt dadurch deren
> Rechte in der Ausformung des Titelschutzes (äußere Ausstattung).

7.4 Rechtsdurchsetzung

Zur Durchsetzung der Urheberrechte stellt das UrhG zivil- als auch strafrechtliche Möglichkeiten zur Verfügung. Diese sind:

7.4.1 Zivilrechtliche Möglichkeiten

Zivilrechtliche Ansprüche aus der Verletzung von Urheberrechten sind vor
den Handelsgerichten geltend zu machen. Folgende Ansprüche sind ua möglich:

- **Unterlassungsanspruch** (§ 81 UrhG); wer in seinen Rechten (nach dem
  Werk- oder Leistungsschutz) verletzt wurde bzw wer eine solche Verletzung befürchten muss, kann auf Unterlassung klagen. Geklagt werden
  kann auch ein Unternehmer, wenn eine entsprechende Verletzung in seinem Unternehmen von einem Bediensteten oder Beauftragten begangen
  wurde bzw droht.

  Bedient sich der Verletzer mit dem Dienst eines Vermittlers (zB eines
  Providers), so kann auch dieser auf Unterlassung geklagt werden.

- **Beseitigungsanspruch** (§ 82 UrhG); der Urheber kann verlangen, dass
  Gegenstände, die seine Rechte verletzten und Mittel, die zur Herstellung
  dieser Gegenstände (Formen, Stempel, Platten, Filmstreifen) dienen vernichtet werden.

  Anstelle der Vernichtung kann der Berechtigte verlangen, dass ihm die
  entsprechenden Gegenstände gegen eine entsprechende Entschädigung
  übergeben werden. Diese darf nicht höher sein als die Herstellungskosten
  der Eingriffsgegenstände.

- **Urteilsveröffentlichung** (§ 85 UrhG); wird in Verbindung mit einer Klage
  auf Unterlassung, Beseitigung oder Feststellung auf das Bestehen oder
  Nichtbestehen eines Rechts geklagt, so kann der siegenden Partei auf
  Antrag das Recht zugesprochen werden, das Urteil innerhalb einer festgesetzten Frist auf Kosten des Gegners zu veröffentlichen. Der Antrag auf
  Urteilsveröffentlichung ist zu genehmigen, wenn die siegende Partei ein
  berechtigtes Interesse daran hat.

Anmerkung: *Ein berechtigtes Interesse liegt vor, wenn durch die Veröffentlichung ein
entstandener Nachteil beseitigt werden kann.*

> **Beispiel:**
> Im Rahmen der Berichterstattung über einen Fall von Notwehr wird ein Foto des „mutmaßlichen Mörders" veröffentlicht. In diesem Fall hat der Abgebildete das Recht auf Urteilsveröffentlichung, da er daran ein berechtigtes Interesse hat.

- **Anspruch auf angemessenes Entgelt** (§ 86 UrhG); unter bestimmten Umständen kann der in seinen Rechten Verletzte einen Anspruch auf angemessenes Entgelt geltend machen. Dies ist insbesondere dann der Fall, wenn
  - ein Werk der Literatur oder Kunst oder
  - eine Datenbank (gem § 76c UrhG)

  auf eine Art verwertet wird, die dem Urheber vorbehalten ist. Der Anspruch auf Entgelt ist unabhängig von einem Verschulden des Verletzers. Einen Anspruch auf angemessenes Entgelt kann auch der Nachrichtensammler (siehe *Tz 7,3.5*) geltend machen.

  Definition: Ein Schaden wird verschuldet, wenn ein Verhalten gesetzt wurde, das vermieden hätte werden sollen bzw vermieden hätte werden können.

- **Anspruch auf Schadenersatz und Herausgabe des Gewinns** (§ 87 UrhG); wird eine Urheberrechtsverletzung schuldhaft begangen, hat der Verletzte einen Anspruch auf Ersatz des entgangenen Gewinns. (Dabei handelt es sich um den potentiellen Gewinn, der mit dem Werk erwirtschaftet werden könnte.)

  Definition: Schuldhaft handelt, wer ein Verhalten setzt, das er hätte vermeiden sollen und auch hätte vermeiden können.

  Darüber hinaus kann eine angemessene Entschädigung für Nachteile die keinen Vermögensschaden darstellen verlangt werden. Der immaterielle Schaden hat in einer empfindlichen Kränkung zu bestehen (es wird zB ein unvorteilhaftes Bild von einem Fotomodell veröffentlicht). Die Höhe des Schadenersatzes beträgt das doppelte des angemessenen Entgelts (§ 86 UrhG), wenn kein höherer Schaden nachgewiesen wird.

  Wird ein Werk der Literatur oder Kunst unbefugt vervielfältigt oder verbreitet, so kann der Verletzte auch die Herausgabe des **erzielten Gewinnes** verlangen (das ist der tatsächliche Gewinn).

  Neben **angemessenen Entgelt** und **Herausgabe des Gewinns** kann ein Ersatz des Vermögensschadens nur dann verlangt werden, wenn dieser das Entgelt oder den herauszugebenden Gewinn übersteigt.

- **Anspruch auf Rechnungslegung** (§ 87a UrhG); wer zur Leistung von einem angemessenem Entgelt bzw einer angemessenen Vergütung, Schadenersatz, zur Herausgabe des Gewinns oder zur Beseitigung verpflichtet ist, hat dem Anspruchsberechtigten Rechnung zu legen (zB darüber welcher Gewinn durch die Verletzung erzielt wurde). Die Rechnungslegung kann durch einen Sachverständigen überprüft werden; die Kosten dafür hat – im Falle der Richtigkeit der Rechnungslegung – der Anspruchsberechtigte zu tragen, ansonsten der Verpflichtete.

- **Anspruch auf Auskunft** (§ 87b UrhG); wer in seinen Rechten verletzt worden ist, kann Auskunft über den Ursprung und die Vertriebswege der rechtsverletzenden Waren und Dienstleistungen verlangen; zur Auskunftserteilung sind der Verletzer und die Personen, die gewerbsmäßig rechtsverletzende Waren in ihrem Besitz gehabt, rechtsverletzende Dienstleistungen angenommen haben oder für Rechtsverletzungen genutzte Dienstleistungen erbracht haben, verpflichtet.

Die Ansprüche auf angemessenes Entgelt, angemessene Vergütung, Herausgabe des Gewinns und Auskunft verjähren nach 30 Jahren.

➡ **Hinweis**   *Daneben kann auf Unterlassung und Beseitigung des gesetzwidrigen Umstandes geklagt werden, wenn technische Schutzmaßnahmen (zB „Kopierschutz", elektronische Verschlüsselungen), die Verletzungen verhindern sollen beseitigt oder umgangen werden (vgl §§ 90b ff UrhG).*

7,4.2   ## Strafrechtliche Möglichkeiten

Wer auf Unterlassung (vgl § 86 UrhG) geklagt werden kann bzw technische Schutzmaßnahmen beseitigt oder umgeht (vgl § 90b ff UrhG) ist – auf Verlangen des Verletzten – mit Freiheitsstrafe bis zu 6 Monaten oder Geldstrafe bis zu 360 Tagessätzen zu bestrafen.

Ausnahme: Es handelt sich nur um eine unbefugte Vervielfältigung oder um ein unbefugtes Festhalten eines Vortrages oder einer Aufführung zum eigenen Gebrauch oder unentgeltlich auf Bestellung zum eigenen Gebrauch eines anderen. Wurde die Verletzung gewerbsmäßig begangen, beträgt der Strafrahmen bis zu 2 Jahren Freiheitsstrafe.

Genauso zu bestrafen ist, wer als Inhaber oder Leiter eines Unternehmens eine Verletzung – wie oben beschrieben – durch einen Bediensteten oder Beauftragten nicht verhindert hat.

Aus dem Bereich der zivilrechtlichen Sanktionen sind die Bestimmungen über die Urteilsveröffentlichung auch auf Strafverfahren anwendbar.

Zuständig für die Klage ist der Einzelrichter am Gerichtshof erster Instanz (Landesgericht).

Kapitel 8	**Sonderthema: Homepage**

8,1 Einführung

In Zusammenhang mit der Erstellung von Firmen-Homepages treten häufig verschiedene rechtliche Fragen auf:

- Sind Texte auf einer Homepage urheberrechtlich geschützt?
- Dürfen Bilder eines Fotografen im Internet präsentiert werden?
- Im Punkt „MitarbeiterInnen" sollen die MitarbeiterInnen – mit Namen und Portraitfotos – vorgestellt werden. Ist das zulässig?
- Ist das Layout der Homepage geschützt oder darf es von jedem Dritten „nachgemacht" werden?
- Mehrere Firmen/Organisationen haben einen ähnlichen Namen und möchten im Internet präsent sein. Wer darf eine Domain registrieren?

Diese ausgewählten Fragen sollen im Folgenden einer kurzen Betrachtung unterzogen werden.

8,2 Texte und Fotos im Internet

Texte stellen die einfachste Variante dar, um sich im Internet zu präsentieren. Der Inhalt der Texte kann dabei von einfachen Lebensläufen auf persönlichen Homepages bis zu komplexen Produktbeschreibungen reichen. Diese sind selbstverständlich als Werke der Literatur (*vgl Tz 7,2.1.1*) urheberrechtlich geschützt und dürfen von Dritten nicht kopiert werden. Werden die Texte jedoch von einem Dritten übernommen, so ist dieser als Urheber zu nennen, da sonst in dessen Urheberrechte eingegriffen wird.

Neben Texten dienen vor allem Fotos der eigenen Präsentation im Internet; diese dienen dabei verschiedenen Zwecken. Dadurch können zB Produkte, Produktionsstraßen oder verschiedene Einsatzmöglichkeiten von bestimmten Produkten vorgestellt werden. Dabei gilt für Fotos folgende Grundregel:

- Wurden die Bilder selbst angefertigt, dürfen sie natürlich jederzeit im Internet präsentiert werden, da man entweder selbst der Urheber (wenn es sich um ein Lichtbildwerk handelt, dass sich vom Alltäglichen abhebt; *vgl Tz 7,2.1*) oder der Hersteller des Lichtbildes (*vgl Tz 7,3.1*) ist.
- Bilder, die als Lichtbildwerke gelten (dh, sie heben sich vom Alltäglichen ab), dürfen nur vom Urheber verwertet – dazu gehört auch die Präsentation im Internet – werden (*vgl das Zurverfügungstellungsrecht, Tz 7,2.3.5*); um solche Fotografien daher im Internet präsentieren zu können ist es notwendig, mit dem Urheber (dem Fotografen) eine entsprechende Vereinbarung über die Nutzung (siehe *Tz 7,2.4*) abzuschließen.

- Lichtbilder (das sind Fotografien, die sich nicht vom Alltäglichen abheben), dürfen ebenfalls nur vom Hersteller im Internet präsentiert werden. Es ist daher – wie im Fall von Lichtbildwerken – eine Vereinbarung über die Nutzung für eine Firmen-Homepage zu schließen.

In den beiden letztgenannten Fällen ist grundsätzlich eine Urheber- bzw Herstellerangabe anzuführen. Ist diese nicht unmittelbar neben der Position des Fotos möglich, hat sie in einem Impressum oder an einer anderen geeigneten Stelle zu erfolgen.

8,3 Vorstellung der MitarbeiterInnen

Regelmäßig möchten Unternehmen ihre MitarbeiterInnen auf der Homepage vorstellen. Dazu werden vor allem deren Portraitfotos und persönliche Daten (insbesondere Name, Kontaktdaten im Unternehmen) verwendet.

In diesem Zusammenhang ist zu beachten, dass die Veröffentlichung von Namen und Bild (*vgl Tz 7,3.4*) eines Dritten im Internet in dessen Persönlichkeitsrechte eingreifen wird (§ 16 ABGB). Sollen daher die MitarbeiterInnen im Internet präsentiert werden, ist es sinnvoll eine entsprechende Regelung in den Arbeitsvertrag aufzunehmen, nachdem das Unternehmen Namen, Bild, Kontaktdaten und – möglicherweise – auch persönliche Daten (zB Geburtsjahr, Details der Ausbildung) im Internet bzw in den Meta-Tags verwenden und dadurch veröffentlichen darf.

Tipp   *Folgende Formulierung könnte in den Arbeitsvertrag aufgenommen werden, wenn die MitarbeiterInnen auf der Homepage des Unternehmens vorgestellt werden sollen:*

„Der Dienstnehmer ist damit einverstanden, dass sein Name, Abbildungen von ihm und Daten in Bezug auf seine berufliche Tätigkeit (insbesondere Aufgabengebiet, Kontaktdaten) und Daten aus seinem Lebenslauf (insbesondere Details zur Ausbildung) ohne weitere Genehmigung auf der Homepage des Dienstgebers veröffentlicht und als Suchbegriff (Meta-Tags) verwendet werden."

8,4 Schutz des Layouts

Das österreichische Urheberrecht kennt keinen unmittelbaren Schutz des Layouts einer Homepage. Es war daher Sache der Gerichte – namentlich des OGH – eine entsprechende Linie vorzugeben. Der urheberrechtliche Schutz einer Homepage orientiert sich daher nach wie vor an zwei Entscheidungen aus der Zeit des Internet-Booms.

In seiner ersten Entscheidung hatte der OGH über den Anspruch eines Telekommunikations-Unternehmen zu entscheiden, das Schutz für das Layout seiner Homepage beantragte.

In Zusammenhang mit der Frage, wo der Schutz einer Homepage anzusetzen sei, gelangte der OGH zur Feststellung, dass dieser entweder an der HTML-Datei, welche hinter der Homepage steht, oder der Benutzeroberfläche ansetzen könnte. Im vorliegenden Fall ließ der OGH diese Frage allerdings unbeantwortet, da das Unternehmen lediglich den Schutz eines Teils seiner Homepage verlangte (Layout). Der OGH verglich dabei das Layout einer Homepage mit dem Layout eines Werbeprospekts.

> Als Ergebnis wurde festgehalten: Das Layout einer Homepage stellt eine Gebrauchsgrafik dar. Voraussetzung dafür ist allerdings, dass es sich dabei um eine individuelle Leistung handelt. Nicht geschützt werden allerdings Standardlayouts bzw lediglich handwerkliche und routinemäßige Leistungen (das sind Layouts ohne gestalterische Besonderheiten). Daher verdient auch das Layout einer Homepage urheberrechtlichen Schutz.

Differenziert zu betrachten ist die Frage nach dem Schutz einer gesamten Homepage (Layout und Inhalte). Dieses Problem kann insbesondere dann auftreten, wenn sich Geschäftspartner trennen, die zwar eigene Homepages betrieben haben (erstellt von einem Geschäftspartner), allerdings auch eine gemeinsame Homepage mit Links zu den beiden Homepages hatten. Geschieht die Trennung im Streit, will vermutlich der Geschäftspartner, der die Homepages erstellt hat verhindern, dass sein ehemaliger Partner die Homepage in dieser Form weiter betreibt.

In einem ähnlichen Fall sprach der OGH aus, dass es sich bei der Homepage um ein Datenbankwerk handelt, da verschiedene Homepages durch Links verbunden waren. Voraussetzung dafür ist allerdings, dass es sich um eine eigentümliche geistige Schöpfung handelt.

8,5   Domainstreitigkeiten

Domainstreitigkeiten können in zwei Ausformungen auftreten; zum einen im Bereich des Namensrechts, zum anderen im Bereich des Domaingrabbings.

8,5.1   Namensrecht

Das Namensrecht wird durch unterschiedliche Rechtsquellen garantiert; im Folgenden sollen die Bestimmungen des ABGB, des UGB und des UWG kurz dargestellt werden:

- § 43 ABGB: „Wird jemanden das Recht zur Führung seines Namens bestritten oder wird er durch unbefugten Gebrauch seines Namens (Decknamens) beeinträchtigt, so kann er auf Unterlassung und bei Verschulden auf Schadenersatz klagen."

  § 43 ABGB nennt zwei Fälle in denen das Namensrecht beeinträchtigt sein kann:

- Im Zuge von Domainstreitigkeiten eher selten kommt die **Namensbestreitung** vor; in diesem Fall wird dem Namensträger das Recht abgesprochen seinen Namen zu führen („Du heißt nicht XY!")

- Von Relevanz für Domainstreitigkeiten ist hingegen die **Namensanmaßung**; in diesem Fall wird der Name von einem Dritten unberechtigt verwendet („Du heißt zwar XY, aber der Name ist werbewirksam, ich werde ihn auch verwenden!").

- § 37 UGB: „Wer in seinen Rechten dadurch verletzt wird, daß ein anderer eine Firma unbefugt gebraucht, kann von diesem die Unterlassung des Gebrauchs der Firma verlangen. Ein nach sonstigen Vorschriften begründeter Anspruch auf Schadensersatz bleibt unberührt."

In diesem Fall wird die in das Firmenbuch eingetragene Bezeichnung eines Unternehmens (= Firma) unberechtigt verwendet.

Anmerkung: *Unter Firma versteht man den Namen des Unternehmens.*

- § 9 UWG: „Wer im geschäftlichen Verkehr einen Namen, eine Firma, die besondere Bezeichnung eines Unternehmens oder eines Druckwerkes, für das § 80 des Urheberrechtsgesetzes nicht gilt, oder eine registrierte Marke in einer Weise benützt, die geeignet ist, Verwechslungen mit dem Namen, der Firma oder der besonderen Bezeichnung hervorzurufen, deren sich ein anderer befugterweise bedient, kann von diesem auf Unterlassung in Anspruch genommen werden."

Diese Bestimmung gelangt dann zur Anwendung, wenn im geschäftlichen Verkehr (dh, zwischen zwei Unternehmern) eine Namensverletzung passiert allerdings keine andere Norm zur Anwendung kommt.

Beispiel:

Die Stadtgemeinde L***** präsentiert sich seit mehreren Jahren im Internet und hat zu diesem Zweck verschiedene Domains registriert (zB www.l*****.at, www.l*****.com). Der Betreiber des *„Nordic Spa & Hotel L*****"* lässt sich die Domain www.l*****.info reservieren um über sein Angebot und die Stadt im Internet informieren zu können. Nach Einrichtung der Seite verlangt die Stadtgemeinde L***** die Übertragung der Domain vom Betreiber des Hotels.

Die Stadtgemeinde L***** stützt sich dabei auf § 43 ABGB (Unterfall: Namensanmaßung).

Im Zuge einer gerichtlichen Entscheidung muss hinterfragt werden, welchen Inhalt die Homepage des Hotelbetreibers aufweist:

Informiert der Hotelbetreiber hauptsächlich über sein Angebot und nur am Rand über die Stadt und ihre Umgebung, kann die Stadtgemeinde L***** die Übertragung nicht verlangen.

Weist die Homepage mehrheitlich Inhalte auf, die die Stadt L***** betreffen, kann die Stadtgemeinde L***** die Übertragung der Domain verlangen, wenn auf der Homepage nicht ein entsprechender (sichtbarer) Hinweis auf die offizielle Seite der Stadt zu finden ist.

Neben diesen Bestimmungen bietet auch das Markenrecht einen namensrechtlichen Schutz im Fall von Domainstreitigkeiten: Der Markeninhaber kann jedem Dritten verbieten seine Marke oder ein ähnliches Zeichen im geschäftlichen Verkehr zu verwenden. Zu dieser Verwendung gehört auch die Benutzung der Marke als Domain.

8.5.2 Domaingrabbing

Unter Domaingrabbing versteht man das Reservieren (Registrieren) einer Domain die nicht bzw nur zum Schein benutzt werden soll, um dadurch einen Konkurrenten wirtschaftlich zu schädigen. Von der Judikatur wurde dieses Verhalten nach § 1 UWG (Generalklausel) beurteilt und ist daher verboten.

Im Grunde können zwei Fallgruppen unterschieden werden:

- **Domainblockade:** In diesem Fall soll ein Konkurrent daran gehindert werden zB seine Firma oder eine von ihm benutzte Marke als eigene Domain verwenden zu können.

Beispiel:

Das Mobilfunkunternehmen *A* lässt sich die Domain www.m**.at schützen, die das Konkurrenzunternehmen *MM* für sein Kundenbindungsprogramm *m** benützen möchte, für das bereits eine Marke registriert wurde.

- **Domainvermarktung:** Eine Domain wird lediglich aus dem Grund registriert, um diese in weiterer Folge dem Konkurrenten zu verkaufen.

Beispiel:

Der Tourismusverband „*B*********-*Das Sonnenland*" wirbt vor allem mit der zentralen Lage der Region in Europa und möchte daher mit der Domain www.b*********.eu für sich werben. Allerdings hat sich der findige Geschäftsmann *CC* die Domain schützen lassen, um diese in weiterer Folge im Internet zum Kauf anzubieten.

Gebrauchsmusteranmeldung

 österreichisches
patentamt

An das
Österreichische Patentamt
Dresdner Straße 87
1200 Wien

IPC:

Ref.:

TA:

Antrag auf Registrierung
eines Gebrauchsmusters

Bitte für amtliche Vermerke freihalten!

Bitte **fett umrandete Felder unbedingt** ausfüllen!

*(Die eingeklammerten Zahlen verweisen auf Erläuterungen in der **angeschlossenen Ausfüllhilfe**)*

Anmelder(in) *(Vor- u. Zunamen – ggf. Geburtsdatum/*   **Anschrift/en** *(Wohnadresse bzw. Unternehmenssitz)*   (1)
Firmenwortlaut sowie Firmenbuchnummer/Vereinsname)

Tel.:   Fax.:

E-Mail: (2)

☐ Vertreter(in)   *(Person, die den Anmelder bzw. die Anmelderin vor dem Patentamt vertritt)*   (3)

☐ Zustellbevollmächtigte(r)   *(Im Inland wohnhafte Person, jedoch **keine Vertretungsbevollmächtigung!**)*   (4)

Ihr Zeichen: ☐ Vollmacht liegt bei   (5)

☐ Bezugsvollmacht zu   *(Aktenzeichen oder Registernummer)*   (6)

       Nur für Rechts-, Patentanwalt oder Notar: ☐ Vollmacht erteilt   (7)

Titel der Anmeldung   (8)

Beilagen:

☐ Seiten Beschreibung (2fach) (9) *gegebenenfalls*	☐ Blatt Zeichnungen (2fach)	(10)
Ansprüche (2fach)		(11)
☐ Zusammenfassung (2fach)		(12)
☐ Bankverbindung und Zustimmungserklärung (fakultativ)		

*Weitere Daten bitte am **Folgeblatt** angeben!*

Seite 2 zur Gebrauchsmusteranmeldung

Bitte die folgenden Felder gegebenenfalls ausfüllen:

Es wird beantragt, folgende Person(en) als Erfinder zu nennen: (13)
Name(n) und Adresse(n)   *Unterschrift(en)* ⁾

Mit der Unterschrift wird der Nennung als Erfinder zugestimmt.
⁾ *Unterschrift des Anmelders bzw. Inhabers am Ende des Formulars!*

Abzweigungsanmeldung aus: (14)	gesonderte Anmeldung aus (Teilung): (15)
(Anmeldetag und Aktenzeichen bzw. Patentnummer)	*(Aktenzeichen)*

Beanspruchte Priorität(en):   *Datum, Land, Aktenzeichen der Prioritätsanmeldung(en)*   (16)

☐ Die beschleunigte Veröffentlichung und Registrierung des Gebrauchsmusters wird beantragt (17)

Allfällige Ergänzungen:

Unterschrift(en) *(bei Unternehmen firmenmäßige Zeichnung)*:

*Beachten Sie bitte die **Erläuterungen und Hinweise** in der angeschlossenen Ausfüllhilfe!*

Bankverbindung

Bitte geben Sie uns Ihre Bankverbindung bekannt, damit wir allfällige Rücküberweisungen von Gebühren im Laufe des Verfahrens schneller und effizienter durchführen können.

Wir möchten Sie allerdings ausdrücklich darauf hinweisen, dass die Angabe der Bankverbindung freiwillig ist und ihre Verwendung an die unterfertigte Zustimmungserklärung gebunden ist.

Kontoinhaber (Name und Adresse):

Bankverbindung (Kontonummer und BLZ, bei nichtösterreichischen Banken: BIC-Code und IBAN-Nr.)

Zustimmungserklärung:

Ich/Wir stimme(n) zu, dass die Daten betreffend meiner(unserer) Bankverbindung zum Zweck der allfälligen Rücküberweisung von Gebühren vom Österreichischen Patentamt verwendet werden und deshalb auch an das kontoführende Bankinstitut des ÖPA (derzeit P.S.K.) weitergegeben werden können.

Ich(wir) nehme(n) zur Kenntnis, dass die Bekanntgabe der Bankverbindung fakultativ ist, die Anmeldeformulare der gesetzlichen Akteneinsicht unterliegen und dass ich(wir) diese Zustimmung jederzeit durch schriftliche Erklärung gegenüber dem Österreichischen Patentamt ohne Angabe von Gründen widerrufen kann (können).

Datum und Unterschrift:

---

*Beachten Sie bitte die **Erläuterungen und Hinweise** in der angeschlossenen Ausfüllhilfe!*

Gruppe Technik

österreichisches
patentamt

Dresdner
Straße 87
1200 Wien
Austria

www.patentamt.at

Tel.: +43 (1) 534 24 - 390 *(technischer Auskunftsdienst)*
      +43 (1) 534 24 - 391 *(juristischer Auskunftsdienst)*
      Mo.-Fr. 9:00 bis 14:00 Uhr

Bankverbindung
PSK Konto Nr. 5 160 000
BLZ 60 000

      +43 (1) 534 24 - 76 *(allgemeiner Auskunftsdienst)*
      Mo.-Fr. 9:00 bis 14:00 Uhr
Fax.: +43 (1) 534 24 - 535 *(Anmeldestelle)*

Internationaler Zahlungsverkehr
BIC-Code: OPSKATWW
IBAN-Nr. AT36 6000 0000 0516 0000

Erläuterungen und Hinweise zur Gebrauchsmusteranmeldung

*Über diese Ausfüllhilfe hinausgehende Anleitungen finden Sie im **Informationsblatt für Gebrauchsmusteranmelder** und im **Gebühreninformationsblatt**. Alle diese Informationen, aktuelle Hinweise und die gültige Version dieses Formulars können auf der Website des Österreichischen Patentamts (www.patentamt.at) abgerufen werden.*

1   *Bitte geben Sie den/die Namen und die vollständige(n) Anschrift(en) an.*
    Falls ein Unternehmen als Anmelder auftritt, geben Sie den vollständigen Firmenwortlaut gemäß der Eintragung im Firmenbuch (Handelsregister) an. Besteht die protokollierte Firma ausschließlich aus einem bürgerlichen Namen, ist durch einen Zusatz (z.B. Firma) hervorzuheben, dass der Antragsteller im Rahmen seines Unternehmens auftritt.

2   ***Wichtig**: Für die rasche Klärung allfälliger Fragen seitens des Patentamts sollten Sie Ihre **Telefonnummer** bzw. Ihre **E-Mailadresse** unbedingt angeben.*

3   ***Achtung:** Ein Vertreter ist nur anzuführen, wenn das Verfahren von diesem durchgeführt werden soll!*
    Dieser muss seinen Wohnsitz oder seine Niederlassung im Inland haben; für Rechtsanwälte, Patentanwälte und Notare gelten allerdings die berufsrechtlichen Vorschriften.
    Personen, die firmenrechtlich vertretungsbefugt sind, wie Geschäftsführer, Prokuristen und Handlungsbevollmächtigte, sind nicht anzuführen.
    *Wer in Österreich weder Wohnsitz (Sitz) noch Niederlassung hat, **muss** einen in Österreich zur berufsmäßigen Parteienvertretung befugten Rechtsanwalt, Patentanwalt oder Notar bestellen.*

4   *Sofern sich Wohnsitz oder Niederlassung außerhalb Österreichs, jedoch im EWR befinden, genügt die Namhaftmachung eines in Österreich wohnhaften Zustellungsbevollmächtigten.*

5   *Die Bevollmächtigung ist durch Vorlage einer schriftlichen Vollmacht nachzuweisen (Original oder beglaubigte Kopie).*

6   *Eine bereits in einem anderen Anmeldeverfahren vorgelegte schriftliche Vollmacht kann dann als Bezugsvollmacht herangezogen werden, wenn sie nach dem 1.7.2005 vorgelegt wurde.*

7   *Nur ein Rechtsanwalt, Patentanwalt oder Notar kann sich auf eine Vollmacht berufen. In allen anderen Fällen ist eine Vollmacht vorzulegen.*

8   *Kurze, sachgemäße Bezeichnung des Anmeldungsgegenstandes - z.B.: „Schlüsselring" oder „Verfahren zur Herstellung eines Halbleiterbauelements".*

9   *Als Deckblatt für die Beschreibung ist das **Formular GM 3 ℓ** zu verwenden.*
    Die Erfindung ist in der Beschreibung und gegebenenfalls den Zeichnungen so ausführlich darzulegen, dass ein Fachmann die Erfindung ausführen kann. In der Beschreibung sind anzugeben:
    1. das technische Gebiet, auf das sich die Erfindung bezieht;
    2. der bisherige Stand der Technik, soweit er für das Verständnis der Erfindung als nützlich anzusehen ist;
    3. die technische Aufgabe der Erfindung;
    4. die Erfindung, wie sie in den Ansprüchen gekennzeichnet ist;
    5. falls Zeichnungen vorhanden sind, eine Aufzählung der in den Zeichnungen enthaltenen Figuren;
    6. eine ausführliche Beschreibung des Erfindungsgegenstandes, und zwar unter Verwendung der in den Zeichnungsfiguren eingetragenen Bezugszeichen (z.B. 1, 2, 3 usw.), mit denen die wichtigen Konstruktionsteile versehen werden sollten.

10   *Die Zeichnungen müssen sich zur klaren Vervielfältigung eignen. Farbige Darstellungen und Fotografien sind unzulässig. Die Zeichnungsfiguren sind auf Blättern im Format DIN A4 einseitig auszuführen. Ein ungefähr 2 cm breiter Rand ist*

Ausfüllhilfe zum Gebrauchsmusteranmeldungsformular - Seite 2

freizulassen.

Beachten Sie bitte, *dass detaillierte Zeichnungen einen wesentlichen Bestandteil der Beschreibung der Erfindung darstellen können. Mit der Einreichung der Beschreibung legen Sie den inhaltlichen Rahmen der Anmeldung fest (Offenbarung). Bei der späteren Vorlage von (neuen) Zeichnungen im Prüfungsverfahren besteht die Gefahr der Überschreitung der ursprünglichen Offenbarung, was eine unzulässige Abänderung der Anmeldung darstellt.*

11 *Geben Sie hier die Anzahl der Ansprüche an.*
Die Ansprüche müssen genau und in unterscheidender Weise angeben, wofür Schutz begehrt wird. Der Gegenstand des Schutzbegehrens ist in den Ansprüchen durch die technischen Merkmale der Erfindung anzugeben, wobei Marken und Phantasiebezeichnungen nicht verwendet werden dürfen. Die Ansprüche haben, wo es zweckdienlich ist, zu enthalten:
*1. die technischen Merkmale, die zur Festlegung des beanspruchten Gegenstandes der Erfindung notwendig sind, jedoch in Verbindung miteinander zum Stand der Technik gehören (**Oberbegriff**), das sind im Allgemeinen die bereits bekannten Merkmale und*
*2. einen **kennzeichnenden Teil**, der durch die Worte "dadurch gekennzeichnet" oder "gekennzeichnet durch" eingeleitet wird und die technischen Merkmale bezeichnet, für die in Verbindung mit den im Oberbegriff angegebenen Merkmalen Schutz begehrt wird, das sind im Allgemeinen die neuen, bisher nicht bekannten Merkmale.*

12 *Eine Kurzfassung des Anmeldungsgegenstands, die ausschließlich der technischen Information dient, ist auf einem gesonderten Blatt mit der Überschrift „Zusammenfassung" vorzulegen. Sie soll ein klares Verständnis des technischen Problems und seiner Lösung ermöglichen. Enthält die Anmeldung Zeichnungen oder chemische Formeln, geben Sie bitte am Ende der Zusammenfassung diejenige Figur bzw. chemische Formel an, welche die Erfindung am besten kennzeichnet (z.B. „Fig. 3").*
Die Zusammenfassung hat aus höchstens 150 Worten zu bestehen.

13 *Es müssen alle Erfinder und der Anmelder (dieser am Ende des Formulars) unterschreiben!*

14 *Hier können Sie für Ihre nunmehrige Anmeldung den Anmeldetag einer für dieselbe Erfindung mit Wirkung für die Republik Österreich angemeldeten oder erteilten Patentes (AT/EP/PCT) in Anspruch nehmen. Dabei ist der Anmeldetag und das Aktenzeichen der Patentanmeldung anzugeben und eine Kopie der Patentanmeldung in der ursprünglich eingereichten Fassung sowie, wenn die Patentanmeldung nicht in deutscher Sprache eingereicht wurde, deren Übersetzung ins Deutsche vorzulegen.*

15 *Sollte es sich bei dieser Anmeldung um eine gesonderte Anmeldung des in einer früheren Anmeldung nicht mehr weiterverfolgten Teiles handeln, geben Sie bitte hier das **Aktenzeichen dieser früheren Anmeldung** an.*
Dieser Teilanmeldung kommt als Anmeldetag der Tag zu, an dem die ursprüngliche Anmeldung beim Patentamt eingereicht worden ist, wenn die Teilanmeldung nicht über den Inhalt der früheren Anmeldung in der ursprünglich eingereichten Fassung hinausgeht.
Dies gilt für den Fall einer „freiwilligen Teilung" bzw. bei einer vom Patentamt im Vorprüfungsverfahren festgestellten Uneinheitlichkeit, wobei zur Teilung der Anmeldung aufgefordert wurde.
*Die gesonderte Anmeldung muss bis zum Ablauf einer **Frist***
1. von zwei Monaten nach Rechtskraft einer Zurückweisung der Gebrauchsmusteranmeldung, oder
2. von zwei Monaten nach der Veröffentlichung des Gebrauchsmusters erfolgen.

16 *Falls Sie Ihre Erfindung bereits früher in Österreich oder im Ausland angemeldet haben, können Sie den Anmeldetag dieser Erstanmeldung für Ihre nunmehrige Anmeldung beanspruchen, wenn das Anmeldedatum der Erstanmeldung maximal ein Jahr vor dem Anmeldetag Ihrer nunmehrigen Anmeldung liegt. Ihre Anmeldung wird dann so behandelt, als wäre sie bereits zum Zeitpunkt der Erstanmeldung eingereicht worden. Wenn Sie eine Priorität beanspruchen wollen, müssen Sie den **Tag**, das **Land** und das **Aktenzeichen** der Erstanmeldung angeben.*

17 *Zutreffendenfalls ankreuzen. Es ist zu beachten, dass bei beschleunigter Veröffentlichung und Registrierung der Recherchenbericht dem Anmelder erst nach der Registrierung zugestellt wird. Der Anmelder kann daher die Ergebnisse des Recherchenberichtes im Anmeldeverfahren nicht mehr berücksichtigen (Neuvorlage eingeschränkter Ansprüche). Der Antrag unterliegt einer Zuschlagsgebühr, die nach der Mitteilung des Aktenzeichens gemeinsam mit der Anmelde- und der Veröffentlichungsgebühr zu bezahlen ist.*

gedanken.gut.geschützt.

Halbleiterschutzanmeldung

 österreichisches patentamt

An das **Österreichische Patentamt** Dresdner Straße 87 1200 Wien	Ref.: *HR Dipl.-Ing. Schlechter* TA: *3A*
Antrag auf Eintragung in das Halbleiterschutzregister	*Bitte für amtliche Vermerke freihalten!*

*Bitte **fett umrandete Felder unbedingt** ausfüllen!*

*(Die eingeklammerten Zahlen verweisen auf Erläuterungen in der **angeschlossenen Ausfüllhilfe**)*

Anmelder(in) *(Vor- u. Zunamen – ggf. Geburtsdatum/*   **Anschrift/en** *(Wohnadresse bzw. Unternehmenssitz)*   (1)
Firmenwortlaut sowie Firmenbuchnummer/Vereinsname)

Tel.:   Fax.:

E-Mail: (2)

☐ Vertreter(in)   *(Person, die den Anmelder bzw. die Anmelderin vor dem Patentamt vertritt)*   (3)
☐ Zustellbevollmächtigte(r)   *(Im Inland wohnhafte Person, jedoch **keine Vertretungsbevollmächtigung!**)*   (4)

Ihr Zeichen: ☐ Vollmacht liegt bei   (5)

☐ Bezugsvollmacht zu   *(Aktenzeichen oder Patentnummer)*   (6)

Nur für Rechts-, Patentanwalt oder Notar: ☐ Vollmacht erteilt   (7)

Titel der Topographie   (8)

Zur **Einsicht für jedermann** bestimmte Unterlagen:

     Blatt Zeichnungen oder Fotografien von einzelnen Schichten

     Blatt Zeichnungen oder Fotografien von Layouts zur Herstellung

     Blatt Zeichnungen oder Fotografien von Masken oder ihren Teilen zur Herstellung

des Halbleitererzeugnisses;

zusätzliche Beilagen

     Blatt erläuternde Beschreibung

     Datenträger

     Ausdrucke von Datenträgern

     ☐ das Halbleitererzeugnis selbst

     ☐ Bankverbindung und Zustimmungserklärung (fakultativ)

*Weitere Daten bitte am **Folgeblatt** angeben!*

Bitte die folgenden Felder gegebenenfalls ausfüllen:

Als **Betriebs- oder Geschäftsgeheimnisse** zu behandelnde Unterlagen:	(9)

	Blatt Zeichnungen oder Fotografien von einzelnen Schichten
	Blatt Zeichnungen oder Fotografien von Masken oder ihren Teilen zur Herstellung
	Blatt Zeichnungen oder Fotografien von Layouts zur Herstellung
	des Halbleitererzeugnisses

Datum der ersten vor dem Tag der Anmeldung liegenden, nicht nur vertraulichen geschäftlichen
Verwertung der Topographie: (10)

Der Anspruch wird auf § 3 Abs. 3 HlSchG gestützt.
Angaben, aus denen sich der Anspruch nach dem HlSchG ergibt:

Unterschrift(en) *(bei Unternehmen firmenmäßige Zeichnung):*

Beachten Sie bitte die **Erläuterungen und Hinweise** *in der angeschlossenen Ausfüllhilfe!*

österreichisches
patentamt

Bankverbindung

Bitte geben Sie uns Ihre Bankverbindung bekannt, damit wir allfällige Rücküberweisungen von Gebühren im Laufe des Verfahrens schneller und effizienter durchführen können.

Wir möchten Sie allerdings ausdrücklich darauf hinweisen, dass die Angabe der Bankverbindung freiwillig ist und ihre Verwendung an die unterfertigte Zustimmungserklärung gebunden ist.

Kontoinhaber (Name und Adresse):

Bankverbindung (Kontonummer und BLZ, bei nichtösterreichischen Banken: BIC-Code und IBAN-Nr.)

Zustimmungserklärung:

Ich/Wir stimme(n) zu, dass die Daten betreffend meiner(unserer) Bankverbindung zum Zweck der allfälligen Rücküberweisung von Gebühren vom Österreichischen Patentamt verwendet werden und deshalb auch an das kontoführende Bankinstitut des ÖPA (derzeit P.S.K.) weitergegeben werden können.

Ich(wir) nehme(n) zur Kenntnis, dass die Bekanntgabe der Bankverbindung fakultativ ist, die Anmeldeformulare der gesetzlichen Akteneinsicht unterliegen und dass ich(wir) diese Zustimmung jederzeit durch schriftliche Erklärung gegenüber dem Österreichischen Patentamt ohne Angabe von Gründen widerrufen kann (können).

Datum und Unterschrift:

*Beachten Sie bitte die **Erläuterungen und Hinweise** in der angeschlossenen Ausfüllhilfe!*

österreichisches
patentamt

Gruppe Technik

Dresdner Straße 87
1200 Wien
Austria

www.patentamt.at

Tel.:   +43 (1) 534 24 - 390   *(technischer Auskunftsdienst)*   **Bankverbindung**
         +43 (1) 534 24 - 391   *(juristischer Auskunftsdienst)*
         Mo.-Fr. 9:00 bis 14:00 Uhr   PSK Konto Nr. 5 160 000
                                                                  BLZ 60 000

         +43 (1) 534 24 - 76   *(allgemeiner Auskunftsdienst)*   *Internationaler Zahlungsverkehr*
         Mo.-Fr. 9:00 bis 14:00 Uhr   BIC-Code: OPSKATWW
Fax.:   +43 (1) 534 24 - 535   *(Anmeldestelle)*   IBAN-Nr. AT36 6000 0000 0516 0000

Erläuterungen und Hinweise zur Halbleiterschutzanmeldung

Alle diese Informationen, aktuelle Hinweise und die gültige Version dieses Formulars können auf der Website des Österreichischen Patentamts (www.patentamt.at) abgerufen werden.
Für allfällige Auskünfte stehen Ihnen der zuständige Sachbearbeiter (Tel.: +43 (1) 534 24 - 448) zur Verfügung.

1   *Bitte geben Sie den/die Namen und die vollständige(n) Anschrift(en) an.*
     Falls ein Unternehmen als Anmelder auftritt, geben Sie den vollständigen Firmenwortlaut gemäß der Eintragung im Firmenbuch (Handelsregister) an. Besteht die protokollierte Firma ausschließlich aus einem bürgerlichen Namen, ist durch einen Zusatz (z.B. Firma) hervorzuheben, dass der Antragsteller im Rahmen seines Unternehmens auftritt.

2   **Wichtig**: *Für die rasche Klärung allfälliger Fragen seitens des Patentamts sollten Sie Ihre **Telefonnummer** bzw. Ihre **E-Mailadresse** unbedingt angeben.*

3   **Achtung**: *Ein Vertreter ist nur anzuführen, wenn das Verfahren von diesem durchgeführt werden soll!*
     Dieser muss seinen Wohnsitz oder seine Niederlassung im Inland haben; für Rechtsanwälte, Patentanwälte und Notare gelten allerdings die berufsrechtlichen Vorschriften.
     Personen, die firmenrechtlich vertretungsbefugt sind, wie Geschäftsführer, Prokuristen und Handlungsbevollmächtigte, sind nicht anzuführen.
     *Wer in Österreich weder Wohnsitz (Sitz) noch Niederlassung hat, **muss** einen in Österreich zur berufsmäßigen Parteienvertretung befugten Rechtsanwalt, Patentanwalt oder Notar bestellen.*

4   *Sofern sich Wohnsitz oder Niederlassung außerhalb Österreichs, jedoch im EWR befinden, genügt die Namhaftmachung eines in Österreich wohnhaften Zustellungsbevollmächtigten.*

5   *Die Bevollmächtigung ist durch Vorlage einer schriftlichen Vollmacht nachzuweisen (Original oder beglaubigte Kopie).*

6   *Eine bereits in einem anderen Anmeldeverfahren vorgelegte schriftliche Vollmacht kann dann als Bezugsvollmacht herangezogen werden, wenn sie nach dem 1.7.2005 vorgelegt wurde.*

7   *Nur ein Rechtsanwalt, Patentanwalt oder Notar kann sich auf eine Vollmacht berufen. In allen anderen Fällen ist eine Vollmacht vorzulegen.*

8   *Unter Titel ist eine kurze, genaue Bezeichnung der Topographie zu verstehen. Als Titel kann auch der Name oder die Produktbezeichnung der Topographie unter Angabe des Produktionsbereiches dienen.*

9   *Unterlagen, die Betriebs- oder Geschäftsgeheimnisse enthalten und vom Anmelder als solche gekennzeichnet worden sind, sind bei der Anmeldung getrennt von den übrigen Teilen der Unterlagen einzureichen. Die Unterlagen können auch in einem Originalexemplar und in einem weiteren Exemplar (Zweitexemplar) mit unkenntlich gemachten Teilen eingereicht werden.*

10   *Der Halbleiterschutz entsteht mit dem Tag der erstmaligen nicht nur vertraulichen geschäftlichen Verwertung der Topographie, sofern diese innerhalb von zwei Jahren beim Patentamt angemeldet wird. Wenn die Topographie vor dem Tag der Anmeldung noch nicht oder nur vertraulich geschäftlich verwertet worden ist, entsteht der Schutz mit dem Tag der Anmeldung beim Patentamt. Der Schutz kann erst geltend gemacht werden, wenn das Halbleiterschutzrecht in das Halbleiterschutzregister eingetragen ist.*

gedanken.gut.geschützt.

EINTEILUNG DER KLASSEN

KLASSE 1   Nahrungsmittel

KLASSE 2   Bekleidung und Kurzwaren

KLASSE 3   Reiseartikel, Etuis, Schirme und persönliche Gebrauchsgegenstände, soweit sie nicht in anderen Klassen enthalten sind

KLASSE 4   Bürstenwaren

KLASSE 5   Nichtkonfektionierte Textilwaren, Folien (Bahnen) aus Kunst- und Naturstoffen

KLASSE 6   Möbel

KLASSE 7   Haushaltsartikel, soweit sie nicht in anderen Klassen enthalten sind

KLASSE 8   Werkzeuge und Kleineisenwaren

KLASSE 9   Verpackungen und Behälter für den Transport oder den Warenumschlag

KLASSE 10   Uhren und andere Messinstrumente, Kontroll- und Anzeigegeräte

KLASSE 11   Ziergegenstände

KLASSE 12   Transport- und Hebevorrichtungen

KLASSE 13   Apparate zur Erzeugung, Verteilung oder Umwandlung von elektrischer Energie

KLASSE 14   Apparate zur Aufzeichnung, Übermittlung oder Verarbeitung von Informationen

KLASSE 15   Maschinen, soweit sie nicht in anderen Klassen enthalten sind

KLASSE 16   Fotografische, kinematografische und optische Artikel

KLASSE 17   Musikinstrumente

KLASSE 18   Druckerei- und Büromaschinen

KLASSE 19   Papier- und Büroartikel, Künstler- und Lehrmittelbedarf

KLASSE 20   Verkaufs- und Werbeausrüstungen, Schilder

KLASSE 21   Spiele, Spielzeuge, Zelte und Sportartikel

KLASSE 22   Waffen, Feuerwerksartikel, Artikel für die Jagd, den Fischfang und zur Schädlingsbekämpfung

KLASSE 23   Einrichtungen zur Verteilung von Flüssigkeiten, sanitäre Anlagen, Heizungs-, Lüftungs- und Klimaanlagen, feste Brennstoffe

KLASSE 24   Medizinische- und Laborausrüstungen

KLASSE 25   Bauten und Bauelemente

KLASSE 26   Beleuchtungsapparate

KLASSE 27   Tabakwaren und Raucherartikel

KLASSE 28   Pharmazeutische und kosmetische Erzeugnisse, Toilettenartikel und -ausrüstungen

KLASSE 29   Vorrichtungen und Ausrüstungen gegen Feuer, zur Unfallverhütung und Rettung

KLASSE 30   Artikel für das Halten und Pflegen von Tieren

KLASSE 31   Maschinen und Apparate für die Zubereitung von Nahrung oder Getränken, soweit sie nicht in anderen Klassen enthalten sind

KLASSE 32   Grafische Symbole und Logos, Zierelemente für Oberflächen, Verzierungen

Einteilung der Klassen und Unterklassen, mit erläuternden Anmerkungen

Einteilung der Klassen und Unterklassen, mit erläuternden Anmerkungen

Allgemeine Anmerkungen

(a) Die Titel der Klassen und Unterklassen bezeichnen allgemein ein generelles Warengebiet. Demnach können einzelne Produkte, je nach ihrer Verwendung, unter mehr als nur einem Titel eingeordnet sein. Es empfiehlt sich daher, in der alphabetischen Warenliste nachzuschlagen, um sich der Klassifizierung der einzelnen Produkte zu vergewissern.

(b) Die eine Klasse betreffenden *Anmerkungen* werden in den die entsprechenden Unterklassen betreffenden *Anmerkungen* nicht wiederholt. Sie sind daher gleichzeitig mit den die Unterklassen betreffenden *Anmerkungen* zu berücksichtigen.

(c) Grundsätzlich werden Produkte zuerst nach dem Zweck, welchem sie dienen, klassifiziert und zusätzlich, falls dies möglich ist, nach dem Gegenstand, welchen sie darstellen. Diese zweite Klassifizierung ist freigestellt.

(d) Falls für Produkte, welche Bestandteile anderer Produkte sind, keine besonderen Klassifizierungen vorgesehen sind, werden diese Produkte in die gleichen Klassen und Unterklassen eingeordnet, in denen die Produkte eingeordnet werden, zu welchen sie gehören, wenn sie normalerweise zu keinem anderen Zweck verwendet werden können.

(e) Mehreren Zwecken dienende kombinierte Produkte sind, mit Ausnahme der Kombinationsmöbel, in alle Klassen und Unterklassen einzuordnen, denen sie angehören.

Einteilung der Klassen und Unterklassen, mit erläuternden Anmerkungen

KLASSE 1

Nahrungsmittel

Anmerkung: (a) Umfasst Nahrungs- und Futtermittel sowie diätetische Produkte.

              (b) Ausgenommen Verpackungen (Kl. 9).

1-01   Backwaren, Biskuits, Konditorwaren, Teigwaren und andere Getreideerzeugnisse, Schokolade, Zuckerwaren, Eis

1-02   Früchte und Gemüse

1-03   Käse, Butter und Butterersatz, andere Milchprodukte

1-04   Fleisch- und Wurstwaren, Fischprodukte

1-05   [offen]

1-06   Futtermittel

1-99   Verschiedenes

KLASSE 2

Bekleidung und Kurzwaren

Anmerkung: Ausgenommen Puppenbekleidung (Kl. 21-01), Feuerschutz-, Unfallverhütungs- und Rettungsausrüstungen (Kl. 29), sowie Tierbekleidung (Kl. 30-01).

2-01   Unterbekleidung, Wäsche, Miederwaren, Büstenhalter, Nachtbekleidung

Anmerkung: (a) Einschließlich orthopädische Miederwaren und Leibwäsche.

              (b) Ausgenommen Haushaltswäsche (Kl. 6-13).

2-02   Kleidungsstücke

Anmerkung: (a) Umfasst sämtliche Kleidungsstücke einschließlich Pelze, Bade- und Sportbekleidung und orthopädische Bekleidungsstücke mit Ausnahme der unter Buchstabe (b) erwähnten Erzeugnisse.

              (b) Ausgenommen Unterbekleidungsstücke (Kl. 2-01) und die Kleidungsstücke, welche in den Klassen 2-03, 2-04, 2-05 oder 2-06 eingeordnet sind.

2-03   Kopfbedeckungen

Anmerkung: Umfasst alle Arten von Kopfbedeckungen für Männer, Frauen und Kinder.

2-04   Schuhwaren, Strümpfe und Socken

Anmerkung: Einschließlich Sportschuhe, wie Fußball-, Ski- und Eishockeyschuhe, orthopädische Schuhe und Socken, sowie Strumpfhosen, Gamaschen und andere Beinbekleidungsstücke.

2-05   Krawatten, Schärpen, Kopf- und Halstücher, Taschentücher

Anmerkung: Umfasst das ganze „flächenhafte" Bekleidungszubehör.

Einteilung der Klassen und Unterklassen, mit erläuternden Anmerkungen

2-06   Handschuhwaren

Anmerkung: Einschließlich Handschuhe für Chirurgen und Schutzhandschuhe aus Gummi oder Kunststoff für den Haushalt, für verschiedene Berufe und für den Sport.

2-07   Kurzwaren und Bekleidungszubehör

Anmerkung: (a) Einschließlich Knöpfe, Agraffen (Schließen) für Kleider, Kopfbedeckungen und Schuhe, Schnürsenkel, Schuhnestel und -bänder, Näh- und Stricknadeln, Stecknadeln, Bekleidungszubehör wie Gürtel, Strumpfhalter, Hosenträger.

(b) Ausgenommen Fäden, Garne und Gespinste (Kl. 5-01), Posamentierwaren (Kl. 5-04), Näh-, Strick- und Stickmaschinen (Kl. 15-06), sowie Nähausrüstungs-Etuis (Kl. 3-01).

2-99   Verschiedenes

KLASSE 3

Reiseartikel, Etuis, Schirme und persönliche Gebrauchsgegenstände, soweit sie nicht in anderen Klassen enthalten sind

3-01   Koffer, Handkoffer, Mappen, Handtaschen, Schlüsseletuis, Etuis, die dem Inhalt angepasst sind, Brieftaschen und gleichartige Waren

Anmerkung: Ausgenommen Gegenstände für den Transport von Waren (Kl. 9) und Zigarren- und Zigarettenetuis (Kl. 27-06).

3-02   [offen]

3-03   Regenschirme, Sonnenschirme und (Spazier-) Stöcke

3-04   Fächer

3-99   Verschiedenes

KLASSE 4

Bürstenwaren

4-01   Bürsten, Pinsel und Besen zum Reinigen

Anmerkung: Ausgenommen Kleiderbürsten (Kl. 4-02).

4-02   Bürsten und Pinsel für die Körper- und Schönheitspflege, Kleider- und Schuhbürsten

Anmerkung: Einschließlich Haar-, Zahn- und Nagelbürsten.

4-03   Bürsten für Maschinen

Anmerkung: Unter „Bürsten für Maschinen" sind Bürsten zu verstehen, die Teile von Maschinen oder Spezialfahrzeugen darstellen.

4-04   Malerbürsten und -pinsel, Pinsel für die Küche

4-99   Verschiedenes

Einteilung der Klassen und Unterklassen, mit erläuternden Anmerkungen

KLASSE 5

Nichtkonfektionierte Textilwaren, Folien (Bahnen) aus Kunst- und Naturstoffen

Anmerkung: (a) Umfasst alle Textilwaren und gleichartige Waren, die meterweise und nicht konfektioniert verkauft werden.

               (b) Ausgenommen konfektionierte Waren (Kl. 2 oder 6).

5-01   Gespinste

Anmerkung: Der englische Text enthält eine *Anmerkung*, welche den deutschen Text nicht betrifft.

5-02   Spitzen

5-03   Stickereien

5-04   Bänder, Borten (Litzen, Tressen) und andere Posamentierwaren

5-05   Gewebe und Stoffe

Anmerkung: Einschließlich Gewebe und gewebter, gestrickter oder in anderer Weise hergestellte Stoffe, Planen, Filze und Loden.

5-06   Folien (Bahnen) aus Kunst- oder Naturstoffen

Anmerkung: (a) Umfasst diejenigen Folien (Bahnen), deren einziges unterscheidendes Merkmal in der Flächenverzierung oder der Struktur besteht, insbesondere Verkleidungsfolien wie Tapeten, Linoleum und Papier in Rollen, mit Ausnahme der unter Buchstabe (b) erwähnten Erzeugnisse.

               (b) Ausgenommen Schreibpapier, auch solches in Rollen (Kl. 19-01), und Folien für Bauzwecke, wie Mauerplatten und Wandverkleidungen (Kl. 25-01).

5-99   Verschiedenes

KLASSE 6

Möbel

Anmerkung: (a) Kombinierte Möbel, die in mehrere Unterklassen eingereihte Bestandteile enthalten, sind in der Klasse 6-05 eingeordnet.

               (b) Zusammengesetzte Möbel, die im Ganzen als ein Modell angesehen werden können, sind in der Klasse 6-05 einzuordnen.

               (c) Ausgenommen nicht konfektionierte Textilwaren (Kl. 5).

6-01   Sitzmöbel

Anmerkung: (a) Einschließlich sämtlicher Sitzmöbel, selbst wenn diese zum Liegen geeignet sind, z. B. Bänke, Sofas, Diwane, Ottomanen, Saunabänke und Kanapees.

               (b) Einschließlich Fahrzeugsitze.

6-02   Betten

Anmerkung: (a) Einschließlich Sprungfedermatratzen (Untermatratzen).

               (b) Ausgenommen Sitzmöbel, die zum Liegen geeignet sind (Kl. 6-01), z.B. Bänke, Sofas, Diwane, Ottomanen, Saunabänke und Kanapees.

6-03   Tische und ähnliche Möbel

Einteilung der Klassen und Unterklassen, mit erläuternden Anmerkungen

6-04   Kastenmöbel, Gestelle

   Anmerkung: (a) Einschließlich Schränke, Möbel mit Schubladen oder Fachkästen und Gestelle

              (b) Einschließlich Särge, Sargauskleidungen und Urnen

6-05   Kombinierte Möbel

6-06   Andere Möbelstücke und Möbelteile

6-07   Spiegel und Rahmen

   Anmerkung: Ausgenommen Spiegel, die in anderen Klassen eingeordnet sind (siehe alphabetische Liste).

6-08   Kleiderbügel

6-09   Matratzen und Kissen

6-10   Vorhänge und Innenstores

6-11   Bodenteppiche und Fußmatten

6-12   Wandteppiche

6-13   Decken, Haushalts- und Tischwäsche

   Anmerkung: Einschließlich Möbel-, Bett- und Tischdecken.

6-99   Verschiedenes

KLASSE 7

Haushaltsartikel, soweit sie nicht in anderen Klassen enthalten sind

   Anmerkung: (a) Einschließlich Handapparate und -geräte für den Haushalt, selbst wenn diese motorbetrieben sind.

              (b) Ausgenommen Maschinen und Apparate zur Zubereitung von Speisen und Getränken (Kl. 31).

7-01   Geschirr und Glaswaren

   Anmerkung: (a) Umfasst Geschirr aus jedem Material, insbesondere auch aus Papier oder Karton.

              (b) Ausgenommen Kochgeräte und -gefäße wie Kasserollen (Kochgeschirr) aus Glas oder Keramik (Kl. 7-02), Blumenvasen und -töpfe, sowie Ziergeschirr und -glaswaren (Kl. 11-02).

7-02   Kochapparate, -geräte und -gefäße

7-03   Tischmesser, Gabeln und Löffel

7-04   Handbetätigte Apparate und Geräte für die Zubereitung von Speisen und Getränken

   Anmerkung: Ausgenommen die in Klasse 7-02 oder Klasse 31 eingeordneten Apparate und Geräte.

7-05   Bügeleisen, Geräte zum Waschen, Reinigen und Trocknen

   Anmerkung: Ausgenommen elektrische Haushaltsapparate zum Waschen, Reinigen oder Trocknen (Kl. 15-05).

7-06   Andere Tischgeräte

7-07   Andere Haushaltsbehälter

7-08   Zubehör für offene Kamine

7-99   Verschiedenes

Einteilung der Klassen und Unterklassen, mit erläuternden Anmerkungen

KLASSE 8

Werkzeuge und Kleineisenwaren

Anmerkung: (a) Umfasst von Menschen gehandhabte Werkzeuge, selbst wenn Muskelkraft durch eine mechanische Kraft ersetzt wird, z.B. elektrische Bohrmaschinen und mechanische Sägen.

(b) Ausgenommen Maschinen und Werkzeugmaschinen (Kl. 15 oder Kl. 31).

8-01   Werkzeuge und Geräte zum Bohren, Fräsen oder zum Aushöhlen

8-02   Hämmer, gleichartige Werkzeuge und Geräte

8-03   Schneidwerkzeuge und -geräte

Anmerkung: (a) Einschließlich Sägewerkzeuge und -geräte.

(b) Ausgenommen Tischmesser (Kl. 7-03), Schneidwerkzeuge und -geräte für die Küche (Kl. 31) und chirurgische Messer (Kl. 24-02).

8-04   Schraubendreher, gleichartige Werkzeuge und Geräte

8-05   Andere Werkzeuge und Geräte

Anmerkung: Umfasst Werkzeuge und Geräte, die nicht in andere Unterklassen oder Klassen eingeordnet oder einzuordnen sind.

8-06   Handgriffe, Türknöpfe, Fenster- und Türangeln

8-07   Verriegelungs- und Verschlussvorrichtungen

8-08   Befestigungs-, Halte- und Montagemittel, soweit sie nicht in anderen Klassen enthalten sind

Anmerkung: (a) Einschließlich Nägel, Schrauben, Bolzen und Schraubenmuttern.

(b) Ausgenommen Befestigungsvorrichtungen für Kleider (Kl. 2-07) oder Schmuck (Kl. 11-01) und im Büro verwendete Befestigungsmittel (Kl. 19-02).

8-09   Beschläge und gleichartige Vorrichtungen

8-10   Fahrrad- und Motorradständer

8-99   Verschiedenes

Anmerkung: Einschließlich nichtelektrischer Kabel unabhängig vom verwendeten Material.

KLASSE 9

Verpackungen und Behälter für den Transport oder den Warenumschlag

9-01   Flaschen, Fläschchen, Töpfe, Ballon- und Korbflaschen (Demijohns), Druckbehälter

Anmerkung: (a) Unter „Töpfe" sind solche für Verpackungswecke zu verstehen.

(b) Ausgenommen Kochtöpfe (Kl. 7-01) und Blumentöpfe (Kl. 11-02).

9-02   Kannen und Fässer

9-03   Schachteln, Kisten, Container und Konservendosen

Anmerkung: Einschließlich umladbare Container.

9-04   Stapelkisten (Cageots, Steigen) und Körbe

Einteilung der Klassen und Unterklassen, mit erläuternden Anmerkungen

9-05   Säcke, Beutel, Tuben, Hülsen und Kapseln

Anmerkung: (a)   Einschließlich Kunststoffsäcke und -beutel mit oder ohne Griff oder Verschluss.

(b)   Unter „Kapseln" sind solche für Umhüllungszwecke zu verstehen.

9-06   Seile, Schnüre und Materialien zum Binden

9-07   Verschlussvorrichtungen und Zubehör

Anmerkung: (a)   Umfasst lediglich Verschlussvorrichtungen für Verpackungen.

(b)   Unter „Zubehör" sind insbesondere Ausgießkorken, Dosiervorrichtungen und abnehmbare Zerstäuber zu verstehen.

9-08   Paletten und Plattformen für den Warenumschlag

9-09   Kehrichteimer, Müllbehälter und deren Halterung

9-99   Verschiedenes

KLASSE 10

Uhren und andere Messinstrumente, Kontroll- und Anzeigegeräte

Anmerkung: Einschließlich elektrischer Instrumente.

10-01   Großuhren, Pendeluhren und Wecker

10-02   Taschen- und Armbanduhren

10-03   Andere Zeitmessinstrumente

Anmerkung: Einschließlich Zeitmessapparate wie Parkuhren, einstellbare Zeitüberwacher (Timer) für die Küche und ähnliche Apparate.

10-04   Andere Messinstrumente, -apparate und -vorrichtungen

Anmerkung: (a)   Einschließlich Instrumente, Apparate und Vorrichtungen zur Messung von Temperatur, Druck, Gewicht, Länge, Volumen und elektrischen Größen.

(b)   Ausgenommen Belichtungsmesser (Kl. 16-05).

10-05   Kontroll-, Sicherheits- oder Versuchsinstrumente, -apparate und -vorrichtungen

Anmerkung: Einschließlich Feuer- und Einbruchmelder, sowie Detektoren aller Art.

10-06   Signalapparate und -vorrichtungen

Anmerkung: Ausgenommen Beleuchtungs- und Signaleinrichtungen für Fahrzeuge (Kl. 26-06).

10-07   Gehäuse, Zifferblätter, Zeiger oder andere Teile und Zubehör von Mess-, Kontroll- und Signalinstrumenten

Anmerkung: Unter „Gehäuse" sind Uhrenschalen, Gehäuse von Großuhren, sowie alle anderen Gehäuse zu verstehen, die einen integrierenden Bestandteil der Instrumente darstellen, deren Mechanismus sie schützen, unter Ausschluss der Etuis (Kl. 3-01) oder, wenn es sich um Verpackung handelt (Kl. 9-03).

10-99   Verschiedenes

Einteilung der Klassen und Unterklassen, mit erläuternden Anmerkungen

KLASSE 11

Ziergegenstände

11-01 Schmuck- und Juwelierwaren

Anmerkung: (a) Einschließlich Fantasie- und Imitationsschmuck.

(b) Ausgenommen Uhren (Kl. 10-02).

11-02 Nippessachen, Tisch-, Kamin- und Wandschmuck, Vasen und Blumentöpfe

Anmerkung: Einschließlich Skulpturen, Mobiles und Statuen.

11-03 Medaillen und Abzeichen

11-04 Künstliche Blumen, Pflanzen und Früchte

11-05 Fahnen, Festdekorationsartikel

Anmerkung: (a) Einschließlich Girlanden, Wimpel und Christbaumschmuck.

(b) Ausgenommen Kerzen (Kl. 26-04).

11-99 Verschiedenes

KLASSE 12

Transport- und Hebevorrichtungen

Anmerkung: (a) Umfasst sämtliche Land-, Wasser-, Luft-, Raum- und andere Fahrzeuge.

(b) Einschließlich der Bestandteile, Ausrüstungen und des Zubehörs, die für den Betrieb eines Fahrzeuges notwendig sind und nicht in eine andere Klasse eingeordnet werden können; diese werden in die betreffende Fahrzeug-Unterklasse oder in Klasse 12-16 eingeordnet, wenn sie sich auf Fahrzeuge verschiedener Unterklassen beziehen.

(c) Grundsätzlich ausgenommen sind diejenigen Fahrzeugbestandteile, -ausrüstungen und solches Zubehör, die in eine andere Klasse eingeordnet werden können; diese werden zusammen mit den gleichartigen Erzeugnissen (d.h. solchen, die dieselbe Aufgabe besitzen) in dieselbe Klasse eingeordnet. So werden Automobilteppiche und -matten zusammen mit den Teppichen eingeordnet (Kl. 6-11); die elektrischen Fahrzeugmotoren werden in Klasse 13-01 und die nichtelektrischen Fahrzeugmotoren in Klasse 15-01 eingeordnet (dasselbe gilt für die Bestandteile dieser Motoren); die Automobilscheinwerfer werden bei den Beleuchtungsartikeln (Kl. 26-06) eingereiht.

(d) Ausgenommen Fahrzeug-Kleinmodelle (Kl. 21-01).

12-01 Fuhrwerke (von Tieren gezogen)

12-02 Handwagen, Schubkarren

12-03 Lokomotiven und rollendes Eisenbahnmaterial, sowie alle anderen Schienenfahrzeuge

12-04 Luftseil- und Sesselbahnen, Schlepplifte

12-05 Aufzüge, Hebezeuge und Fördergeräte

Anmerkung: Einschließlich Personen- und Lastenaufzüge, Elevatoren, Kräne, Hebekarren und Förderbänder.

Einteilung der Klassen und Unterklassen, mit erläuternden Anmerkungen

12-06   Schiffe und Boote

12-07   Flugzeuge und andere Luft- und Raumfahrzeuge

12-08   Kraftwagen, Autobusse und Lastwagen

Anmerkung: Einschließlich Sanitäts- und Kühlfahrzeuge.

12-09   Traktoren

12-10   Anhänger für Straßenfahrzeuge

Anmerkung: Einschließlich Wohnwagen.

12-11   Fahr- und Motorräder

12-12   Kinderwagen, Rollstühle für Körperbehinderte, Tragbahren

Anmerkung: (a) Unter „Kinderwagen" sind Wagen zu verstehen, in die Kinder gesetzt werden.

             (b) Ausgenommen Kinderwagen, die als Spielzeug dienen, z.B. Puppenwagen (Kl. 21-01).

12-13   Spezialfahrzeuge

Anmerkung: (a) Umfasst nur diejenigen Fahrzeuge, die nicht unmittelbar für Transportzwecke bestimmt sind, wie Kehrmaschinen, Straßenspreng-, Feuerwehr-, Schneeräum- und Abschleppfahrzeuge.

             (b) Ausgenommen landwirtschaftliche Maschinen, die sowohl Maschinen als auch Fahrzeuge darstellen (Kl. 15-03) und Maschinen mit Eigenantrieb für den Hoch- und Tiefbau (Kl. 15-04).

12-14   Andere Fahrzeuge

Anmerkung: Einschließlich Schlitten und Luftkissenfahrzeuge.

12-15   Luftreifen, Fahrzeugbereifungen und Gleitschutzketten für Fahrzeuge

12-16   Andere Fahrzeugbestandteile, -ausrüstungen und -zubehör, soweit sie nicht in anderen Klassen enthalten sind

12-99   Verschiedenes

KLASSE 13

Apparate zur Erzeugung, Verteilung oder Umwandlung von elektrischer Energie

Anmerkung: (a) Umfasst nur diejenigen Apparate, die elektrischen Strom erzeugen, verteilen und umwandeln.

             (b) Einschließlich elektrischer Motoren.

             (c) Ausgenommen elektrisch betriebene Apparate, wie elektrische Uhren (Kl. 10-02) und Apparate für die Messung des elektrischen Stromes (Kl. 10-04).

13-01   Generatoren und Motoren

Anmerkung: Einschließlich elektrischer Motoren für Fahrzeuge.

13-02   Transformatoren, Gleichrichter, Batterien und Akkumulatoren

13-03   Material zur Verteilung oder Steuerung der elektrischen Energie

Anmerkung: Einschließlich Leiter, Unterbrecher, Schalter und Schalttafeln.

13-99   Verschiedenes

Einteilung der Klassen und Unterklassen, mit erläuternden Anmerkungen

KLASSE 14

Apparate zur Aufzeichnung, Übermittlung oder Verarbeitung von Informationen

14-01 Apparate zur Aufzeichnung und Wiedergabe von Ton oder Bild

Anmerkung: Ausgenommen Foto- und Filmapparate (Kl. 16).

14-02 Datenverarbeitungsanlagen sowie periphere Geräte und Einrichtungen

14-03 Apparate für das Fernmeldewesen und für die drahtlose Fernbedienung, Radioverstärker

Anmerkung: Einschließlich Telegrafen-, Telefon-, Radio- und Fernsehapparate und Fernschreiber.

14-04 Bildschirmanzeigen und Icons

14-99 Verschiedenes

KLASSE 15

Maschinen, soweit sie nicht in anderen Klassen enthalten sind

15-01 Motoren

Anmerkung: (a) Einschließlich nichtelektrischer Motoren für Fahrzeuge.

(b) Ausgenommen elektrische Motoren (Kl. 13).

15-02 Pumpen und Kompressoren

Anmerkung: Ausgenommen Hand- oder Fußpumpen (Kl. 8-05) und Feuerspritzen (Kl. 29-01).

15-03 Landwirtschaftliche Maschinen

Anmerkung: (a) Einschließlich Pflüge und Maschinen, die sowohl Maschinen als auch Fahrzeuge darstellen, z.B. Mähbinder.

(b) Ausgenommen Handwerkzeuge (Kl. 8).

15-04 Baumaschinen

Anmerkung: (a) Einschließlich Maschinen für den Hoch- und Tiefbau sowie Maschinen mit Eigenantrieb, wie Aushubmaschinen, Betonmaschinen und Bagger.

(b) Ausgenommen Hebezeuge und Kräne (Kl. 12-05).

15-05 Wasch-, Reinigungs- und Trockenmaschinen

Anmerkung: (a) Einschließlich Apparate und Maschinen für die Behandlung der Wäsche und der Kleider, wie Bügel- und Mangelapparate.

(b) Einschließlich Geschirrwasch- und Geschirrtrockenmaschinen sowie industrielle Trockenanlagen.

15-06 Textil-, Näh-, Strick- und Stickmaschinen, einschließlich integrierte Teile

15-07 Kühlmaschinen und -apparate

Anmerkung: (a) Einschließlich Kühlapparate für den Haushalt.

(b) Ausgenommen Eisenbahnkühlwagen (Kl. 12-03) und Kühlfahrzeuge (Kl. 12-08).

15-08 [offen]

Einteilung der Klassen und Unterklassen, mit erläuternden Anmerkungen

15-09   Werkzeug-, Schleif- und Gießereimaschinen

Anmerkung: Ausgenommen erdbewegende Maschinen, Bohrmaschinen und Materialabscheider (Kl. 15-99).

15-99   Verschiedenes

KLASSE 16

Fotografische, kinematografische und optische Artikel

Anmerkung: Ausgenommen Beleuchtungsapparate für die Fotografie und Kinematografie (Kl. 26-05).

16-01   Foto- und Filmapparate

16-02   Projektionsapparate und Betrachtungsgeräte

16-03   Fotokopier- und Vergrößerungsapparate

Anmerkung: Einschließlich Mikrofilmaufnahmegeräte und -lesegeräte sowie Büro-Fotokopiergeräte, die mit anderen als fotografischen Verfahren arbeiten, insbesondere mit thermischen oder magnetischen Verfahren.

16-04   Apparate und Geräte zum Entwickeln

16-05   Zubehör

Anmerkung: Einschließlich Stative, Belichtungsmesser, Blitzlichtvorrichtungen (Flash) und Filter für Aufnahmen.

16-06   Optische Artikel

Anmerkung: (a)   Einschließlich Brillen und Mikroskope.

(b)   Ausgenommen Messinstrumente, die optische Vorrichtungen aufweisen (Kl. 10-04).

16-99   Verschiedenes

KLASSE 17

Musikinstrumente

Anmerkung: Ausgenommen Futterale für Musikinstrumente (Kl. 3-01) und Tonaufzeichnungs- und Tonwiedergabegeräte (Kl.14-01).

17-01   Tasteninstrumente

Anmerkung: Einschließlich elektronische und nichtelektronische Orgeln, Akkordeons und Klaviere (auch mechanische).

17-02   Blasinstrumente

Anmerkung: Ausgenommen Orgeln, Harmoniums und Akkordeons (Kl.17-01).

17-03   Saiteninstrumente

17-04   Schlaginstrumente

17-05   Mechanische Musikinstrumente

Anmerkung: (a)   Einschließlich Spieldosen.

(b)   Ausgenommen mechanische Tasteninstrumente (Kl.17-01).

17-99   Verschiedenes

Einteilung der Klassen und Unterklassen, mit erläuternden Anmerkungen

KLASSE 18

Druckerei- und Büromaschinen

18-01 Schreib- und Rechenmaschinen

Anmerkung: Ausgenommen Computer und andere Apparate, die in Klasse 14-02 eingeordnet sind.

18-02 Druckmaschinen

Anmerkung: (a) Einschließlich Setzmaschinen, Stereotypiermaschinen und -apparate, Buchdruckereimaschinen, anderer Reproduktionsmaschinen, wie Vervielfältiger und Offset-Druckmaschinen, sowie Adressier-, Frankier- und Briefmarkenentwertungsmaschinen.

(b) Ausgenommen Fotokopiergeräte (Kl. 16-03).

18-03 Druckbuchstaben und -typen

18-04 Buchbinde-, Druckerei-Heft- und Papierschneidemaschinen

Anmerkung: Einschließlich Maschinen und Vorrichtungen zum Schneiden von Papier, in der Art von Papierstapelschneidemaschinen.

18-99 Verschiedenes

KLASSE 19

Papier- und Büroartikel, Künstler- und Lehrmittelbedarf

19-01 Schreibpapier, Karten für Schriftwechsel und Anzeigen

Anmerkung: Umfasst im weitesten Sinne sämtliche Papierarten zum Schreiben, Zeichnen, Malen, Drucken, z.B. Pauspapier, Kohlepapier, Zeitungspapier und Briefumschläge, Glückwunschkarten, illustrierte Postkarten, auch solche mit Tonaufzeichnungen.

19-02 Büroartikel

Anmerkung: (a) Einschließlich Geräte für den Kassendienst, wie Zählbretter für Kleingeld.

(b) Gewisse Büroartikel werden in andere Unterklassen oder Klassen eingeordnet, z.B. Büromöbel in Klasse 6, Büromaschinen und -apparate in die Klassen 14-02, 16-03, 18-01, 18-02 oder 18-04, Schreibwaren in Klasse 19-01 oder 19-06 (siehe alphabetische Liste).

19-03 Kalender

Anmerkung: Ausgenommen Terminkalender und Agenden (Kl. 19-04).

19-04 Bücher, Hefte und äußerlich ähnlich aussehende Gegenstände

Anmerkung: Einschließlich Buchumschläge, Bucheinbände, Alben, Terminkalender, Agenden und ähnliche Gegenstände.

19-05 [offen]

19-06 Material und Geräte zum Schreiben mit der Hand, zum Zeichnen, Malen, Gravieren, für die Bildhauerei und für andere künstlerische Techniken

Anmerkung: Ausgenommen Pinsel (Kl. 4-04), Zeichentische und die an diesen Tischen befestigten Apparate (Kl. 6-03) sowie Schreibpapier (Kl. 19-01).

Einteilung der Klassen und Unterklassen, mit erläuternden Anmerkungen

19-07   Lehrmittel

Anmerkung: (a)   Einschließlich geografische Karten aller Art, Globen und Planetarien.

(b)   Ausgenommen Apparate für den audiovisuellen Unterricht (Kl. 14-01).

19-08   Andere Drucksachen

Anmerkung: Einschließlich Reklamedruckschriften.

19-99   Verschiedenes

KLASSE 20

Verkaufs- und Werbeausrüstungen, Schilder

20-01   Verkaufsautomaten

20-02   Ausstellungs- und Verkaufsmaterial

Anmerkung: Ausgenommen Einrichtungsgegenstände (Kl. 6).

20-03   Schilder und Reklamevorrichtungen

Anmerkung: (a)   Einschließlich Aushängeschilder, Vorrichtungen für Leuchtreklamen und bewegliche Reklamevorrichtungen.

(b)   Ausgenommen Verpackungen (Kl. 9) und Signalvorrichtungen (Kl. 10-06).

20-99   Verschiedenes

KLASSE 21

Spiele, Spielzeug, Zelte und Sportartikel

21-01   Spiele und Spielzeug

Anmerkung: (a)   Einschließlich Kleinmodelle.

(b)   Ausgenommen Spielzeuge für Tiere (Kl. 30-99).

21-02   Turn- und Sportgeräte, Sportartikel

Anmerkung: (a)   Umfasst die zur Ausübung von verschiedenen Sportarten notwendigen Geräte und Ausrüstungen, die normalerweise keinen anderen Verwendungszweck haben, wie Fußbälle, Skier und Tennisschläger, mit Ausnahme von Gegenständen, die unter anderem auch zur Ausübung irgendeiner Sportart verwendet werden können.

(b)   Einschließlich Trainingsapparate, Geräte und Ausrüstungen, die für die Ausübung von Spielen im Freien erforderlich sind, jedoch mit Ausnahme des unter Buchstabe (a) erwähnten Vorbehalts.

(c)   Ausgenommen Sportbekleidung (Kl. 2), Rodel- und andere Schlitten (Kl. 12-14).

21-03   Andere Vergnügungs- und Unterhaltungsartikel

Anmerkung: (a)   Einschließlich Jahrmarktvergnügungseinrichtungen und Glücksspielautomaten.

(b)   Ausgenommen Spiele und Spielzeug (Kl. 21-01) und die anderen in die Klassen 21-01 oder 21-02 einzuordnenden Artikel.

Einteilung der Klassen und Unterklassen, mit erläuternden Anmerkungen

21-04   Zelte und Zubehör

Anmerkung: (a)   Einschließlich Zeltpflöcke, Heringe und gleichartiges Zubehör.

(b)   Ausgenommen andere Campingartikel, die je nach Beschaffenheit in verschiedene andere Klassen einzuordnen sind, insbesondere Sitzmöbel (Kl. 6-01), Tische (Kl. 6-03), Teller (Kl. 7-01) und Wohnwagen (Kl. 12-10).

21-99   Verschiedenes

KLASSE 22

Waffen, Feuerwerksartikel, Artikel für die Jagd, den Fischfang und zur Schädlingsbekämpfung

22-01   Schusswaffen

22-02   Andere Waffen

22-03   Munition, Zünder und Feuerwerksartikel

22-04   Schießscheiben und Zubehör

Anmerkung: Einschließlich Spezialvorrichtungen zum Bewegen einer Schießscheibe.

22-05   Jagd- und Fischereiartikel

Anmerkung: Ausgenommen Bekleidung (Kl. 2) und Waffen (Kl. 22-01 oder 22-02).

22-06   Fallen, Artikel zur Schädlingsbekämpfung

22-99   Verschiedenes

KLASSE 23

Einrichtungen zur Verteilung von Flüssigkeiten, sanitäre Anlagen, Heizungs-, Lüftungs- und Klimaanlagen, feste Brennstoffe

23-01   Einrichtungen zur Verteilung von Flüssigkeiten

Anmerkung: Einschließlich Armaturen und Rohrleitungen.

23-02   Sanitäre Anlagen

Anmerkung: (a)   Einschließlich Badewannen, Duschen, Waschbecken (Lavabos), Saunas, Wasserklosetts, sanitäre Installationseinheiten, sowie Zubehör für Badezimmer, das nicht in anderen Klassen enthalten ist.

(b)   Ausgenommen Armaturen und Rohrleitungen (Kl. 23-01).

23-03   Heizungsausrüstungen

23-04   Lüftungs- und Klimaanlagen

23-05   Feste Brennstoffe

23-99   Verschiedenes

Einteilung der Klassen und Unterklassen, mit erläuternden Anmerkungen

KLASSE 24

Medizinische- und Laborausrüstungen

Anmerkung: Unter „medizinische Ausrüstungen" sind auch chirurgische, zahnärztliche und tierärztliche Ausrüstungen zu verstehen.

24-01   Apparate und Einrichtungen für Ärzte, Krankenhäuser und Labors

24-02   Medizinische Instrumente, Laborinstrumente und -geräte

      Anmerkung: Betrifft nur Handinstrumente.

24-03   Prothesen

24-04   Verbands- und Bandagenartikel, Artikel für die ärztliche Behandlung

      Anmerkung: Einschließlich saugfähige Verbände.

24-99   Verschiedenes

KLASSE 25

Bauten und Bauelemente

25-01   Baumaterialien

      Anmerkung: Einschließlich Backsteine, Balken, profilierte Bauelemente, Dachziegel, Schiefer und Bauplatten.

25-02   Vorgefertigte oder zusammengesetzte Bauteile

      Anmerkung: (a)   Einschließlich Fenster, Türen, Rollläden, Wände und Gitter.

                    (b)   Ausgenommen Treppen (Kl. 25-04).

25-03   Häuser, Garagen und andere Bauten

25-04   Treppen, Leitern und Baugerüste

25-99   Verschiedenes

KLASSE 26

Beleuchtungsapparate

26-01   Kerzenleuchter und -ständer

26-02   Fackeln, tragbare Lampen und Laternen

26-03   Apparate für die öffentliche Beleuchtung

      Anmerkung: Einschließlich Außen-, Theaterbeleuchtungen und Scheinwerfer.

26-04   Elektrische und andere Lichtquellen

      Anmerkung: Einschließlich elektrische Glühbirnen, Leuchtplatten und -röhren und Kerzen.

26-05   Lampen, -schirme, Stehlampen, Kronleuchter, Wand- und Deckenlampen, Reflektoren, Lampen für Foto- und Kinoscheinwerfer

26-06   Beleuchtungseinrichtungen für Fahrzeuge

26-99   Verschiedenes

Einteilung der Klassen und Unterklassen, mit erläuternden Anmerkungen

KLASSE 27

Tabakwaren und Raucherartikel

27-01 Tabakwaren, Zigarren und Zigaretten

27-02 Pfeifen, Zigarren- und Zigarettenspitzen

27-03 Aschenbecher

27-04 Streichhölzer (Zündhölzer)

27-05 Feuerzeuge

27-06 Zigarren- und Zigarettenetuis, Schnupftabakdosen und Tabakbehälter

Anmerkung: Ausgenommen Verpackungen (Kl. 9).

27-99 Verschiedenes

KLASSE 28

Pharmazeutische und kosmetische Erzeugnisse, Toilettenartikel und -ausrüstungen

28-01 Pharmazeutische Erzeugnisse

Anmerkung: (a) Einschließlich solche für Tiere.

(b) Einschließlich chemische Präparate in Arzneikapseln, Pastillen, Pillen und Tabletten.

(c) Ausgenommen Verbands- und Bandagenartikel (Kl.24-04).

28-02 Kosmetische Erzeugnisse

Anmerkung: Einschließlich solche für Tiere.

28-03 Toilettenartikel und Geräte für die Schönheitspflege

Anmerkung: (a) Einschließlich Rasier-, Massage-, Haarentfernungs- und Frisierapparate.

(b) Ausgenommen Bürsten und Pinsel für die Körper- und Schönheitspflege (Kl. 4-02), sowie Artikel und Ausrüstungen für das Halten und Pflegen von Tieren (Kl. 30-99).

28-04 Falsche Haare, Bärte und Schnurrbärte

28-99 Verschiedenes

KLASSE 29

Vorrichtungen und Ausrüstungen gegen Feuer, zur Unfallverhütung und Rettung

29-01 Vorrichtungen und Ausrüstungen gegen Feuer

Anmerkung: (a) Einschließlich Feuerlöscher.

(b) Ausgenommen Feuerwehrfahrzeuge (Kl. 12-13), sowie Feuerwehrschläuche und Strahlrohre für Feuerlöschzwecke (Kl. 23 - 01).

29-02 Vorrichtungen und Ausrüstungen zur Unfallverhütung und Rettung, soweit sie nicht in anderen Klassen enthalten sind

Anmerkung: (a) Einschließlich solche Vorrichtungen und Ausrüstungen für Tiere.

(b) Ausgenommen Helme (Kl. 2-03), sowie Unfallschutzbekleidung (Kl. 2-02, 2-04 oder 2-06).

29-99 Verschiedenes

Einteilung der Klassen und Unterklassen, mit erläuternden Anmerkungen

KLASSE 30

Artikel für das Halten und Pflegen von Tieren

Anmerkung: Ausgenommen Futtermittel (Kl. 1), sowie pharmazeutische und kosmetische Erzeugnisse für Tiere (Kl. 28-01 oder 28-02).

30-01   Bekleidung für Tiere

30-02   Gehege, Käfige, Hundehütten und gleichartige Unterkünfte

Anmerkung: Ausgenommen Bauten (Kl. 25).

30-03   Vorrichtungen zum Füttern und Tränken

30-04   Sattlerwaren

Anmerkung: Einschließlich Halsbänder für Tiere.

30-05   Peitschen und Stöcke zum Antreiben

30-06   Lagerstätten und Nester

30-07   Sitzstangen und anderes Zubehör für Käfige

30-08   Geräte zum Kennzeichnen, Erkennungsmarken und Fesseln

30-09   Pfähle zum Anbinden

30-99   Verschiedenes

KLASSE 31

Maschinen und Apparate für die Zubereitung von Nahrung oder Getränken, soweit sie nicht in anderen Klassen enthalten sind

Anmerkung: Ausgenommen Handgeräte, Handinstrumente und Handapparate (auch wenn sie motorbetrieben sind), die zur Zubereitung von Nahrung oder Getränken dienen (Kl. 7).

31-00   Maschinen und Apparate für die Zubereitung von Nahrung oder Getränken, soweit sie nicht in anderen Klassen enthalten sind

KLASSE 32

Grafische Symbole und Logos, Zierelemente für Oberflächen, Verzierungen

32-00   Grafische Symbole und Logos, Zierelemente für Oberflächen, Verzierung

Hinweise zur Benutzung der Warenlisten

Die Warenliste ist in alphabetischer Reihenfolge (Seiten 23 bis 118) und nach Klassen und Unterklassen (Seiten 121 bis 222) aufgeführt.

Diese beiden Listen sind in fünf Spalten geordnet:

Die erste Spalte	enthält die Nummern der Klasse und Unterklasse, in welche die Waren eingeordnet sind;
die zweite Spalte	enthält die Buchstaben und Ordnungsnummern der Waren-angaben der deutschen Fassung;
die dritte Spalte	enthält die Warenangaben der deutschen Fassung;
die vierte Spalte	enthält die entsprechenden Ordnungsnummern der englischen Fassung;
die fünfte Spalte	enthält die entsprechenden Ordnungsnummern der französi-schen Fassung.

Bei der alphabetischen Liste ist folgendes zu beachten:

(a)   Der zur Kennzeichnung bestimmter Waren in runden Klammern angegebene Text besagt folgendes:

Es handelt sich um einen sog. Querverweis zur weiteren Bezeichnung der be-treffenden Ware. Diese Angabe erscheint ebenfalls an dem ihr entsprechenden Ort in der alphabetischen Liste. Bei einem Querverweis deutet der Bindestrich („–") den Text vor den runden Klammern an;

oder der Text weist auf Waren hin, die zwar durch die Bezeichnung erfasst wer-den, aber wegen der Allgemeingültigkeit des ersten Wortes ihrer Erfassung nicht anderweitig in der alphabetischen Liste erscheinen, wie z. B. Apparat, Maschine, Gerät.

(b)   In eckigen Klammern angegebener Text dient bei bestimmten Waren der Erläute-rung und Verdeutlichung der Warenbezeichnung.

Nationale Markenanmeldung

österreichisches
patentamt

An das
Österreichische Patentamt
Dresdner Straße 87
1200 Wien

Antrag auf Registrierung einer Marke im
Markenregister des Österreichischen
Patentamtes

*Bitte für amtliche Vermerke
freihalten!*

*Bitte **fett umrandete Felder unbedingt** ausfüllen!*
(Die eingeklammerten Zahlen verweisen auf Erläuterungen in der angeschlossenen Ausfüllhilfe)

| **Anmelder(in)** *(Vor- u. Zunamen - ggf. Geburtsdatum/* *Firmenwortlaut sowie Firmenbuchnummer/Vereinsname)* | **Anschrift/en** *(Wohnadresse bzw. Unternehmenssitz)* | (1) |

Tel.:   FAX:

E-Mail: (2)

☐ Vertreter(in)   (3)   ☐ inländische(r) Zustellbevollmächtigte(r)   (4)

Ihr Zeichen:
☐ Vollmacht liegt bei   (5)   ☐ Vollmacht erteilt (***nur** für Rechts-, Patentanwalt oder Notar)*   (6)

Beilagen: *(gegebenenfalls)*
(5fach) ☐   Darstellung der Marke *– nicht bei reinen Wortmarken*
(2fach) ☐   Datierte Satzungen des Verbandes *– bei Verbandsmarken*   (7)
          ☐   Gesondertes Waren- und Dienstleistungsverzeichnis *– (falls zu wenig Platz verfügbar)*
          ☐   Klangliche Wiedergabe der Marke auf Diskette *– nur bei Klangmarken*
          ☐   Bankverbindung und Zustimmungserklärung

☐ Registrierung der Marke ohne vorherige Zusendung des Ähnlichkeitsprotokolls   (8)

Beanspruchte Priorität(en)   *(Datum, Land, Aktenzeichen der Prioritätsanmeldung/en):*   (9)

Datum und Unterschrift(en) *(des/der Anmelder/in bzw. Unterschriftsberechtigten):*   (10)

*Weitere Daten bitte am **Folgeblatt** angeben!*

Formular MA 1 – nat. Markenanmeldung

Darstellung der Marke (max. 8x8 cm) :   (11)

Beantragt wird die Registrierung der Marke als
(bitte nur eine Markenart ankreuzen)

☐ Wortmarke   (12)
☐ Wortbildmarke; Bildmarke   (13)
☐ körperliche Marke   (14)
allfällige Legende:

☐ abstrakte Farbmarke
Farbbezeichnung/-code:

☐ Klangmarke   (15)
☐ sonstige Markenart   (16)

Kl.   **Verzeichnis der Waren und Dienstleistungen** für die die Marke bestimmt ist   (17)
(in Druckschrift) und - falls in einer früheren Anmeldung nach dem 1.1.2002 bereits
ein identes Verzeichnis vorgelegt wurde – Angabe des Aktenzeichens / der Registernummer dieser früheren Anmeldung/Registrierung: (18)

*Beachten Sie bitte die **Erläuterung und Hinweise** in der angeschlossenen Ausfüllhilfe bzw.Checkliste !*

Bankverbindung

Bitte geben Sie uns Ihre Bankverbindung bekannt, damit wir allfällige Rücküberweisungen von Gebühren im Laufe des Verfahrens schneller und effizienter durchführen können.

Wir möchten Sie allerdings ausdrücklich darauf hinweisen, dass die Angabe der Bankverbindung freiwillig ist und ihre Verwendung an die unterfertigte Zustimmungserklärung gebunden ist.

Kontoinhaber (Name und Adresse):

Bankverbindung (Kontonummer und BLZ, bei nichtösterreichischen Banken: BIC-Code und IBAN-Nr.)

Zustimmungserklärung:

Ich/Wir stimme(n) zu, dass die Daten betreffend meiner(unserer) Bankverbindung zum Zweck der allfälligen Rücküberweisung von Gebühren vom Österreichischen Patentamt verwendet werden und deshalb auch an das kontoführende Bankinstitut des ÖPA (derzeit P.S.K.) weitergegeben werden können.

Ich(wir) nehme(n) zur Kenntnis, dass die Bekanntgabe der Bankverbindung fakultativ ist, die Anmeldeformulare der gesetzlichen Akteneinsicht unterliegen und dass ich(wir) diese Zustimmung jederzeit durch schriftliche Erklärung gegenüber dem Österreichischen Patentamt ohne Angabe von Gründen widerrufen kann (können).

Datum und Unterschrift:

*Beachten Sie bitte die **Erläuterung und Hinweise** in der angeschlossenen Ausfüllhilfe bzw. Checkliste !*

Gruppe Recht und Support

österreichisches
patentamt

Dresdner Straße 87
1200 Wien
Austria

www.patentamt.at

Tel.: +43 (1) 534 24 - 390 *(technischer Auskunftsdienst)*
       +43 (1) 534 24 - 391 *(juristischer Auskunftsdienst)*
       Mo.-Fr. 9:00 bis 14:00 Uhr

Bankverbindung
PSK Konto Nr. 5 160 000
BLZ 60 000

       +43 (1) 534 24 - 76 *(allgemeiner Auskunftsdienst)*
       Mo.-Fr. 9:00 bis 14:00 Uhr

Internationaler Zahlungsverkehr
BIC-Code: OPSKATWW

Fax.: +43 (1) 534 24 - 535 *(Anmeldestelle)*

IBAN-Nr. AT36 6000 0000 0516 0000

Erläuterungen und Hinweise

Über diese Ausfüllhilfe hinausgehende Anleitungen finden Sie im *Informationsblatt nationale Marken* und im *Gebühren-informationsblatt*. Alle diese Informationen, aktuelle Hinweise und die gültige Version dieses Formulars können auf der Website des Österreichischen Patentamts (*www.patentamt.at*) abgerufen werden. Beachten Sie bitte auch die *Checkliste* zur Erstellung ordnungsgemäßer Anmeldungsunterlagen am Ende der nachstehenden Ausfüllhilfe!

> **ACHTUNG:** Zahlen Sie bitte mit der Anmeldung keine Gebühr ein, Sie erhalten umgehend eine Eingangsbestätigung mit einer Gebühreninformation und einen Zahlschein mit aufgedrucktem Aktenzeichen samt Zahlungszweck. Bitte zahlen Sie *keinesfalls Schriftengebühren* im Voraus ein! Sämtliche Schriftengebühren werden Ihnen vom Österreichischen Patentamt bei Abschluss des Verfahrens bekannt gegeben.

Ausfüllhilfe

1.

Bitte geben Sie Ihren Namen und die vollständige Anschrift an. Falls ein Unternehmen/ein Verein als Anmelder auftritt, geben Sie den vollständigen Firmenwortlaut/Vereinsnamen gemäß der Eintragung im Firmenbuch (Handelsregister) bzw. Vereinsregister an. Besteht ein Firmenwortlaut ausschließlich aus einem bürgerlichen Namen, ist durch einen Zusatz (z.B. Firma) hervorzuheben, dass der Antragsteller im Rahmen seines Unternehmens auftritt. Mitglieder einer „GesnbR" sind einzeln mit Vor- und Zunamen anzuführen. Die Angabe des Geburtsdatums ist freiwillig, hilft dem Amt jedoch z.B. in Fällen von Zustellproblemen (ACHTUNG: Mit der Bekanntgabe des Geburtsdatums stimmen Sie zu, dass dieses – wie alle anderen Angaben auch – als Teil des Akteninhalts der Öffentlichkeit zugänglich wird).

2.

Wichtig: Für die rasche Klärung allfälliger Fragen seitens des Patentamtes sollten Sie Ihre Telefonnummer bzw. Ihre E-Mailadresse angeben.

3.

Achtung: Ein Vertreter ist nur anzuführen, wenn das Verfahren von diesem durchgeführt werden soll oder eine Vertreterbestellung zwingend erforderlich ist. So muss, wer in Österreich weder Wohnsitz noch Niederlassung hat, einen Vertreter bestellen. Dieser muss seine Adresse im Inland haben; für Rechtsanwälte, Patentanwälte und Notare gelten allerdings die berufsrechtlichen Vorschriften. Wer über keinen Wohnsitz oder keine Niederlassung in Österreich, wohl aber im EWR verfügt, kann statt eines Vertreters auch einen im Inland wohnhaften Zustellungsbevollmächtigten bestellen.

Personen, die firmenrechtlich vertretungsbefugt sind, wie Geschäftsführer, Prokuristen und Handlungsbevollmächtigte, sind nicht anzuführen.

4.

Ein(e) Zustellbevollmächtigte(r) (keine Firma!) ist autorisiert für den (die) Anmelder(in) Poststücke (RSb-Briefe) entgegenzunehmen.

5.

Die Bevollmächtigung ist durch Vorlage einer schriftlichen Vollmacht nachzuweisen (Original oder beglaubigte Kopie).

6.

gedanken.gut.geschützt.

Nur bei Rechtsanwälten, Patentanwälten oder Notaren genügt es, wenn sie sich auf eine erteilte Vollmacht berufen. In allen anderen Fällen ist eine Vollmacht vorzulegen.

7.

Eine Verbandsmarke ist ein Zeichen, das ein rechtsfähiger Verband für seine Mitglieder anmeldet. Die Verbandsmarke unterliegt erhöhten Gebührensätzen (siehe Gebühreninformationsblatt).

8.

In diesem Fall sind alle für die Registrierung der Marke vorgeschriebenen Gebühren (Anmelde-, Klassen-, Schutzdauer-, Veröffentlichungs- und Ausfertigungsgebühr) nach der Mitteilung des Aktenzeichens zu entrichten. Die Zusendung der Benachrichtigung über den Bestand von möglicherweise gleichen oder ähnlichen Marken (Ähnlichkeitsprotokoll) erfolgt erst mit der Registrierungsurkunde. Es wird daher empfohlen, sich vor der Anmeldung der Marke über den Bestand von älteren Marken zu erkundigen.

9.

Falls Sie dieselbe Marke für dieselben Waren und Dienstleistungen bereits im Ausland oder beim Harmonisierungsamt in Alicante erstmals angemeldet haben, können Sie den Anmeldetag dieser Erstanmeldung für Ihre nunmehrige Anmeldung beanspruchen, wenn das Anmeldedatum der Erstanmeldung maximal sechs Monate vor dem Anmeldetag Ihrer nunmehrigen Anmeldung liegt. Ihre Anmeldung wird dann so behandelt, als wäre sie bereits zum Zeitpunkt der Erstanmeldung eingereicht worden. Wenn Sie eine Priorität beanspruchen wollen, müssen Sie den Tag, das Land und das Aktenzeichen der Erstanmeldung angeben. Besteht ein Prioritätsrecht nur für einen Teil der beanspruchten Waren- und Dienstleistungen, so ist das Waren- und Dienstleistungsverzeichnis (vgl. FN 17) nach Prioritäten zu ordnen. Bitte fügen Sie in diesem Fall der Angabe von Tag, Land und Aktenzeichen den Vermerk „Teilpriorität" hinzu.

10.

Sofern ein anmeldendes Unternehmen nicht durch einen Anwalt/Rechts-/Notar oder eine durch Vollmacht (vgl. FN 6) als ihren Vertreter ausgewiesene physische Person vertreten wird, ist die Anmeldung durch die zur rechtsverbindlichen Unterfertigung für das anmeldende Unternehmen befugte/n Person/en (zB Geschäftsführer, Prokurist, Handlungsbevollmächtigter) zu unterzeichnen.

11.

Bei reinen WORTMARKEN ist in diesem Feld die Marke in BLOCKSCHRIFT anzugeben, bei allen übrigen Markenformen sind zusätzlich zu der Markendarstellung weitere 5 damit idente Markendarstellungen auf Papier (maximale Größe 8 cm x 8 cm) vorzulegen.

Achtung: Der bei der Anmeldung angegebene Markenwortlaut bzw. die vorgelegten Markendarstellungen können im späteren Verlauf des Verfahrens nicht mehr abgeändert werden.

12.

Wortmarken sind Marken, die ausschließlich aus Großbuchstaben oder Zahlen bestehen. Wenn die Marke eine besondere Schriftart oder Anordnung aufweist bzw. aus Groß- und Kleinbuchstaben besteht oder mit Sonderzeichen (z.B. @) gebildet wird, so liegt bereits eine Wortbildmarke vor.

13.

Wortbildmarken bestehen aus einer Kombination von Wort- und Bildbestandteilen bzw. graphisch gestalteten Elementen (z.B. Verwendung von Farben oder einer bestimmten Schriftart). Bildmarken bestehen lediglich aus Bildbestandteilen oder graphisch ausgestalteten Elementen (ohne Wortbestandteil).

14.

Eine körperliche Marke besteht aus einer dreidimensionalen Form. Ihre Wiedergabe erfolgt durch Vorlage zweidimensionaler Darstellungen. Falls zum besseren Verständnis erforderlich, kann eine Kurzbeschreibung der Marke als „Legende" angeführt werden.

15.

Eine Klangmarke ist eine akustisch wahrnehmbare Marke (z.B. ein unterscheidungskräftiges Geräusch oder eine kurze Melodie). Ihre graphische Darstellung erfolgt durch Vorlage von Markenbildern (Sonagramm oder Notenschrift), ihre akustische durch Vorlage einer Diskette.

16.

Dieses Feld bitte ankreuzen, wenn die Marke keiner der vorgenannten Markenarten zuzuordnen ist. In diesem Fall ist anzugeben, worin die Marke bestehen soll.

17.

*Die Waren und Dienstleistungen müssen nach der Klasseneinteilung des Abkommens von Nizza über die internationale Klassifikation von Waren und Dienstleistungen für die Eintragung von Marken (Klassifikation von Nizza) geordnet sein. Die für die Bezeichnung der Waren und Dienstleistungen zu verwendenden Begriffe sind vorzugsweise dieser Klassifikation zu entnehmen. **Die bloße Angabe der Klassennummern genügt nicht.** Ein Überblick über die Klassifikation liegt dem Informationsblatt nationale Marken bei. Unter den Internet-Adressen http://wdl.ipi.ch/DE/search.html bzw. http://www.dpma.de/suche/wdsuche/suchen.html bieten das*

gedanken.gut.geschützt.

Eidgenössische Institut für Geistiges Eigentum bzw. das Deutsche Patent- und Markenamt Online-Datenbanken an, die eine gezielte Abfrage einzelner Begriffe hinsichtlich ihrer Klassifizierung ermöglichen. Das Österreichische Patentamt behält sich jedoch in jedem Fall eine eigenständige Beurteilung des Waren- und Dienstleistungsverzeichnisses vor.

Sollte der am Anmeldeformular zur Verfügung stehende Platz nicht ausreichen, können Sie auch das Waren- und Dienstleistungsverzeichnis auf einem gesonderten Beiblatt (bitte in Maschinschrift) vorlegen.

18.

Der Hinweis auf die Vorlage eines identen Waren- und Dienstleistungsverzeichnisses zu einer früher eingereichten Anmeldung trägt zur Beschleunigung des Prüfungsverfahrens sowie zu einer einheitlichen Klassifizierung bei. Das Österreichische Patentamt ist jedoch an frühere Klassifizierungen nicht gebunden.

ACHTUNG: Die Anführung des Aktenzeichens/der Registernummer ersetzt keinesfalls die Wiedergabe der Waren und Dienstleistungsangaben mit Worten.

Beachten Sie bitte auch die nachstehende CHECKLISTE !

gedanken.gut.geschützt.

CHECKLISTE

Bevor Sie die Anmeldung einreichen, überprüfen Sie bitte anhand nachstehender Checkliste nochmals, ob Ihre Anmeldung jedenfalls nachstehend genannte Angaben und Beilagen enthält. Helfen Sie mit, Rechtsverluste und verfahrensverzögernde Rückfragen und Mängelbehebungen zu vermeiden.

Anmelder

> Wurde die Anmeldung der Marke für eine juristische Person vom Berechtigten unterfertigt? (FN 10)

Bei mehreren Anmeldern:
> Wurden alle Vor- und Zunamen sowie alle Adressen genannt?

> Haben alle Anmelder die Anmeldung unterfertigt? (Ausnahme: bei Unterfertigung durch einen gemeinsamen Vertreter)

Marke

> Haben Sie beachtet, dass das angemeldete Zeichen nach Überreichung der Anmeldung nicht mehr abgeändert werden kann? (Für Änderungen müsste eine gebührenpflichtige Neuanmeldung eingebracht werden)

> Senden Sie K E I N E Anmeldung, die eine F A R B I G E Markendarstellung enthält per FAX – das Datum der Faxsendung könnte nur der beim Amt eingehenden schwarz-weiß Darstellung, nicht jedoch der gewünschten farbigen Darstellung, als Prioritätsdatum zuerkannt werden.

> Haben Sie nur e i n e Marke genannt? (Mehrere Darstellungsvarianten erfordern jeweils eine gesonderte Anmeldung)

> Haben Sie die erforderlichen zusätzlichen 5 Markendarstellungen beigeschlossen? (Nicht notwendig bei Marken, die ausschließlich aus Großbuchstaben bestehen)

> Haben die Markenbilder das vorgeschriebene Aussehen/Format? (Max. 8 x 8 cm, idente Farbstellung, vorzugsweise auf Format geschnitten)

Waren- und Dienstleistungsverzeichnis

> Haben Sie die Waren und /oder Dienstleistungen, wofür die Marke geschützt werden soll mit Worten und unter Voranstellung der Klassennummer der Nizzaer Klassifikation angegeben?

(Bei Unklarheiten vgl. Sie bitte nochmals Randnummern 17 + 18 unserer Ausfüllhilfe zum Anmeldeformular)

gedanken.gut.geschützt.

Musteranmeldung (Einzelmuster)

▷ österreichisches patentamt

An das
Österreichische Patentamt
Dresdner Straße 87
1200 Wien

Antrag auf Registrierung
eines Musters

Bitte für amtliche Vermerke freihalten!

*Dieses Anmeldeformular ist **nur für Einzelanmeldungen** zu verwenden.*   (1)
*Bitte **fett umrandete Felder unbedingt** ausfüllen!*

     (Die eingeklammerten Zahlen verweisen auf Erläuterungen in der angeschlossenen Ausfüllhilfe)

Anmelder(in) *(Vor- u. Zunamen – ggf. Geburtsdatum/*   **Anschrift/en** *(Wohnadresse bzw. Unternehmenssitz)*   (2)
Firmenwortlaut sowie Firmenbuchnummer/Vereinsname)

Tel.:   FAX:
E-Mail: (3)

Vertreter(in)   *(bevollmächtigte Person, die den Anmelder bzw. die Anmelderin vor dem Patentamt vertritt)*   (4)

Ihr Zeichen:
☐ Vollmacht liegt bei   (5)   ☐ Vollmacht erteilt *(**nur** für Rechts-, Patentanwalt oder Notar)*   (6)

☐ Geheimmusteranmeldung   (7)

Beilagen:
Anzahl der Abbildungen: [＿＿] *(jeweils 2-fach)*, ☐ farbig ☐ schwarzweiß,   (8)
für die Veröffentlichung ausgewählt Nr.: [＿＿]

☐   Musterexemplar   (9)

☐   gesonderte Beschreibung

☐   gesondertes Warenverzeichnis *(wenn Platz im Formular nicht ausreicht)*

☐   Bankverbindung und Zustimmungserklärung (fakultativ)

*Weitere Daten bitte auf den **Folgeblättern** angeben!*

Seite 2 zur Musteranmeldung

Verzeichnis der Waren, für die das Muster bestimmt ist	(10)
Klasse	Ware(n)

Formular MU 1e – Einzelmusteranmeldung

Seite 3 zur Musteranmeldung

Es wird beantragt, folgende Person(en) als Schöpfer zu nennen   (11)
Name(n) und Adresse(n)   *Unterschrift(en)*

Mit der Unterschrift wird der Nennung als Schöpfer zugestimmt.

☐ Schöpfernennung in der Beilage   (12)

Beschreibung (maximal 100 Wörter)   (13)

Beanspruchte Priorität(en):   *Datum, Land, Aktenzeichen der Prioritätsanmeldung(en)*   (14)

Unterschrift(en) *(bei Unternehmen firmenmäßige Zeichnung)*:

Seite 4 zur Musteranmeldung

Bankverbindung

österreichisches
patentamt

Bitte geben Sie uns Ihre Bankverbindung bekannt, damit wir allfällige Rücküberweisungen von Gebühren im Laufe des Verfahrens schneller und effizienter durchführen können.

Wir möchten Sie allerdings ausdrücklich darauf hinweisen, dass die Angabe der Bankverbindung freiwillig ist und ihre Verwendung an die unterfertigte Zustimmungserklärung gebunden ist.

Kontoinhaber (Name und Adresse):

Bankverbindung (Kontonummer und BLZ, bei nichtösterreichischen Banken: BIC-Code und IBAN-Nr.)

Zustimmungserklärung:

Ich/Wir stimme(n) zu, dass die Daten betreffend meiner(unserer) Bankverbindung zum Zweck der allfälligen Rücküberweisung von Gebühren vom Österreichischen Patentamt verwendet werden und deshalb auch an das kontoführende Bankinstitut des ÖPA (derzeit P.S.K.) weitergegeben werden können.

Ich(wir) nehme(n) zur Kenntnis, dass die Bekanntgabe der Bankverbindung fakultativ ist, die Anmeldeformulare der gesetzlichen Akteneinsicht unterliegen und dass ich(wir) diese Zustimmung jederzeit durch schriftliche Erklärung gegenüber dem Österreichischen Patentamt ohne Angabe von Gründen widerrufen kann (können).

Datum und Unterschrift:

Ausfüllhilfe zum Einzelmusteranmeldungsformular - Seite 1

Erläuterungen und Hinweise zum Ausfüllen des Formulars

Kontakt zum Patentamt: Tel. 01 / 534 24 / FAX – 535 DW
                                     www.patentamt.at

> **ACHTUNG**: Seit 1.1.2003 ist bei Anmeldungen die **sofortige Zahlung** der Anmeldegebühr **nicht zulässig**.
> Das Österreichische Patentamt übermittelt Ihnen eine **Eingangsbestätigung** mit einer Gebühreninformation und einen Zahlschein mit aufgedrucktem Aktenzeichen samt Zahlungszweck.
> Bitte zahlen Sie **keinesfalls Schriftengebühren** im Voraus ein! Sämtliche Schriftengebühren werden Ihnen vom Österreichischen Patentamt **bei Abschluss des Verfahrens** bekannt gegeben.

Über diese Ausfüllhilfe hinausgehende Anleitungen finden Sie im Informationsblatt für Musteranmeldung und im Gebühreninformationsblatt. Alle diese Informationen, aktuelle Hinweise und die gültige Version dieses Formulars können auf der Website des Österreichischen Patentamts (www.patentamt.at) abgerufen werden.

Für Auskünfte steht Ihnen jeweils Mo-Fr von 9:00 bis 14:00 Uhr der allgemeine juristische Auskunftsdienst des Patentamtes (01/53424-391) zur Verfügung.

1   *Für Sammelanmeldungen sind beim Patentamt spezielle Formulare erhältlich.*

2   *Bitte geben Sie Ihren Namen und die vollständige Anschrift an.*

    Falls ein Unternehmen als Anmelder auftritt, geben Sie den vollständigen Firmenwortlaut gemäß der Eintragung im Firmenbuch (Handelsregister) an. Besteht ein Firmenwortlaut ausschließlich aus einem bürgerlichen Namen, ist durch einen Zusatz (z.B. Firma) hervorzuheben, dass der Antragsteller im Rahmen seines Unternehmens auftritt.

3   **Wichtig**: *Für die rasche Klärung allfälliger Fragen seitens des Patentamtes sollten Sie Ihre* **Telefonnummer** *bzw. Ihre* **E-Mailadresse** *angeben.*

4   **Achtung**: *Ein Vertreter ist nur anzuführen, wenn das Verfahren von diesem durchgeführt werden soll!*
    Wer in Österreich weder Wohnsitz (Sitz) noch Niederlassung hat, **muss** *einen in Österreich wohnhaften Vertreter oder einen in Österreich zur berufsmäßigen Parteienvertretung befugten Rechtsanwalt, Patentanwalt oder Notar bestellen. Sofern sich Wohnsitz oder Niederlassung im Europäischen Wirtschaftsraum befinden, genügt jedoch die Bestellung eines in Österreich wohnhaften Zustellungsbevollmächtigten.*
    Personen, die firmenrechtlich vertretungsbefugt sind, wie Geschäftsführer, Prokuristen und Handlungsbevollmächtigte, sind nicht anzuführen.

5   *Die Bevollmächtigung ist durch Vorlage einer schriftlichen Vollmacht nachzuweisen (Original oder beglaubigte Kopie).*

6   *Nur ein Rechtsanwalt, Patentanwalt oder Notar kann sich auf eine Vollmacht berufen. In allen anderen Fällen ist eine Vollmacht vorzulegen.*

7   *Sind Sie an einer möglichst langen Geheimhaltung Ihres Musters interessiert (z.B. bei Saisonartikeln), dann können Sie eine* **Geheimmusteranmeldung** *einreichen.*
    Für eine Geheimmusteranmeldung ist ein **50 %-iger Zuschlag zur Anmeldegebühr** *zu zahlen.*
    Mit einer Geheimmusteranmeldung ist immer ein **verspäteter Schutzbeginn** *(um höchstens 18 Monate) verbunden.*
    Bei einer Geheimmusteranmeldung sind die Musterabbildungen und gegebenenfalls das Musterexemplar und/oder die Beschreibung **in einem fest verschlossenen Umschlag zu überreichen**.

8   *Bei der Anmeldung ist* **mindestens eine Abbildung** *(2-fach) vorzulegen. Zur Veranschaulichung der Muster können bis zu zehn verschiedene Abbildungen desselben Gegenstandes (je 2-fach) überreicht werden.*
    Die Abbildungen sollen das Muster möglichst ohne Beiwerk (Umrandungen, Maßangaben etc.) deutlich wiedergeben, das heißt die Abbildungen sollen **nur** *das Muster vor neutralem Hintergrund darstellen.*
    Bei **Vorlage mehrerer Abbildungen** *sind diese auf der Rückseite fortlaufend zu nummerieren, sofern nicht mehrere Zeichnungen auf einem gemeinsamen Blatt ausgeführt sind. In diesem Fall hat die Nummerierung unter eindeutiger Zuordnung zur jeweiligen Abbildung auf der Vorderseite des Blattes zu erfolgen.*
    Als Musterabbildungen sind **Fotos** **<u>oder</u>** **Zeichnungen** *in Farbe oder schwarzweiß zu verwenden.*
    Zeichnungen sind auf Blättern auszuführen, die nicht größer als Format A4 sein dürfen. Fotos dürfen nicht größer als 21 cm x 14,8 cm sein.
    Die Zahl der Abbildungen sowie die Nummer der zur Veröffentlichung im Musteranzeiger vorgesehenen Abbildung sind anzugeben.

9   *Ein Musterexemplar ist nicht erforderlich, kann allerdings neben der(n) Musterabbildung(en) überreicht werden, wenn der Anmelder dies zur eindeutigen Offenbarung des Musters für nötig hält.*

Ausfüllhilfe zum Einzelmusteranmeldungsformular - Seite 2

---

10 Die Waren, für die das Muster bestimmt ist, sind geordnet nach der Einteilung der Klassen und Unterklassen des Abkommens von Locarno, anzuführen. Zur Bezeichnung der Waren sind vorzugsweise Begriffe zu verwenden, die in der Warenliste des Abkommens enthalten sind. Die Einteilung der Klassen und Unterklassen finden sie im Merkblatt für die Musteranmeldung.
Die jeweiligen Klassen und Unterklassen sind wie folgt anzugeben: z. B. 1-3 oder 10-99.
Die bloße Angabe der Klassen oder Unterklassen genügt nicht.
Reicht der Platz im Formular nicht aus, so ist das Warenverzeichnis als gesonderte Beilage (Blätter im Format A4, einseitig beschrieben) anzuschließen.

11 Hier können Sie den oder die Schöpfer des Musters (Designer) anführen, wenn diese(r) im Musterregister, bei der Veröffentlichung des Musters und in den vom Patentamt auszustellenden Prioritätsbelegen als Schöpfer genannt werden soll(en).
*Wird im Anmeldeformular ein vom Anmelder verschiedener Schöpfer genannt, so muss dieser zum Zeichen der Zustimmung zu seiner Nennung als Schöpfer am Formular unterschreiben. Andernfalls ist eine Zustimmungserklärung zur Schöpfernennung nachzureichen. Werden mehrere Schöpfer genannt, so müssen entweder **alle** am Formular oder alle auf einer gesonderten Zustimmungserklärung unterschreiben.*

12 Beachten Sie, dass eine vom Antragsformular getrennte Schöpfernennung als Beilage vergebührt wird.

13 Zur Erläuterung des Musters kann eine Beschreibung erfolgen. Bei einer Geheimmusteranmeldung ist die Beschreibung auf einem gesonderten Blatt (Format A4) vorzulegen.

*14 Falls Sie dasselbe Muster bereits früher in einem anderen Land als Österreich angemeldet haben, können Sie den Anmeldetag dieser Erstanmeldung für Ihre nunmehrige Anmeldung beanspruchen, wenn das Anmeldedatum der Erstanmeldung maximal sechs Monate vor dem Anmeldetag Ihrer nunmehrigen Anmeldung liegt. Ihre Anmeldung wird dann so behandelt, als wäre sie bereits zum Zeitpunkt der Erstanmeldung eingereicht worden. Wenn Sie eine Priorität beanspruchen wollen, müssen Sie den **Tag**, das **Land** und das **Aktenzeichen** der Erstanmeldung angeben.*

Musteranmeldung (Sammelmuster)

österreichisches
patentamt

An das
Österreichische Patentamt
Dresdner Straße 87
1200 Wien

Antrag auf Registrierung von
Mustern

Bitte für amtliche Vermerke freihalten!

*Dieses Anmeldeformular ist **nur für Sammelanmeldungen** zu verwenden.*   (1)
*Bitte **fett umrandete Felder unbedingt** ausfüllen!*
    (Die eingeklammerten Zahlen verweisen auf Erläuterungen in der angeschlossenen Ausfüllhilfe)

Anmelder(in) *(Vor- u. Zunamen - ggf. Geburtsdatum/*   **Anschrift/en** *(Wohnadresse bzw. Unternehmenssitz)*   (2)
Firmenwortlaut sowie Firmenbuchnummer/Vereinsname)

Tel.:   FAX:
E-Mail: (3)

Vertreter(in)   *(bevollmächtigte Person, die den Anmelder bzw. die Anmelderin vor dem Patentamt vertritt)*   (4)

Ihr Zeichen:
☐ Vollmacht liegt bei   (5)   ☐ Vollmacht erteilt *(**nur** für Rechts-, Patentanwalt oder Notar)*   (6)

☐ Geheimmusteranmeldung   (7)

Beilagen:
Anzahl der Beiblätter: *(samt Beilagen)*   (8)
☐ Bankverbindung und Zustimmungserklärung (fakultativ)

Unterschrift(en) *(bei Unternehmen firmenmäßige Zeichnung)*:

Bankverbindung

österreichisches
patentamt

Bitte geben Sie uns Ihre Bankverbindung bekannt, damit wir allfällige Rücküberweisungen von Gebühren im Laufe des Verfahrens schneller und effizienter durchführen können.

Wir möchten Sie allerdings ausdrücklich darauf hinweisen, dass die Angabe der Bankverbindung freiwillig ist und ihre Verwendung an die unterfertigte Zustimmungserklärung gebunden ist.

Kontoinhaber (Name und Adresse):

Bankverbindung (Kontonummer und BLZ, bei nichtösterreichischen Banken: BIC-Code und IBAN-Nr.)

Zustimmungserklärung:

Ich/Wir stimme(n) zu, dass die Daten betreffend meiner(unserer) Bankverbindung zum Zweck der allfälligen Rücküberweisung von Gebühren vom Österreichischen Patentamt verwendet werden und deshalb auch an das kontoführende Bankinstitut des ÖPA (derzeit P.S.K.) weitergegeben werden können.

Ich(wir) nehme(n) zur Kenntnis, dass die Bekanntgabe der Bankverbindung fakultativ ist, die Anmeldeformulare der gesetzlichen Akteneinsicht unterliegen und dass ich(wir) diese Zustimmung jederzeit durch schriftliche Erklärung gegenüber dem Österreichischen Patentamt ohne Angabe von Gründen widerrufen kann (können).

Datum und Unterschrift:

Beiblatt zur Sammelmusteranmeldung Seite 1

Beiblatt Nr. (9)

Verzeichnis der Waren, für die das Muster bestimmt ist (10)

Klasse	Ware(n)

Es wird beantragt, folgende Person(en) als Schöpfer zu nennen (11)

Name(n) und Adresse(n)   *Unterschrift(en)*

Mit der Unterschrift wird der Nennung als Schöpfer zugestimmt.

☐ Schöpfernennung in der Beilage (12)

Beanspruchte Priorität(en): *Datum, Land, Aktenzeichen der Prioritätsanmeldung(en)* (13)

Beschreibung (maximal 100 Wörter) (14)

Beilagen:

Anzahl der Abbildungen: ☐ *(jeweils 2-fach)*, ☐ farbig ☐ schwarzweiß, (15)

für die Veröffentlichung ausgewählt Nr.: ☐

☐ Musterexemplar (16)

☐ gesonderte Beschreibung

☐ gesondertes Warenverzeichnis *(wenn Platz im Formular nicht ausreicht)*

Ausfüllhilfe zum Sammelmusteranmeldungsformular - Seite 1

Erläuterungen und Hinweise zum Ausfüllen des Formulars sowie der Beiblätter

Kontakt zum Patentamt: Tel. 01 / 534 24 / FAX – 535 DW
                              www.patentamt.at

> **ACHTUNG**: Seit 1.1.2003 ist bei Anmeldungen die **sofortige Zahlung** der Anmeldegebühr **nicht zulässig**.
> Das Österreichische Patentamt übermittelt Ihnen eine **Eingangsbestätigung** mit einer Gebühreninformation und
> einen Zahlschein mit aufgedrucktem Aktenzeichen samt Zahlungszweck.
> Bitte zahlen Sie **keinesfalls Schriftengebühren** im Voraus ein! Sämtliche Schriftengebühren werden Ihnen vom
> Österreichischen Patentamt **bei Abschluss des Verfahrens** bekannt gegeben.

*Über diese Ausfüllhilfe hinausgehende Anleitungen finden Sie im Informationsblatt für Musteranmeldung und im Gebühreninformationsblatt. Alle diese Informationen, aktuelle Hinweise und die gültige Version dieses Formulars können auf der Website des Österreichischen Patentamts (**www.patentamt.at**) abgerufen werden.*

Für Auskünfte steht Ihnen jeweils Mo-Fr von 9:00 bis 14:00 Uhr der allgemeine juristische Auskunftsdienst des Patentamtes (01/53424-391) zur Verfügung.

---

1   *Für Einzelanmeldungen sind beim Patentamt spezielle Formulare erhältlich.*

    Das Anmeldeformular für Sammelanmeldungen ist nur gemeinsam mit den Beiblättern für Sammelanmeldungen zu verwenden, und zwar ein Anmeldeformular pro Sammelanmeldung und ein Beiblatt für jedes der in der Sammelanmeldung zusammengefassten Muster. In einer Sammelanmeldung können bis zu 50 Muster, die derselben Klasse angehören (verschiedene Unterklassen möglich), zusammengefasst werden.

2   *Bitte geben Sie Ihren Namen und die vollständige Anschrift an.*

    Falls ein Unternehmen als Anmelder auftritt, geben Sie den vollständigen Firmenwortlaut gemäß der Eintragung im Firmenbuch (Handelsregister) an. Besteht ein Firmenwortlaut ausschließlich aus einem bürgerlichen Namen, ist durch einen Zusatz (z.B. Firma) hervorzuheben, dass der Antragsteller im Rahmen seines Unternehmens auftritt.

3   **Wichtig**: *Für die rasche Klärung allfälliger Fragen seitens des Patentamtes sollten Sie Ihre **Telefonnummer** bzw. Ihre **E-Mailadresse** angeben.*

4   **Achtung:** *Ein Vertreter ist nur anzuführen, wenn das Verfahren von diesem durchgeführt werden soll! Wer in Österreich weder Wohnsitz (Sitz) noch Niederlassung hat, **muss** einen in Österreich wohnhaften Vertreter oder einen in Österreich zur berufsmäßigen Parteienvertretung befugten Rechtsanwalt, Patentanwalt oder Notar bestellen. Sofern sich Wohnsitz oder Niederlassung im Europäischen Wirtschaftsraum befinden, genügt jedoch die Bestellung eines in Österreich wohnhaften Zustellungsbevollmächtigten.*

    Personen, die firmenrechtlich vertretungsbefugt sind, wie Geschäftsführer, Prokuristen und Handlungsbevollmächtigte, sind nicht anzuführen.

5   *Die Bevollmächtigung ist durch Vorlage einer schriftlichen Vollmacht nachzuweisen (Original oder beglaubigte Kopie).*

6   *Nur ein Rechtsanwalt, Patentanwalt oder Notar kann sich auf eine Vollmacht berufen. In allen anderen Fällen ist eine Vollmacht vorzulegen.*

7   *Sind Sie an einer möglichst langen Geheimhaltung Ihrer Muster interessiert (z.B. bei Saisonartikeln), dann könne Sie eine **Geheimmusteranmeldung** einreichen.*

    *Für eine Geheimmusteranmeldung ist ein **50 %-iger Zuschlag zur Anmeldegebühr** zu zahlen. Mit einer Geheimmusteranmeldung ist immer ein **verspäteter Schutzbeginn** (um höchstens 18 Monate) verbunden.*

    *Bei einer Geheimmusteranmeldung sind die Musterabbildungen und gegebenenfalls das Musterexemplar und/oder die Beschreibung für jedes Muster **in einem fest verschlossenen Umschlag zu überreichen**. Die in einer Sammelanmeldung zusammengefassten Muster müssen entweder alle offen oder alle als Geheimmuster überreicht werden.*

8   *Geben Sie die Anzahl der Beiblätter hier an. Die Beilagen der Beiblätter sind im jeweiligen Beiblatt anzugeben.*

9   *Die mit dem Anmeldeformular überreichten Beiblätter sind mit "1" beginnend fortlaufend zu nummerieren. Die Beilagen zu den Beiblättern (z.B. gesonderte Beschreibung, gesondertes Warenverzeichnis) sind mit derselben Zahl zu versehen wie das Beiblatt zu dem sie gehören. Zur Kennzeichnung der Abbildungen siehe Anmerkung 16.*

10   *Die Waren, für die das Muster bestimmt ist, sind geordnet nach der Einteilung der Klassen und Unterklassen des Abkommens von Locarno, anzuführen. Zur Bezeichnung der Waren sind vorzugsweise Begriffe zu*

Ausfüllhilfe zum Sammelmusteranmeldungsformular – Seite 2

verwenden, die in der Warenliste des Abkommens enthalten sind. Die Einteilung der Klassen und Unterklassen finden sie im Merkblatt für die Musteranmeldung.
Die jeweiligen Klassen und Unterklassen sind wie folgt anzugeben: z. B. 1-3 oder 10-99.
Die bloße Angabe der Klassen oder Unterklassen genügt nicht.
Reicht der Platz im Formular nicht aus, so ist das Warenverzeichnis als gesonderte Beilage (Blätter im Format A4, einseitig beschrieben) anzuschließen.

11 Hier können Sie den oder die Schöpfer des Musters (Designer) anführen, wenn diese(r) im Musterregister, bei der Veröffentlichung des Musters und in den vom Patentamt auszustellenden Prioritätsbelegen als Schöpfer genannt werden soll(en).
Wird im Anmeldeformular ein vom Anmelder verschiedener Schöpfer genannt, so muss dieser zum Zeichen der Zustimmung zu seiner Nennung als Schöpfer am Formular unterschreiben. Andernfalls ist eine Zustimmungserklärung zur Schöpfernennung nachzureichen. Werden mehrere Schöpfer genannt, so müssen entweder **alle** am Formular oder alle auf einer gesonderten Zustimmungserklärung unterschreiben.

12 Beachten Sie, dass eine vom Antragsformular getrennte Schöpfernennung als Beilage vergebührt wird.

13 Falls Sie dasselbe Muster bereits früher in einem anderen Land als Österreich angemeldet haben, können Sie den Anmeldetag dieser Erstanmeldung für Ihre nunmehrige Anmeldung beanspruchen, wenn das Anmeldedatum der Erstanmeldung maximal sechs Monate vor dem Anmeldetag Ihrer nunmehrigen Anmeldung liegt. Ihre Anmeldung wird dann so behandelt, als wäre sie bereits zum Zeitpunkt der Erstanmeldung eingereicht worden. Wenn Sie eine Priorität beanspruchen wollen, müssen Sie den **Tag**, das **Land** und das **Aktenzeichen** der Erstanmeldung angeben.

14 Zur Erläuterung des Musters kann eine Beschreibung erfolgen. Bei einer Geheimmusteranmeldung ist die Beschreibung auf einem gesonderten Blatt (Format A4) vorzulegen.

15 Bei der Anmeldung ist **mindestens eine Abbildung** pro Muster (2-fach) vorzulegen. Zur Veranschaulichung der Muster können pro Muster bis zu zehn verschiedene Abbildungen desselben Gegenstandes (je 2-fach) überreicht werden
Die Abbildungen sollen das Muster möglichst ohne Beiwerk (Umrandungen, Maßangaben etc.) deutlich wiedergeben, das heißt die Abbildungen sollen **nur** das Muster vor neutralem Hintergrund darstellen.
Bei Vorlage mehrerer Abbildungen sind diese mit der Nummer des betreffenden Beiblattes sowie - durch einen Schrägstrich getrennt - mit der Nummer der Abbildung zu kennzeichnen (z.B. 2/4 für Beiblatt 2 Abbildung 4). Die Kennzeichnung hat auf der Rückseite zu erfolgen, sofern nicht mehrere Zeichnungen auf einem gemeinsamen Blatt ausgeführt sind. In diesem Fall hat die Nummerierung unter eindeutiger Zuordnung zur jeweiligen Abbildung auf der Vorderseite des Blattes zu erfolgen.
Als Musterabbildungen sind **Fotos oder Zeichnungen** in Farbe oder schwarzweiß zu verwenden. Zeichnungen sind auf Blättern auszuführen, die nicht größer als Format A4 sein dürfen. Fotos dürfen nicht größer als 21 cm x 14,8 cm sein.
Die Zahl der Abbildungen sowie die Nummer der zur Veröffentlichung im Musteranzeiger vorgesehenen Abbildung sind anzugeben.

16 Ein Musterexemplar ist nicht erforderlich, kann allerdings neben der(n) Musterabbildung(en) überreicht werden, wenn der Anmelder dies zur eindeutigen Offenbarung des Musters für nötig hält.

Beiblatt zur Sammelmusteranmeldung

österreichisches patentamt

Seite 1

Beiblatt Nr.	(10)

Verzeichnis der Waren, für die das Muster bestimmt ist (11)

Klasse	Ware(n)

Es wird beantragt, folgende Person(en) als Schöpfer zu nennen (12)

Name(n) und Adresse(n)   *Unterschrift(en)*

Mit der Unterschrift wird der Nennung als Schöpfer zugestimmt.

☐ Schöpfernennung in der Beilage (13)

Beanspruchte Priorität(en): *Datum, Land, Aktenzeichen der Prioritätsanmeldung(en)* (14)

Beschreibung (maximal 100 Wörter) (15)

Beilagen: (16)

Anzahl der Abbildungen: ☐ *(jeweils 2-fach),* ☐ farbig ☐ schwarzweiß,
für die Veröffentlichung ausgewählt Nr.: ☐

☐ Musterexemplar (17)

☐ gesonderte Beschreibung

☐ gesondertes Warenverzeichnis *(wenn Platz im Formular nicht ausreicht)*

Dresdner Straße 87 | Postfach 95 | 1200 Wien
www.patentamt.at | info@patentamt.at

Juristischer Auskunftsdienst (Mo-Fr 9-14 Uhr):
Telefon +43 1 534 24 391

österreichisches
patentamt

Nizzaer Klassifikation, 9. Auflage
Klasseneinteilung mit erläuternden Anmerkungen

WAREN

KLASSE 1

Chemische Erzeugnisse für gewerbliche, wissenschaftliche, fotografische, land-, garten- und forstwirtschaftliche Zwecke;

Kunstharze im Rohzustand, Kunststoffe im Rohzustand;

Düngemittel;

Feuerlöschmittel;

Mittel zum Härten und Löten von Metallen;

chemische Erzeugnisse zum Frischhalten und Haltbarmachen von Lebensmitteln;

Gerbmittel;

Klebstoffe für gewerbliche Zwecke.

Erläuternde Anmerkung:
Klasse 1 enthält im Wesentlichen chemische Erzeugnisse für gewerbliche, wissenschaftliche und landwirtschaftliche Zwecke, einschließlich solcher, die zur Herstellung von Erzeugnissen dienen, die in andere Klassen fallen.

Diese Klasse enthält insbesondere:
- Kompost, Mulch (als Düngemittel);
- Salz zum Konservieren, nicht für Lebensmittel.

Diese Klasse enthält insbesondere nicht:
- Naturharze im Rohzustand (Kl. 2);
- chemische Erzeugnisse für die medizinische Wissenschaft (Kl. 5);
- Fungizide, Herbizide und Mittel zur Vertilgung von schädlichen Tieren (Kl. 5);
- Klebstoffe für Papier- und Schreibwaren oder für Haushaltszwecke (Kl. 16);
- Salz zum Frischhalten und Haltbarmachen von Lebensmitteln (Kl. 30);
- Mulch (Humusabdeckung) (Kl. 31).

KLASSE 2

Farben, Firnisse, Lacke;

Rostschutzmittel, Holzkonservierungsmittel;

Färbemittel;

Beizen;

gedanken.gut.geschützt.

Nizzaer Klassifikation,
1:9:2008

österreichisches
patentamt

Naturharze im Rohzustand;

Blattmetalle und Metalle in Pulverform für Maler, Dekorateure, Drucker und Künstler.

Erläuternde Anmerkung:
Klasse 2 enthält im Wesentlichen Farbanstrichmittel, Färbemittel und Korrosionsschutzmittel.

Diese Klasse enthält insbesondere:
- Farben, Firnisse und Lacke für gewerbliche Zwecke, Handwerk und Künste;
- Färbemittel für Kleidungsstücke;
- Farben für Lebensmittel und Getränke.

Diese Klasse enthält insbesondere nicht:
- Kunstharze im Rohzustand (Kl. 1);
- Farben für die Wäsche (Kl. 3);
- Färbemittel für die Schönheitspflege (Kl. 3);
- Farbkästen (Schulbedarf) (Kl. 16);
- Isolierfarbanstrichmittel und Isolierlacke (Kl. 17);

KLASSE 3

Wasch- und Bleichmittel;

Putz-, Polier-, Fettentfernungs- und Schleifmittel;

Seifen;

Parfümeriewaren, ätherische Öle, Mittel zur Körper- und Schönheitspflege, Haarwässer;

Zahnputzmittel.

Erläuternde Anmerkung:
Klasse 3 enthält im Wesentlichen Putzmittel und Mittel für die Körper- und Schönheitspflege.

Diese Klasse enthält insbesondere:
- Desodorierungsmittel für den persönlichen Gebrauch (Parfümeriewaren);
- Präparate für die Gesundheitspflege, so weit es sich um Mittel zur Körper- und Schönheits-
  pflege handelt.

Diese Klasse enthält insbesondere nicht:
- chemische Mittel zum Reinigen von Schornsteinen (Kl. 1);
- Fettentfernungsmittel zur Verwendung bei Herstellungsverfahren (Kl. 1);
- Desodorierungsmittel, außer für den persönlichen Gebrauch (Kl. 5).
- Handschleifsteine oder -scheiben (Kl. 8);

KLASSE 4

Technische Öle und Fette;

Schmiermittel;

Staubabsorbierungs-, Staubbenetzungs- und Staubbindemittel;

Brennstoffe (einschließlich Motorentreibstoffe) und Leuchtstoffe;

Kerzen und Dochte für Beleuchtungszwecke.

Erläuternde Anmerkung:
Klasse 4 enthält im Wesentlichen technische Öle und Fette, Brennstoffe und Leuchtstoffe.

Diese Klasse enthält insbesondere nicht:
- bestimmte technische Spezialöle und -fette (siehe alphabetische Warenliste).

KLASSE 5

Pharmazeutische und veterinärmedizinische Erzeugnisse;

Hygienepräparate für medizinische Zwecke;

diätetische Erzeugnisse für medizinische Zwecke, Babykost;

Pflaster, Verbandsmaterial;

Zahnfüllmittel und Abdruckmassen für zahnärztliche Zwecke;

Desinfektionsmittel;

Mittel zur Vertilgung von schädlichen Tieren;

Fungizide, Herbizide.

Erläuternde Anmerkung:
Klasse 5 enthält im Wesentlichen pharmazeutische Erzeugnisse und andere Erzeugnisse für medizinische Zwecke.

Diese Klasse enthält insbesondere:
- Hygienepräparate für den persönlichen Gebrauch, ausgenommen Kosmetikartikel;
- Desodorierungsmittel, außer für den persönlichen Gebrauch;
- tabakfreie Zigaretten für medizinische Zwecke.

Diese Klasse enthält insbesondere nicht:
- Präparate für die Gesundheitspflege als Mittel zur Körper- und Schönheitspflege (Kl. 3);
- Desodorierungsmittel für den persönlichen Gebrauch (Parfümeriewaren (Kl. 3));
- Orthopädische Bandagen (Kl. 10).

KLASSE 6

Unedle Metalle und deren Legierungen;

Baumaterialien aus Metall;

transportable Bauten aus Metall;

Schienenbaumaterial aus Metall;

Kabel und Drähte aus Metall (nicht für elektrische Zwecke);

Schlosserwaren und Kleineisenwaren;

Metallrohre;

Geldschränke;

Waren aus Metall, so weit sie nicht in anderen Klassen enthalten sind;

Erze.

österreichisches
patentamt

Erläuternde Anmerkung:

Klasse 6 enthält im Wesentlichen rohe und teilweise bearbeitete unedle Metalle sowie hieraus hergestellte einfache Erzeugnisse.

Diese Klasse enthält insbesondere nicht:
- Bauxit (Kl. 1).
- Quecksilber, Antimon, Alkalimetalle und Erdalkalimetalle (Kl. 1);
- Blattmetalle und Metalle in Pulverform für Maler, Dekorateure, Drucker und Künstler (Kl. 2);

KLASSE 7

Maschinen und Werkzeugmaschinen;

Motoren (ausgenommen Motoren für Landfahrzeuge);

Kupplungen und Vorrichtungen zur Kraftübertragung (ausgenommen solche für Landfahrzeuge);

Nicht handbetätigte landwirtschaftliche Geräte;

Brutapparate für Eier.

Erläuternde Anmerkung:

Klasse 7 enthält im Wesentlichen Maschinen, Werkzeugmaschinen und Motoren.

Diese Klasse enthält insbesondere:
- Teile von Motoren (aller Art);
- elektrische Reinigungsmaschinen und -geräte

Diese Klasse enthält insbesondere nicht:
- bestimmte Spezialmaschinen und spezielle Werkzeugmaschinen (siehe alphabetische Warenliste);
- handbetätigte Werkzeuge und Geräte (Kl. 8);
- Motoren für Landfahrzeuge (Kl. 12);

KLASSE 8

Handbetätigte Werkzeuge und Geräte;

Messerschmiedewaren, Gabeln und Löffel;

Hieb- und Stichwaffen;

Rasierapparate.

Erläuternde Anmerkung:

Klasse 8 enthält im Wesentlichen handbetätigte Werkzeuge und Geräte, die in verschiedenen Berufen als Werkzeuge verwendet werden.

Diese Klasse enthält insbesondere:
- Messerschmiedewaren, Gabeln und Löffel aus Edelmetallen;
- elektrische Rasierapparate, Haarschneide- und Schermaschinen (Handinstrumente) und Nagelschneidegeräte.

Diese Klasse enthält insbesondere nicht:
- bestimmte Spezialinstrumente (siehe alphabetische Warenliste);
- von einem Motor angetriebene Werkzeugmaschinen und Geräte (Kl. 7);

Nizzaer Klassifikation,
1:9:2008

österreichisches
patentamt

- chirurgische Messer (Kl. 10);
- Papiermesser (Kl. 16);
- Fechtwaffen (Kl. 28).

KLASSE 9

Wissenschaftliche, Schifffahrts-, Vermessungs-, fotografische, Film-, optische, Wäge-, Mess-, Signal-, Kontroll-, Rettungs- und Unterrichtsapparate und -instrumente;

Apparate und Instrumente zum Leiten, Schalten, Umwandeln, Speichern, Regeln und Kontrollieren von Elektrizität;

Geräte zur Aufzeichnung, Übertragung und Wiedergabe von Ton und Bild;

Magnetaufzeichnungsträger, Schallplatten;

Verkaufsautomaten und Mechaniken für geldbetätigte Apparate;

Registrierkassen, Rechenmaschinen, Datenverarbeitungsgeräte und Computer;

Feuerlöschgeräte

Erläuternde Anmerkung:

Diese Klasse enthält insbesondere:
- Apparate und Instrumente für die wissenschaftliche Forschung in Laboratorien;
- Apparate und Instrumente für die Steuerung von Schiffen, wie Apparate und Instrumente zum Messen und zur Übermittlung von Befehlen;
- Folgende elektrische Apparate und Instrumente:
    (a) bestimmte elektrothermische Werkzeuge und Apparate, wie elektrische Lötkolben, elektrische Bügeleisen, die, wenn sie nicht elektrisch wären, in Kl. 8 eingeordnet würden;
    (b) Apparate und Geräte, die, wenn sie nicht elektrisch wären, in verschiedene Klassen eingeordnet würden, wie: elektrisch beheizte Bekleidungsstücke, Zigarettenanzünder für Kraftfahrzeuge;
- Winkelmesser (Messinstrumente);
- Lochkarten-Büromaschinen;
- Unterhaltungsgeräte als Zusatzgeräte für externen Bildschirm oder Monitor;
- Computerprogramme und Software, ungeachtet des Aufzeichnungs- oder Ausstrahlungsmediums, d.h. Software, die auf ein magnetisches Medium aufgezeichnet oder von einem externen Computernetzwerk heruntergeladen werden kann.

Diese Klasse enthält insbesondere nicht:
- Folgende elektrische Apparate und Instrumente:
    (a) elektromechanische Apparate für die Küche (Mahl- und Mischapparate für Nahrungsmittel, Fruchtpressen, elektrische Kaffeemühlen usw.) und bestimmte andere, von einem elektrischen Motor angetriebene Apparate und Instrumente, die in die Klasse 7 fallen;
    (b) elektrische Rasierapparate, Haarschneide- und Schermaschinen (Handinstrumente) und Nagelschneidegeräte (Kl. 8);
    (c) elektrische Zahnbürsten und Kämme (Kl. 21);
    (d) elektrische Geräte für die Raumheizung oder für das Erhitzen von Flüssigkeiten, elektrische Koch- und Lüftungsgeräte usw. (Kl. 11);
- Uhren und andere Zeitmessinstrumente (Kl. 14);
- Kontrolluhren (Kl. 14).

österreichisches
patentamt

KLASSE 10

Chirurgische, ärztliche, zahn- und tierärztliche Instrumente und Apparate, künstliche Gliedmaßen, Augen und Zähne;

orthopädische Artikel;

chirurgisches Nahtmaterial.

Erläuternde Anmerkung:
Klasse 10 enthält im Wesentlichen medizinische Apparate, Instrumente und Artikel.

Diese Klasse enthält insbesondere:
- Spezialmobiliar für medizinische Zwecke;
- bestimmte Hygieneartikel aus Gummi (siehe alphabetische Warenliste);
- orthopädische Bandagen.

KLASSE 11

Beleuchtungs-, Heizungs-, Dampferzeugungs-, Koch-, Kühl-, Trocken-, Lüftungs- und Wasserleitungsgeräte sowie sanitäre Anlagen.

Erläuternde Anmerkung:
Diese Klasse enthält insbesondere:
- Klimageräte;
- elektrische oder nicht elektrische Wärmflaschen und Bettwärmer;
- elektrische Heizkissen und Heizdecken, nicht für medizinische Zwecke;
- elektrische Wasserkessel;
- elektrische Kochgeräte.

Diese Klasse enthält insbesondere nicht:
- Dampferzeugungsgeräte (Maschinenteile) (Kl. 7);
- elektrisch beheizte Bekleidungsstücke (Kl. 9).

KLASSE 12

Fahrzeuge;

Apparate zur Beförderung auf dem Lande, in der Luft oder auf dem Wasser.

Erläuternde Anmerkung:
Diese Klasse enthält insbesondere:
- Motoren für Landfahrzeuge;
- Kupplungen und Vorrichtungen zur Kraftübertragung für Landfahrzeuge;
- Luftkissenfahrzeuge.

Diese Klasse enthält insbesondere nicht:
- bestimmte Fahrzeugteile (siehe alphabetische Warenliste);
- Schienenbaumaterial aus Metall (Kl. 6);
- Motoren, Kupplungen und Vorrichtungen zur Kraftübertragung, ausgenommen solche für Landfahrzeuge (Kl. 7);
- Motorenteile aller Art (Kl. 7).

österreichisches
patentamt

KLASSE 13

Schusswaffen;

Munition und Geschosse;

Sprengstoffe;

Feuerwerkskörper.

Erläuternde Anmerkung:
Klasse 13 enthält im Wesentlichen Schusswaffen und pyrotechnische Erzeugnisse.

Diese Klasse enthält insbesondere nicht:
- Streichhölzer (Kl. 34).

KLASSE 14

Edelmetalle und deren Legierungen sowie daraus hergestellte oder damit plattierte Waren, so weit sie nicht in anderen Klassen enthalten sind;

Juwelierwaren, Schmuckwaren, Edelsteine; Uhren und Zeitmessinstrumente.

Erläuternde Anmerkung:
Klasse 14 enthält im Wesentlichen Edelmetalle und daraus hergestellte Gegenstände soweit sie nicht in anderen Klassen enthalten sind, sowie, allgemein, Juwelierwaren, Schmuckwaren und Uhren.

Diese Klasse enthält insbesondere:
- echte und unechte Schmuckwaren;
- Manschettenknöpfe, Krawattennadeln.

Diese Klasse enthält insbesondere nicht:
- Erzeugnisse aus Edelmetallen, die entsprechend ihrer Funktion oder Bestimmung klassifiziert sind, z.B. Blattmetalle oder Metalle in Pulverform für Maler, Dekorateure, Drucker und Künstler (Kl. 2); Goldamalgame für zahnärztliche Zwecke (Kl. 5); Messerschmiedewaren, Gabeln und Löffel (Kl. 8); elektrische Kontakte (Kl. 9); Schreibfedern aus Gold (Kl. 16); Teekannen (Kl. 21); Gold- und Silberstickereien (Kl. 26); Zigarrenetuis, -kästen, -kisten (Kl. 34); – Kunstgegenstände, so weit sie nicht aus Edelmetallen bestehen (diese werden entsprechend dem Material, aus dem sie bestehen, klassifiziert).

KLASSE 15

Musikinstrumente.

Erläuternde Anmerkung:
Diese Klasse enthält insbesondere:
- Mechanische Klaviere und deren Zubehör;
- Spieldosen;
- elektrische und elektronische Musikinstrumente.

Diese Klasse enthält insbesondere nicht:
- Apparate für die Tonaufzeichnung, -übertragung, -verstärkung und -wiedergabe (Kl. 9).

österreichisches
patentamt

KLASSE 16

Papier, Pappe (Karton) und Waren aus diesen Materialien, so weit sie nicht in anderen Klassen enthalten sind;

Druckereierzeugnisse;

Buchbinderartikel;

Fotografien;

Schreibwaren;

Klebstoffe für Papier- und Schreibwaren oder für Haushaltszwecke;

Künstlerbedarfsartikel;

Pinsel;

Schreibmaschinen und Büroartikel (ausgenommen Möbel);

Lehr- und Unterrichtsmittel (ausgenommen Apparate);

Verpackungsmaterial aus Kunststoff, so weit es nicht in anderen Klassen enthalten ist;

Drucklettern;

Druckstöcke.

Erläuternde Anmerkung:
Klasse 16 enthält im Wesentlichen Papier, Papierwaren und Büroartikel.

Diese Klasse enthält insbesondere:
 – Papiermesser;
 – Vervielfältigungsgeräte;
 – Folien, Taschen und Beutel aus Kunststoff für Verpackungszwecke.

Diese Klasse enthält insbesondere nicht:
 – bestimmte Papier- oder Pappwaren (siehe alphabetische Warenliste);
 – Farben (Kl. 2);
 – Handwerkzeuge für Künstler (z.B. Spachtel, Bildhauermeißel (Kl. 8)).

KLASSE 17

Kautschuk, Guttapercha, Gummi, Asbest, Glimmer und Waren daraus, so weit sie nicht in anderen Klassen enthalten sind;

Waren aus Kunststoffen (Halbfabrikate);

Dichtungs-, Packungs- und Isoliermaterial;

Schläuche (nicht aus Metall).

Erläuternde Anmerkung:
Klasse 17 enthält im Wesentlichen Material zur Isolierung von Elektrizität, Wärme oder Schall und teilweise bearbeitete Kunststoffe in Form von Folien, Platten oder Stangen.

Diese Klasse enthält insbesondere:
 – Gummi für die Runderneuerung von Reifen;
 – Polstermaterial aus Kautschuk oder Kunststoff;
 – Schwimmsperren gegen Umweltverschmutzung.

österreichisches
patentamt

KLASSE 18

Leder und Lederimitationen sowie Waren daraus, so weit sie nicht in anderen Klassen enthalten sind;

Häute und Felle;

Reise- und Handkoffer;

Regenschirme, Sonnenschirme und Spazierstöcke;

Peitschen, Pferdegeschirre und Sattlerwaren.

Erläuternde Anmerkung:
Klasse 18 enthält im Wesentlichen Leder, Lederimitationen, Reisebedarfsartikel, so weit sie nicht in anderen Klassen enthalten sind, sowie Sattlerwaren.

Diese Klasse enthält insbesondere nicht:
- Bekleidungsstücke (siehe alphabetische Warenliste).

KLASSE 19

Baumaterialien (nicht aus Metall);

Rohre (nicht aus Metall) für Bauzwecke;

Asphalt, Pech und Bitumen;

transportable Bauten (nicht aus Metall);

Denkmäler (nicht aus Metall).

Erläuternde Anmerkung:
Klasse 19 enthält im Wesentlichen Baumaterialien (nicht aus Metall).

Diese Klasse enthält insbesondere:
- teilweise bearbeitetes Holz (z.B. Balken, Bretter, Platten);
- Sperrholz;
- Bauglas (z.B. Fliesen, Dachplatten aus Glas);
- Glasgranulat für die Straßenmarkierung;
- Briefkästen aus Mauerwerk.

Diese Klasse enthält insbesondere nicht:
- Mittel zum Haltbar- oder Wasserdichtmachen für Zement (Kl. 1);
- Feuerschutzmittel (Kl. 1);
- Schusterpech (Kl. 3).

KLASSE 20

Möbel, Spiegel, Bilderrahmen;

Waren, so weit sie nicht in anderen Klassen enthalten sind, aus Holz, Kork, Rohr, Binsen, Weide, Horn, Knochen, Elfenbein, Fischbein, Schildpatt, Bernstein, Perlmutter, Meerschaum und deren Ersatzstoffen oder aus Kunststoffen.

Erläuternde Anmerkung:

Klasse 20 enthält im Wesentlichen Möbel und Möbelteile sowie Kunststofferzeugnisse, so weit sie nicht in anderen Klassen enthalten sind.

Diese Klasse enthält insbesondere:
- Metallmöbel und Campingmöbel;
- Bettzeug (z.B. Matratzen, auch Auflagematratzen, Kopfkissen);
- Spiegel für die Innenausstattung und Toilettespiegel;
- Kennzeichenschilder für Fahrzeuge (nicht aus Metall);
- Briefkästen, nicht aus Metall oder Mauerwerk.

Diese Klasse enthält insbesondere nicht:
- Bestimmte Spezialspiegel, die nach ihrer Funktion oder Bestimmung klassifiziert werden (siehe alphabetische Warenliste);
- Spezialmobiliar für Laboratorien (Kl. 9);
- Spezialmobiliar für den ärztlichen Gebrauch (Kl. 10);
- Bettwäsche (Kl. 24);
- Daunendecken (Federbetten (Kl. 24)).

KLASSE 21

Geräte und Behälter für Haushalt und Küche;

Kämme und Schwämme;

Bürsten und Pinsel (ausgenommen für Malzwecke);

Bürstenmachermaterial;

Putzzeug;

Stahlwolle;

rohes oder teilweise bearbeitetes Glas (mit Ausnahme von Bauglas);

Glaswaren, Porzellan und Steingut, so weit sie nicht in anderen Klassen enthalten sind.

Erläuternde Anmerkung:

Klasse 21 enthält im Wesentlichen kleine, handbetätigte Haus- und Küchengeräte sowie Geräte für die Körper- und Schönheitspflege, Glas- und Porzellanwaren.

Diese Klasse enthält insbesondere:
- Geräte und Behälter für Haushalt und Küche, z.B. Kochgeschirr, Eimer, Becken aus Blech, Aluminium, Kunststoff oder aus anderen Materialien, handbetätigte kleine Geräte zum Hacken, Mahlen, Pressen usw.;
- elektrische Kämme;
- elektrische Zahnbürsten;
- Untersetzer für Schüsseln und Karaffen (Geschirr).

Diese Klasse enthält insbesondere nicht:
- bestimmte Waren aus Glas, Porzellan und Steingut (siehe alphabetische Warenliste);
- Putzmittel, Seifen usw. (Kl. 3);
- elektrisch angetriebene kleine Geräte zum Hacken, Mahlen, Pressen usw. (Kl. 7);
- Rasiermesser und Rasierapparate, Haarschneidemaschinen, Instrumente aus Metall für die Hand- und Fußpflege (Kl. 8);
- elektrische Kochgeräte (Kl. 11);

österreichisches patentamt

– Toilettespiegel (Kl. 20).

KLASSE 22

Seile, Bindfaden, Netze, Zelte, Planen, Segel, Säcke (so weit sie nicht in anderen Klassen enthalten sind);

Polsterfüllstoffe (außer aus Kautschuk oder Kunststoffen);

rohe Gespinstfasern.

Erläuternde Anmerkung:

Klasse 22 enthält im Wesentlichen Seilerwaren und Waren der Segelmacherei, Polsterfüllstoffe und rohe Gespinstfasern.

Diese Klasse enthält insbesondere:
– Seile und Bindfaden aus natürlichen und künstlichen Textilfasern, aus Papier oder aus Kunststoff.

Diese Klasse enthält insbesondere nicht:
– bestimmte Spezialnetze und -taschen (siehe alphabetische Warenliste);
– Saiten für Musikinstrumente (Kl. 15);
– Schleier für Bekleidungszwecke (Kl. 25).

KLASSE 23

Garne und Fäden für textile Zwecke.

KLASSE 24

Webstoffe und Textilwaren, so weit sie nicht in anderen Klassen enthalten sind;

Bett- und Tischdecken.

Erläuternde Anmerkung:
Klasse 24 enthält im Wesentlichen Webstoffe und Decken.

Diese Klasse enthält insbesondere:
– Bettwäsche aus Papier.

Diese Klasse enthält insbesondere nicht:
– bestimmte Spezialwebstoffe (siehe alphabetische Warenliste);
– Heizdecken für medizinische Zwecke (Kl. 10) und nicht für medizinische Zwecke (Kl. 11);
– Tischwäsche aus Papier (Kl. 16);
– Pferdedecken (Kl. 18).

KLASSE 25

Bekleidungsstücke, Schuhwaren, Kopfbedeckungen.

Erläuternde Anmerkung:
Diese Klasse enthält insbesondere nicht:

– bestimmte Spezialbekleidungsstücke und Spezialschuhe (siehe alphabetische Warenliste).

KLASSE 26

Spitzen und Stickereien, Bänder und Schnürbänder;

Knöpfe, Haken und Ösen, Nadeln;

künstliche Blumen.

Erläuternde Anmerkung:
Klasse 26 enthält im Wesentlichen Kurzwaren und Posamenten.

Diese Klasse enthält insbesondere:
– Reißverschlüsse.

Diese Klasse enthält insbesondere nicht:
– bestimmte Spezialhaken (siehe alphabetische Warenliste);
– bestimmte Spezialnadeln (siehe alphabetische Warenliste);
– Textilgarne (Kl. 23).

KLASSE 27

Teppiche, Fußmatten, Matten, Linoleum und andere Bodenbeläge;

Tapeten (ausgenommen aus textilem Material).

Erläuternde Anmerkung:
Klasse 27 enthält im Wesentlichen Beläge und Verkleidungen für bereits fertige Fußböden und Wände (für Einrichtungszwecke).

Diese Klasse enthält insbesondere nicht:
– Holzböden (Kl. 19)

KLASSE 28

Spiele, Spielzeug;

Turn- und Sportartikel, so weit sie nicht in anderen Klassen enthalten sind;

Christbaumschmuck.

Erläuternde Anmerkung:
Diese Klasse enthält insbesondere:
– Angelgeräte;
– Geräte für verschiedene Sportarten und Spiele.

Diese Klasse enthält insbesondere nicht:
– Christbaumkerzen (Kl. 4);
– Taucherausrüstungen (Kl. 9);
– Unterhaltungsgeräte als Zusatzgeräte für externen Bildschirm oder Monitor (Kl. 9).
– elektrische Christbaumbeleuchtungen (Ketten (Kl. 11));
– Fischereinetze (Kl. 22);
– Gymnastik- und Sportbekleidung (Kl. 25);

österreichisches
patentamt

– Zucker- und Schokoladewaren als Christbaumschmuck (Kl. 30);

KLASSE 29

Fleisch, Fisch, Geflügel und Wild;

Fleischextrakte;

konserviertes, tiefgekühltes, getrocknetes und gekochtes Obst und Gemüse;

Gallerten (Gelees), Konfitüren, Kompotte;

Eier, Milch und Milchprodukte;

Speiseöle und -fette.

Erläuternde Anmerkung:

Klasse 29 enthält im Wesentlichen Nahrungsmittel tierischer Herkunft sowie Gemüse und andere essbare, für den Verzehr oder die Konservierung zubereitete Gartenbauprodukte.

Diese Klasse enthält insbesondere:
– Milchgetränke mit überwiegendem Milchanteil.

Diese Klasse enthält insbesondere nicht:
– bestimmte Nahrungsmittel pflanzlicher Herkunft (siehe alphabetische Warenliste);
– Babykost (Kl. 5);
– diätetische Erzeugnisse für medizinische Zwecke (Kl. 5);
– Salatsoßen (Kl. 30);
– Bruteier (Kl. 31);
– Tiernahrungsmittel (Kl. 31);
– lebende Tiere (Kl. 31).

KLASSE 30

Kaffee, Tee, Kakao, Zucker, Reis, Tapioka, Sago, Kaffee-Ersatzmittel;

Mehle und Getreidepräparate, Brot, feine Backwaren und Konditorwaren, Speiseeis;

Honig, Melassesirup;

Hefe, Backpulver;

Salz, Senf;

Essig, Soßen (Würzmittel);

Gewürze;

Kühleis.

Erläuternde Anmerkung:

Klasse 30 enthält im Wesentlichen für den Verzehr oder die Konservierung zubereitete Nahrungsmittel pflanzlicher Herkunft sowie Zusätze für die Geschmacksverbesserung von Nahrungsmitteln.

Diese Klasse enthält insbesondere:
– Kaffee-, Kakao- oder Schokoladegetränke;
– für die menschliche Ernährung zubereitetes Getreide (z.B. Haferflocken oder andere Getreideflocken).

Diese Klasse enthält insbesondere nicht:
- bestimmte Nahrungsmittel pflanzlicher Herkunft (siehe alphabetische Warenliste);
- Salz zum Konservieren, nicht für Lebensmittel (Kl. 1);
- medizinische Tees und diätetische Erzeugnisse für medizinische Zwecke (Kl. 5);
- Babykost (Kl. 5);
- rohes Getreide (Kl. 31);
- Tiernahrungsmittel (Kl. 31).

KLASSE 31

Land-, garten- und forstwirtschaftliche Erzeugnisse sowie Samenkörner, so weit sie nicht in anderen Klassen enthalten sind;

lebende Tiere;

frisches Obst und Gemüse;

Sämereien, lebende Pflanzen und natürliche Blumen;

Futtermittel;

Malz.

Erläuternde Anmerkung:
Klasse 31 enthält im Wesentlichen die nicht für den Verzehr zubereiteten Bodenprodukte, lebende Tiere und Pflanzen sowie Tiernahrungsmittel.

Diese Klasse enthält insbesondere:
- rohes Holz;
- rohes Getreide;
- Bruteier;
- Weich- und Schalentiere (lebend).

Diese Klasse enthält insbesondere nicht:
- Kulturen von Mikroorganismen und Blutegel für medizinische Zwecke (Kl. 5);
- halbverarbeitetes Holz (Kl. 19);
- künstliche Köder für den Fischfang (Kl. 28);
- Reis (Kl. 30);
- Tabak (Kl. 34);

KLASSE 32

Biere;

Mineralwässer und kohlensäurehaltige Wässer und andere alkoholfreie Getränke;

Fruchtgetränke und Fruchtsäfte;

Sirupe und andere Präparate für die Zubereitung von Getränken.

Erläuternde Anmerkung:
Klasse 32 enthält im Wesentlichen alkoholfreie Getränke sowie Biere.

Diese Klasse enthält insbesondere:
- entalkoholisierte Getränke.

österreichisches
patentamt

Diese Klasse enthält insbesondere nicht:
- Getränke für medizinische Zwecke (Kl. 5);
- Milchgetränke mit überwiegendem Milchanteil (Kl. 29);
- Kakao-, Kaffee- oder Schokoladegetränke (Kl. 30).

KLASSE 33

Alkoholische Getränke (ausgenommen Biere).

Erläuternde Anmerkung:
Diese Klasse enthält insbesondere nicht:
- medizinische Getränke (Kl. 5);
- entalkoholisierte Getränke (Kl. 32).

KLASSE 34

Tabak;

Raucherartikel;

Streichhölzer.

Erläuternde Anmerkung:
Diese Klasse enthält insbesondere:
- Tabakersatzstoffe (nicht für medizinische Zwecke).

Diese Klasse enthält insbesondere nicht:
- tabakfreie Zigaretten für medizinische Zwecke (Kl. 5).

DIENSTLEISTUNGEN

KLASSE 35

Werbung;

Geschäftsführung;

Unternehmensverwaltung;

Büroarbeiten.

Erläuternde Anmerkung:
Klasse 35 umfasst im Wesentlichen Dienstleistungen, die von Personen oder Organisationen erbracht werden, deren Haupttätigkeit
    (1) die Hilfe beim Betrieb oder der Leitung eines Handelsunternehmens, oder
    (2) die Hilfe bei der Durchführung von Geschäften oder Handelsverrichtungen eines Industrie- oder Handelsunternehmens ist,

österreichisches
patentamt

sowie Dienstleistungen von Werbeunternehmen, die sich in Bezug auf alle Arten von Waren oder Dienstleistungen hauptsächlich mit Mitteilungen an die Öffentlichkeit und mit Erklärungen und Anzeigen durch alle Mittel der Verbreitung befassen.

Diese Klasse enthält insbesondere:
- Das Zusammenstellen verschiedener Waren (ausgenommen deren Transport) für Dritte, um den Verbrauchern Ansicht und Erwerb dieser Waren zu erleichtern; diese Dienstleistungen können durch Einzelhandelsgeschäfte, Großhandelsverkaufsstellen, über Versandkataloge oder elektronische Medien wie Websites oder Teleshopping-Sendungen erbracht werden;
- Dienstleistungen, die sich auf das Registrieren, Abschreiben, Abfassen, Zusammenstellen oder das systematische Ordnen von schriftlichen Mitteilungen und Aufzeichnungen beziehen, ebenso wie auf die Auswertung oder Zusammenstellung von mathematischen oder statistischen Daten;
- Dienstleistungen von Werbeagenturen sowie Dienstleistungen, wie die Verteilung von Prospekten (direkt oder durch die Post) oder das Verteilen von Warenmustern (Warenproben). Diese Klasse kann die Werbung für andere Dienstleistungen, wie z.B. die Werbung für Bankdarlehen oder die Rundfunkwerbung, umfassen.

Diese Klasse enthält insbesondere nicht:
- Dienstleistungen, wie Schätzungen und Gutachten von Ingenieuren, die in keinem direkten Zusammenhang mit dem Betrieb oder der Leitung der Geschäfte eines Handels- oder Industrieunternehmens stehen (siehe alphabetische Dienstleistungsliste);

KLASSE 36

Versicherungswesen;

Finanzwesen;

Geldgeschäfte;

Immobilienwesen.

Erläuternde Anmerkung:
Klasse 36 umfasst im Wesentlichen die in Finanz- und Geldangelegenheiten geleisteten Dienste und die im Zusammenhang mit Versicherungsverträgen aller Art geleisteten Dienste.

Diese Klasse enthält insbesondere:
- Dienstleistungen im Zusammenhang mit Finanz- und Geldangelegenheiten, nämlich:
    (a) Dienstleistungen sämtlicher Bankinstitute oder damit zusammenhängender Institutionen, wie Wechselstuben oder Verrechnungsstellen (Clearing);
    (b) Dienstleistungen anderer Kreditinstitute als Banken, wie Kreditgenossenschaften, Finanzgesellschaften, Geldverleiher usw.;
    (c) Dienstleistungen der Investmentgesellschaften, der Holdinggesellschaften;
    (d) Dienstleistungen der Wertpapiermakler und der Gütermakler;
    (e) durch Treuhänder im Zusammenhang mit Geldangelegenheiten besorgte Dienstleistungen;
    (f) Dienstleistungen im Zusammenhang mit der Ausgabe von Reiseschecks und Kreditbriefen;
- Dienstleistungen von Liegenschaftsverwaltern in Bezug auf die Vermietung oder Schätzung oder von Kapitalgebern;
- Dienstleistungen im Zusammenhang mit Versicherungen, wie Dienstleistungen von Agenten oder Maklern, die sich mit Versicherungen und mit den an die Versicherten zu leistenden Diensten beschäftigen, sowie Dienstleistungen in Bezug auf den Abschluss von Versicherungen.

Nizzaer Klassifikation,
1:9:2008

KLASSE 37

Bauwesen;

Reparaturwesen;

Installationsarbeiten.

Erläuternde Anmerkung:

Klasse 37 umfasst im Wesentlichen Dienstleistungen, die von Unternehmern oder Subunternehmern im Bauwesen oder bei der Errichtung ortsfester Bauten erbracht werden, sowie Dienstleistungen, die von Personen oder Organisationen erbracht werden, die sich mit der Wiederinstandsetzung oder der Erhaltung von Gegenständen befassen, ohne deren physikalische oder chemische Eigenschaften zu ändern.

Diese Klasse enthält insbesondere:
- Dienstleistungen, die sich auf die Errichtung von Bauten, Straßen, Brücken, Dämmen oder Leitungen beziehen, sowie Dienstleistungen von Unternehmern, die auf dem Gebiet des Bauwesens spezialisiert sind, wie Maler, Klempner (Spengler), Heizungsinstallateure oder Dachdecker;
- mit Dienstleistungen im Bauwesen in Verbindung stehende Dienstleistungen, wie Bauprojektprüfungen;
- Schiffsbau;
- Dienstleistungen betreffend die Vermietung von Bauwerkzeugen oder Baumaterial;
- Dienstleistungen im Reparaturwesen, nämlich Dienstleistungen, die sich damit befassen, Gegenstände beliebiger Art nach Abnutzung, Beschädigung, Zerfall oder teilweiser Zerstörung wieder in einen guten Zustand zu versetzen (Wiederherstellung des ursprünglichen Zustandes eines mangelhaft gewordenen Baues oder Gegenstandes);
- verschiedene Reparaturdienste, z.B. auf den Gebieten der Elektrizität, des Mobiliars, der Instrumente und Werkzeuge usw.;
- Dienstleistungen in Bezug auf die Erhaltung eines Gegenstandes in seinem ursprünglichen Zustand, ohne irgendeine seiner Eigenschaften zu ändern (hinsichtlich des Unterschieds zwischen dieser Klasse und der Klasse 40 siehe die erläuternde Anmerkung zu Klasse 40).

Diese Klasse enthält insbesondere nicht:
- Dienstleistungen in Bezug auf die Einlagerung von Waren, wie Bekleidungsstücke oder Fahrzeuge (Kl. 39);
- Dienstleistungen im Zusammenhang mit dem Färben von Webstoffen oder Bekleidungsstücken (Kl. 40).

KLASSE 38

Telekommunikation.

Erläuternde Anmerkung:

Klasse 38 umfasst im Wesentlichen Dienstleistungen, die es zumindest einer Person ermöglichen, mit einer anderen durch ein sinnesmäßig wahrnehmbares Mittel in Verbindung zu treten. Solche Dienstleistungen umfassen diejenigen,
    (1) welche es einer Person gestatten, mit einer anderen zu sprechen,
    (2) welche Botschaften von einer Person an eine andere übermitteln und
    (3) welche akustische oder visuelle Übermittlungen von einer Person an eine andere gestatten (Rundfunk und Fernsehen).

österreichisches
patentamt

Diese Klasse enthält insbesondere:
– Dienstleistungen, die im Wesentlichen in der Verbreitung von Rundfunk- oder Fernsehprogrammen bestehen.

Diese Klasse enthält insbesondere nicht:
– Rundfunkwerbung (Kl. 35).

KLASSE 39

Transportwesen;

Verpackung und Lagerung von Waren;

Veranstaltung von Reisen.

Erläuternde Anmerkung:

Klasse 39 umfasst im Wesentlichen Dienstleistungen, die dadurch erbracht werden, dass Personen oder Waren von einem Ort an einen anderen transportiert werden (per Schiene oder Straße, zu Wasser oder in der Luft sowie Pipeline-Transporte) und Dienstleistungen, die notwendigerweise mit diesen Transporten in Beziehung stehen, sowie Dienstleistungen, die sich auf das Einlagern von Waren in einem Lagerhaus oder einem anderen Gebäude im Hinblick auf deren Erhaltung oder Aufbewahrung beziehen.

Diese Klasse enthält insbesondere:
– Dienstleistungen von Gesellschaften, die vom Transportunternehmer benutzte Stationen, Brücken, Eisenbahn-Fährschiffe usw. betreiben;
– Dienstleistungen im Zusammenhang mit der Vermietung von Transportfahrzeugen;
– Dienstleistungen im Zusammenhang mit dem Schleppen und Löschen von Schiffen, dem Betrieb von Häfen und Docks und der Bergung von Schiffen und ihrer Ladung aus Seenot;
– Dienstleistungen im Zusammenhang mit dem Betrieb von Flugplätzen;
– Dienstleistungen im Zusammenhang mit dem Verpacken von Waren vor dem Versand;
– Dienstleistungen, die im Erteilen von Auskünften durch Makler oder Reisebüros über Reisen oder die Beförderung von Waren bezüglich der Tarife, Fahrpläne und Beförderungsarten bestehen;
– Dienstleistungen in Bezug auf die Kontrolle von Fahrzeugen oder Waren vor dem Transport.

Diese Klasse enthält insbesondere nicht:
– Dienstleistungen in Bezug auf die Werbung der Transportunternehmen, wie das Verteilen von Prospekten oder die Rundfunkwerbung (Kl. 35);
– Dienstleistungen in Bezug auf die Ausgabe von Reiseschecks oder von Kreditbriefen durch Makler oder Reisebüros (Kl. 36);
– Dienstleistungen in Bezug auf Versicherungen (kommerzielle Versicherungen, Feuer- oder Lebensversicherungen) während der Beförderung von Personen oder Waren (Kl. 36);
– Dienstleistungen in Bezug auf die Wartung und Reparatur von Fahrzeugen sowie Dienstleistungen in Bezug auf die Pflege (den Unterhalt) oder die Reparatur von Gegenständen, die mit der Beförderung von Waren oder Personen im Zusammenhang stehen (Kl. 37);
– Dienstleistungen in Bezug auf die Reservierung von Hotelzimmern durch Reisebüros oder Makler (Kl. 43).

KLASSE 40

Materialbearbeitung.

Nizzaer Klassifikation,
1:9:2008

Erläuternde Anmerkung:

Klasse 40 umfasst im Wesentlichen nicht in anderen Klassen aufgeführte Dienstleistungen, die in der mechanischen oder chemischen Verarbeitung oder Umwandlung anorganischer oder organischer Stoffe oder von Gegenständen bestehen.

Für die Zwecke der Klassifizierung wird ein Zeichen nur in den Fällen als Dienstleistungsmarke angesehen, in denen Bearbeitung oder Umwandlung auf Rechnung einer anderen Person erfolgt. Als Marke einer Ware wird ein Zeichen in all den Fällen angesehen, in denen der Stoff oder Gegenstand durch denjenigen auf den Markt gebracht wird, der ihn verarbeitet oder umgewandelt hat.

Diese Klasse enthält insbesondere:
- Dienstleistungen in Bezug auf die Umwandlung eines Gegenstandes oder Stoffes sowie jedes Verfahren, das eine Änderung seiner Grundeigenschaften zur Folge hat (z.B. das Färben eines Kleidungsstückes); die Dienstleistung der Pflege (des Unterhalts) wird, obwohl sie normalerweise in Klasse 37 enthalten ist, demzufolge in die Klasse 40 eingeordnet, wenn sie eine solche Änderung einschließt (z.B. Verchromen von Stoßstangen eines Automobils);
- Dienstleistungen in Bezug auf die Materialbearbeitung bei der Herstellung eines Stoffes oder Gegenstandes, ausgenommen Bauwerke; z.B. Dienstleistungen in Bezug auf das Zuschneiden, Zurichten, Polieren durch Abschleifen oder Überziehen mit Metall.

Diese Klasse enthält insbesondere nicht:
- Dienstleistungen im Reparaturwesen (Kl. 37).

KLASSE 41

Erziehung;

Ausbildung;

Unterhaltung;

sportliche und kulturelle Aktivitäten.

Erläuternde Anmerkung:

Klasse 41 umfasst im Wesentlichen Dienstleistungen von Personen oder Einrichtungen, die auf die Entwicklung der geistigen Fähigkeiten von Menschen oder Tieren gerichtet sind, sowie Dienstleistungen, die der Unterhaltung dienen oder die Aufmerksamkeit in Anspruch nehmen sollen.

Diese Klasse enthält insbesondere:
- alle Formen der Erziehung von Personen oder der Dressur von Tieren;
- Dienstleistungen, deren Hauptzweck die Zerstreuung, Belustigung oder Entspannung von Personen ist;
- öffentliche Präsentation von Werken der bildenden Kunst oder der Literatur für kulturelle oder erzieherische Zwecke.

KLASSE 42

Wissenschaftliche und technologische Dienstleistungen und Forschungsarbeiten und diesbezügliche Designerdienstleistungen;

industrielle Analyse- und Forschungsdienstleistungen;

Entwurf und Entwicklung von Computerhardware und -software;

Erläuternde Anmerkung:

Klasse 42 enthält im Wesentlichen einzeln oder gemeinsam erbrachte Dienstleistungen, die sich auf theoretische und praktische Aspekte komplexer Gebiete beziehen; derartige Dienstleistungen werden erbracht durch Angehörige von Berufen wie Chemiker, Physiker, Ingenieure, Programmierer usw.

Diese Klasse enthält insbesondere:

– Dienstleistungen von Ingenieuren, die sich mit Bewertungen, Schätzungen, Untersuchungen und Gutachten im Bereich der Wissenschaft und der Technologie befassen;
– wissenschaftliche Forschungen zu medizinischen Zwecken.

Diese Klasse enthält insbesondere nicht:

– Nachforschungen und Bewertungen in Geschäftsangelegenheiten(Kl. 35);
– Textverarbeitung und Dateienverwaltung mittels Computer (Kl. 35);
– Finanzielle und fiskalische Schätzungen (Kl. 36);
– Bergbauarbeiten und Erdölförderung (Kl. 37);
– Installation und Reparatur von Computern (Kl. 37);
– Dienstleistungen die erbracht werden durch Angehörige von Berufen wie Ärzte, Tierärzte, Psychoanalytiker (Kl. 44);
– medizinische Versorgung (Kl. 44);
– Dienstleistungen von Landschaftsgärtnern (Kl. 44);
– Juristische Dienstleistungen (Kl. 45).

KLASSE 43

Dienstleistungen zur Verpflegung und Beherbergung von Gästen

Erläuternde Anmerkung:

Die Klasse 43 enthält im Wesentlichen Dienstleistungen, die erbracht werden von Personen oder Unternehmen, deren Zweck es ist, Speisen oder Getränke für den Verzehr zuzubereiten, sowie Dienstleistungen bestehend in der Gewährung von Unterkunft oder von Unterkunft und Verpflegung durch Hotels, Pensionen oder andere Unternehmen, die die Beherbergung von Gästen sicherstellen.

Diese Klasse enthält insbesondere:

– Reservierung von Unterkunft für Reisende, die insbesondere durch Reisebüros oder Reisemakler vermittelt wird;
– Betrieb von Tierpflegeheimen.

Diese Klasse enthält insbesondere nicht:

– Vermietung von Immobilien wie Häuser, Wohnungen usw., die für eine dauerhafte Nutzung bestimmt sind (Kl. 36);
– Organisation von Reisen durch Reisebüros (Kl. 39);
– Konservierung von Lebensmitteln und Getränken (Kl. 40);
– Betrieb von Diskotheken (Kl. 41);
– Betrieb eines Internats (Kl. 41);
– Dienstleistungen von Pflege- und Erholungsheimen (Kl. 44).

KLASSE 44

Medizinische und veterinärmedizinische Dienstleistungen;

österreichisches
patentamt

Gesundheits- und Schönheitspflege für Menschen und Tiere;

Dienstleistungen im Bereich der Land-, Garten- oder Forstwirtschaft.

Erläuternde Anmerkungen:

Die Klasse 44 enthält im Wesentlichen die ärztliche Pflege, Gesundheits- und Schönheitspflege für Menschen und Tiere, erbracht durch Personen oder Unternehmen; sie enthält ebenfalls Dienstleistungen im Bereich der Landwirtschaft, des Gartenbaus und der Forstwirtschaft.

Diese Klasse enthält insbesondere:
– Medizinische Analysen im Zusammenhang mit der Behandlung von Einzelnen (wie Röntgen-aufnahmen und Blutproben);
– künstliche Besamung;
– pharmazeutische Beratung;
– Aufzucht von Tieren;
– Dienstleistungen im Zusammenhang mit dem Pflanzenbau wie Gartenarbeit;
– Dienstleistungen im Zusammenhang mit der Floristik wie Blumenbinden sowie die Dienstleis-tungen von Landschaftsgärtnern.

Diese Klasse enthält insbesondere nicht:
– Schädlingsbekämpfung (ausgenommen für landwirtschaftliche, gartenwirtschaftliche und forstwirtschaftliche Zwecke (Kl. 37));
– Installation und Reparatur von Bewässerungsanlagen (Kl. 37);
– Krankentransporte (Kl. 39);
– Schlachten von Tieren (Kl. 40);
– Ausstopfen und Präparieren von Tieren (Kl. 40);
– Fällen und Zuschneiden von Holz (Kl. 40);
– Tierdressur (Kl. 41);
– Dienstleistungen von Fitnessklubs (Kl. 41);
– wissenschaftliche Forschungen für medizinische Zwecke (Kl. 42);
– Betrieb von Tierpflegeheimen (Kl. 43),
– Dienstleistungen von Altersheimen (Kl. 43).

KLASSE 45

Juristische Dienstleistungen; Sicherheitsdienste zum Schutz von Sachwerten oder Personen;

von Dritten erbrachte persönliche und soziale Dienstleistungen betreffend individuelle

Bedürfnisse;

Erläuternde Anmerkung:

Diese Klasse enthält insbesondere:
– von Juristen erbrachte Dienstleistungen für Einzelpersonen, Personengruppen, Organisatio-nen und Unternehmen;
– Nachforschungen und Überwachungen bezüglich der Sicherheit von Personen und Gruppen;
– Dienstleistungen zu Gunsten von Personen, im Zusammenhang mit gesellschaftlichen Anläs-sen wie Begleitdienste, Ehevermittlung, Bestattungen.

Diese Klasse enthält insbesondere nicht:
– Gewerbsmäßige direkte Hilfe bei der Abwicklung von Geschäften und der Leitung von Han-delsgesellschaften (Kl. 35),
– Dienstleistungen in Verbindung mit Finanz-, Geld- oder Versicherungsgeschäften (Kl. 36);

- Reisebegleitung (Kl. 39);
- Sicherheitstransporte (Kl. 39);
- Dienstleistungen im Bereich der Erziehung und der Ausbildung von Personen in allen Formen (Kl.41);
- Darbietungen von Sängern und Tänzern (Kl. 41);
- Computer Dienstleistungen zum Schutz von Software (Kl. 42);
- Dienstleistungen von Dritten, die die medizinische Versorgung, die Gesundheits- und Schönheitspflege von Menschen und Tieren sicherstellen (Kl. 44);
- bestimmte Vermietungsdienstleistungen (siehe alphabetische Liste der Dienstleistungen sowie allgemeine Hinweise (b) bezüglich der Klassifizierung der Dienstleistungen).

Patentanmeldung

österreichisches
patentamt

An das **Österreichische Patentamt** Dresdner Straße 87 1200 Wien	IPC: Ref.: TA:

Antrag auf Erteilung eines
österreichischen Patents

Bitte für amtliche Vermerke freihalten!

*Bitte **fett umrandete Felder unbedingt** ausfüllen!*

*(Die eingeklammerten Zahlen verweisen auf Erläuterungen in der **angeschlossenen Ausfüllhilfe**)*

Anmelder(in) *(Vor- u. Zunamen – ggf. Geburtsdatum/*   **Anschrift/en** *(Wohnadresse bzw. Unternehmenssitz)*   (1)
Firmenwortlaut sowie Firmenbuchnummer/Vereinsname)

Tel.:   Fax.:
E-Mail: (2)

☐ Vertreter(in)   *(Person, die den Anmelder bzw. die Anmelderin vor dem Patentamt vertritt)*   (3)
☐ Zustellbevollmächtigte(r)   *(Im Inland wohnhafte Person, jedoch **keine Vertretungsbevollmächtigung!**)*   (4)

Ihr Zeichen: ☐ Vollmacht liegt bei   (5)
☐ Bezugsvollmacht zu   *(Aktenzeichen oder Patentnummer)*   (6)
                              Nur für Rechts-, Patentanwalt oder Notar: ☐ Vollmacht erteilt   (7)

Titel der Anmeldung   (8)

Beilagen:

	Seiten Beschreibung (2fach) (9) *gegebenenfalls*		Blatt Zeichnungen (2fach) (10)
	Patentansprüche (2fach)		(11)
☐	Zusammenfassung (2fach)		(12)
☐	Bankverbindung und Zustimmungserklärung (fakultativ)		

*Weitere Daten bitte am **Folgeblatt** angeben!*

Seite 2 zur Patentanmeldung

Bitte die folgenden Felder gegebenenfalls ausfüllen:

Es wird beantragt, folgende Person(en) als Erfinder zu nennen: (13)
Name(n) und Adresse(n)   *Unterschrift(en) ')*

Mit der Unterschrift wird der Nennung als Erfinder zugestimmt.
') Unterschrift des Anmelders bzw. Inhabers am Ende des Formulars!

Zusatzanmeldung zu: (14)	gesonderte Anmeldung aus (Teilung): (15)
(Aktenzeichen bzw. Patentnummer)	*(Aktenzeichen)*

Beanspruchte Priorität(en):   *Datum, Land, Aktenzeichen der Prioritätsanmeldung(en)*   (16)

Allfällige Ergänzungen bzw. Fortsetzungen: (17)

Unterschrift(en) *(bei Unternehmen firmenmäßige Zeichnung):*

Beachten Sie bitte die **Erläuterungen und Hinweise** *in der angeschlossenen Ausfüllhilfe!*

österreichisches
patentamt

Bankverbindung

Bitte geben Sie uns Ihre Bankverbindung bekannt, damit wir allfällige Rücküberweisungen von Gebühren im Laufe des Verfahrens schneller und effizienter durchführen können.

Wir möchten Sie allerdings ausdrücklich darauf hinweisen, dass die Angabe der Bankverbindung freiwillig ist und ihre Verwendung an die unterfertigte Zustimmungserklärung gebunden ist.

Kontoinhaber (Name und Adresse):

Bankverbindung (Kontonummer und BLZ, bei nichtösterreichischen Banken: BIC-Code und IBAN-Nr.)

Zustimmungserklärung:

Ich/Wir stimme(n) zu, dass die Daten betreffend meiner(unserer) Bankverbindung zum Zweck der allfälligen Rücküberweisung von Gebühren vom Österreichischen Patentamt verwendet werden und deshalb auch an das kontoführende Bankinstitut des ÖPA (derzeit P.S.K.) weitergegeben werden können.

Ich(wir) nehme(n) zur Kenntnis, dass die Bekanntgabe der Bankverbindung fakultativ ist, die Anmeldeformulare der gesetzlichen Akteneinsicht unterliegen und dass ich(wir) diese Zustimmung jederzeit durch schriftliche Erklärung gegenüber dem Österreichischen Patentamt ohne Angabe von Gründen widerrufen kann (können).

Datum und Unterschrift:

Formular PA 1 – Patentanmeldung

Gruppe Technik

Dresdner Straße 87
1200 Wien
Austria

Tel.: +43 (1) 534 24 - 390 *(technischer Auskunftsdienst)*	www.patentamt.at
+43 (1) 534 24 - 391 *(juristischer Auskunftsdienst)*	*Bankverbindung*
Mo.-Fr. 9:00 bis 14:00 Uhr	PSK Konto Nr. 5 160 000
	BLZ 60 000

      +43 (1) 534 24 - 76   *(allgemeiner Auskunftsdienst)*   *Internationaler Zahlungsverkehr*
                  Mo.-Fr. 9:00 bis 14:00 Uhr   BIC-Code: OPSKATWW

Fax.: +43 (1) 534 24 - 535 *(Anmeldestelle)*   IBAN-Nr. AT36 6000 0000 0516 0000

Erläuterungen und Hinweise zur Patentanmeldung

*Über diese Ausfüllhilfe hinausgehende Anleitungen finden Sie im **Informationsblatt für Patentanmelder** und im **Gebühren-informationsblatt**. Alle diese Informationen, aktuelle Hinweise und die gültige Version dieses Formulars können auf der Website des Österreichischen Patentamts (www.patentamt.at) abgerufen werden.*

1 *Bitte geben Sie den/die Namen und die vollständige(n) Anschrift(en) an.*

   Falls ein Unternehmen als Anmelder auftritt, geben Sie den vollständigen Firmenwortlaut gemäß der Eintragung im Firmenbuch (Handelsregister) an. Besteht die protokollierte Firma ausschließlich aus einem bürgerlichen Namen, ist durch einen Zusatz (z.B. Firma) hervorzuheben, dass der Antragsteller im Rahmen seines Unternehmens auftritt.

2 **Wichtig**: *Für die rasche Klärung allfälliger Fragen seitens des Patentamts sollten Sie Ihre **Telefonnummer** bzw. Ihre **E-Mailadresse** unbedingt angeben.*

3 **Achtung:** *Ein Vertreter ist nur anzuführen, wenn das Verfahren von diesem durchgeführt werden soll!*

   Dieser muss seinen Wohnsitz oder seine Niederlassung im Inland haben; für Rechtsanwälte, Patentanwälte und Notare gelten allerdings die berufsrechtlichen Vorschriften.

   Personen, die firmenrechtlich vertretungsbefugt sind, wie Geschäftsführer, Prokuristen und Handlungsbevollmächtigte, sind nicht anzuführen.

   *Wer in Österreich weder Wohnsitz (Sitz) noch Niederlassung hat, **muss** einen in Österreich zur berufsmäßigen Parteienvertretung befugten Rechtsanwalt, Patentanwalt oder Notar bestellen.*

4 *Sofern sich Wohnsitz oder Niederlassung außerhalb Österreichs, jedoch im EWR befinden, genügt die Namhaftmachung eines in Österreich wohnhaften Zustellungsbevollmächtigten.*

5 *Die Bevollmächtigung ist durch Vorlage einer schriftlichen Vollmacht nachzuweisen (Original oder beglaubigte Kopie).*

6 *Eine bereits in einem anderen Anmeldeverfahren vorgelegte schriftliche Vollmacht kann dann als Bezugsvollmacht herangezogen werden, wenn sie nach dem 1.7.2005 vorgelegt wurde.*

7 *Nur ein Rechtsanwalt, Patentanwalt oder Notar kann sich auf eine Vollmacht berufen. In allen anderen Fällen ist eine Vollmacht vorzulegen.*

8 *Kurze, sachgemäße Bezeichnung des Anmeldungsgegenstandes - z.B.: „Schlüsselring" oder „Verfahren zur Herstellung eines Halbleiterbauelements".*

9 *Als Deckblatt für die Beschreibung ist das **Formular PA 3 1** zu verwenden.*

   Die Erfindung ist in der Beschreibung und gegebenenfalls den Zeichnungen so ausführlich darzulegen, dass ein Fachmann die Erfindung ausführen kann. In der Beschreibung sind anzugeben:

   1. das technische Gebiet, auf das sich die Erfindung bezieht;

   2. der bisherige Stand der Technik, soweit er für das Verständnis der Erfindung als nützlich anzusehen ist;

   3. die technische Aufgabe der Erfindung;

   4. die Erfindung, wie sie in den Patentansprüchen gekennzeichnet ist;

   5. falls Zeichnungen vorhanden sind, eine Aufzählung der in den Zeichnungen enthaltenen Figuren;

   6. eine ausführliche Beschreibung des Erfindungsgegenstandes, und zwar unter Verwendung der in den Zeichnungsfiguren eingetragenen Bezugzeichen (z.B. 1, 2, 3 usw.), mit denen die wichtigen Konstruktionsteile versehen werden sollten.

10 *Die Zeichnungen müssen sich zur klaren Vervielfältigung eignen. Farbige Darstellungen und Fotografien sind unzulässig. Die Zeichnungsfiguren sind auf Blättern im Format DIN A4 einseitig auszuführen. Ein ungefähr 2 cm breiter Rand ist freizulassen.*

Beachten Sie bitte, dass detaillierte Zeichnungen einen wesentlichen Bestandteil der Beschreibung der Erfindung darstellen können. Mit der Einreichung der Beschreibung legen Sie den inhaltlichen Rahmen der Anmeldung fest (Offenbarung). Bei der späteren Vorlage von (neuen) Zeichnungen im Prüfungsverfahren besteht die Gefahr der Überschreitung der ursprünglichen Offenbarung, was eine unzulässige Abänderung der Anmeldung darstellt.

11 Geben Sie hier die Anzahl der Patentansprüche an.

Die Patentansprüche müssen genau und in unterscheidender Weise angeben, wofür Schutz begehrt wird. Der Gegenstand des Schutzbegehrens ist in den Ansprüchen durch die technischen Merkmale der Erfindung anzugeben, wobei Marken und Phantasiebezeichnungen nicht verwendet werden dürfen. Die Patentansprüche haben, wo es zweckdienlich ist, zu enthalten:

1. die technischen Merkmale, die zur Festlegung des beanspruchten Gegenstandes der Erfindung notwendig sind, jedoch in Verbindung miteinander zum Stand der Technik gehören (**Oberbegriff**), das sind im Allgemeinen die bereits bekannten Merkmale und

2. einen **kennzeichnenden Teil**, der durch die Worte "dadurch gekennzeichnet" oder "gekennzeichnet durch" eingeleitet wird und die technischen Merkmale bezeichnet, für die in Verbindung mit den im Oberbegriff angegebenen Merkmalen Schutz begehrt wird, das sind im Allgemeinen die neuen, bisher nicht bekannten Merkmale.

12 Eine Kurzfassung des Anmeldungsgegenstands, die ausschließlich der technischen Information dient, ist auf einem gesonderten Blatt mit der Überschrift „Zusammenfassung" vorzulegen. Sie soll ein klares Verständnis des technischen Problems und seiner Lösung ermöglichen. Enthält die Anmeldung Zeichnungen oder chemische Formeln, geben Sie bitte am Ende der Zusammenfassung diejenige Figur bzw. chemische Formel an, welche die Erfindung am besten kennzeichnet (z.B. „Fig. 3").

Die Zusammenfassung hat aus höchstens 150 Worten zu bestehen.

13 Es müssen alle Erfinder und der Anmelder (dieser am Ende des Formulars) unterschreiben!

14 Sie können eine Verbesserung oder sonstige weitere Ausbildung einer in Ihrem Besitz befindlichen Patentanmeldung (bzw. bestehenden Patentes) als Zusatzpatent anmelden. Die Anmeldung als Zusatzpatent bringt bei langer Laufzeit des Patentes erhebliche Einsparungen bei den Jahresgebühren.

15 Sollte es sich bei dieser Anmeldung um eine gesonderte Anmeldung des in einer früheren Anmeldung nicht mehr weiterverfolgten Teiles handeln, geben Sie bitte hier das **Aktenzeichen dieser früheren Anmeldung** an.

Dieser Teilanmeldung kommt als Anmeldetag der Tag zu, an dem die ursprüngliche Anmeldung beim Patentamt eingereicht worden ist, wenn die Teilanmeldung nicht über den Inhalt der früheren Anmeldung in der ursprünglich eingereichten Fassung hinausgeht.

Dies gilt für den Fall einer „freiwilligen Teilung" bzw. bei einer vom Patentamt im Vorprüfungsverfahren festgestellten Uneinheitlichkeit, wobei zur Teilung der Anmeldung aufgefordert wurde.

Die gesonderte Anmeldung muss bis zum Ablauf einer **Frist**

1. von zwei Monaten nach Rechtskraft der Entscheidung, mit der die Patentanmeldung zurückgewiesen wurde, oder
2. von sechs Monaten nach der Bekanntmachung der Erteilung, wenn kein Einspruch eingelegt wurde, oder
3. von zwei Monaten nach Rechtskraft der Entscheidung über einen rechtzeitig erhobenen Einspruch erfolgen.

16 Falls Sie Ihre Erfindung bereits früher in Österreich oder im Ausland angemeldet haben, können Sie den Anmeldetag dieser Erstanmeldung für Ihre nunmehrige Anmeldung beanspruchen, wenn das Anmeldedatum der Erstanmeldung maximal ein Jahr vor dem Anmeldetag Ihrer nunmehrigen Anmeldung liegt. Ihre Anmeldung wird dann so behandelt, als wäre sie bereits zum Zeitpunkt der Erstanmeldung eingereicht worden. Wenn Sie eine Priorität beanspruchen wollen, müssen Sie den **Tag**, das **Land** und das **Aktenzeichen** der Erstanmeldung angeben.

17 Raum für die Fortsetzung von Angaben, für die nicht ausreichend Platz in den entsprechenden Feldern verfügbar ist.

Hier kann z.B. auch ein Antrag auf Veröffentlichung der Anmeldung vor Ablauf der Frist gemäß § 101 Abs.1 PatG gestellt werden:

Die Anmeldung wird in der Regel (falls sie nicht gemeinsam mit der Patentschrift veröffentlicht oder vor Abschluss der technischen Vorbereitungen für die Veröffentlichung zurückgezogen bzw. zurückgewiesen wird) unverzüglich **nach Ablauf von achtzehn Monaten** nach dem Anmeldetag oder, wenn eine Priorität in Anspruch genommen worden ist, nach dem Prioritätstag **veröffentlicht**.

Sie **kann** jedoch auf Antrag des Anmelders **vor Ablauf dieser Frist veröffentlicht werden**. Eine Veröffentlichung erfolgt jedenfalls erst nachdem die gesetzlichen Voraussetzungen (Formalerfordernisse) erfüllt sind.

Der Antrag auf vorzeitige Veröffentlichung kann auch noch im Laufe des Vorprüfungsverfahrens gestellt werden (z.B. nach Erhalt eines die Patentierbarkeit des Anmeldungsgegenstands in Aussicht stellenden Vorbescheids).

gedanken.gut.geschützt.

Stichwortverzeichnis

Paragrafenverzeichnis

Abkürzungsverzeichnis

A

Abs	Absatz
ABGB	Allgemein bürgerliches Gesetzbuch
AG	Aktiengesellschaft

B

bzw	beziehungsweise

D

dh	das heißt

E

etc	et cetera
EU	Europäische Union
EWR	Europäischer Wirtschaftsraum

G

GmbH	Gesellschaft mit beschränkter Haftung
GMG	Gebrauchsmustergesetz

H

HABM	Harmonisierungsamt für den Binnenmarkt
HlSchG	Halbleiterschutzgesetz

I

iVm	in Verbindung mit

K

KG	Kommanditgesellschaft

M

MaSchG	Markenschutzgesetz
MuSchG	Musterschutzgesetz

O

OG	Offene Gesellschaft
OGH	Oberster Gerichtshof

P

PatG	Patentgesetz

T

Tz	Textziffer

U

ua	unter anderem
UGB	Unternehmensgesetzbuch
UrhG	Urheberrechtsgesetz
UWG	Bundesgesetz gegen den unlauteren Wettbewerb

V

vgl	vergleiche

Z

zB	zum Beispiel

Weitere Fachliteratur für Klein- und Mittelbetriebe

Erfolgsfaktor Investitionen im Klein- und Mittelbetrieb

Das Investitionsvolumen der heimischen Industriebetriebe ist ständig im Steigen begriffen: Kapital sucht rentable Anlageformen – Unternehmen suchen Kapital. Für den Investor wie auch den Unternehmer stellen sich anlässlich geplanter Beteiligungen/Investitionen zahlreiche Fragen:

- Wie wirken sich Investitionen im Unternehmen aus?
- Rechnet sich die anstehende Investition auch aus steuerlicher Sicht?
- Private Investitionen – hohe Renditen bei geringem Risiko?
- Was ist bei einer Kapitalbeteiligung zu beachten?

Das Buch gibt Denkanstöße und Entscheidungshilfen in Form von Checklisten und strategischen Überlegungen sowohl für den Investor als auch für den Unternehmer. Zur Ermittlung des rechnerischen Vorteils einer Investition werden anhand von Beispielen Investitionsrechnungsverfahren vorgestellt. Auch Ansätze einer (wirtschafts-)ethischen Betrachtungsweise kommen in diesem Werk nicht zu kurz.

ISBN: 978-3-7041-0373-4,
März 2007, Format 17 x 24 cm, 112 Seiten   *Ladenpreis: € 21,45*

Erfolgsfaktor Betriebswirtschaft im Klein- und Mittelbetrieb - 2. Auflage

Dieses Praxishandbuch beinhaltet speziell auf Klein- und Mittelbetriebe abgestimmte Themenbereiche und illustriert diese anhand eines durchgängigen Praxisbeispiels. Basierend auf einem Musterunternehmen werden im Anschluss an jedes Kapitel die theoretischen Abhandlungen mit Hilfe des Praxisbeispiels erläutert.

- Kennzahlen ◆ Kostenrechnung/Kalkulation ◆ Finanzierung
- Betriebliches Rechnungswesen ◆ Betriebliches Berichtswesen
- Planungsrechnung ◆ Internes Kontrollsystem ◆ Organisation
- Management-Informationssysteme/Balanced Scorecard

Nutzen Sie dieses einfach verständliche und strukturierte Werkzeug um erfolgreich die Grundzüge der Betriebswirtschaft verstehen und umsetzen zu können!

ISBN: 978-3-7041-0355-1
2. Auflage April 2005, Format 17 x 24 cm, 194 Seiten   *Ladenpreis: € 21,45*

Bestellungen und Informationen:
dbv Verlag für die Technische Universität Graz
Geidorfgürtel 20, 8010 Graz, Tel: 0316/38 30 33, Fax: 0316/38 30 43
E-Mail: office@dbv.at, Homepage: www.dbv.at

Weitere Fachliteratur für Klein- und Mittelbetriebe

Innovative Finanzierung im Klein- und Mittelbetrieb

Die Bedingungen für Unternehmensfinanzierungen haben sich massiv verändert. Nicht zuletzt aufgrund von „Basel II" führen Banken eine restriktive Kreditvergabepolitik. Somit sind Bonität und Wertschöpfung wesentliche Wettbewerbsfaktoren für Klein- und Mittelbetriebe.

Das Praxishandbuch ist ein verständliches, einfach strukturiertes „Werkzeug", um neben dem klassischen Kredit einen Überblick über alternative Finanzierungsformen zu erhalten:

* Darstellung der Finanzierungsformen und Finanzierungsinstrumente unter Berücksichtigung des Finanzierungsumfeldes (klassisch, Leasing, Export, Alternativen)
* Von Finanzplanung bis Beurteilung von Finanzierungsrisiken
* Förderungen für Klein- & Mittelbetriebe, Praxistipps & Beispiele

Ideal für Unternehmer, Führungskräfte, Rechnungswesen und Controlling von Klein- und Mittelbetrieben, Unternehmens- und Finanzberater zur Lösung des Finanzierungsproblems.

ISBN: 978-3-7041-0341-1
Sept 2004, Format 17 x 24 cm, 200 Seiten   *Ladenpreis: € 26,40*

Erfolgreich als Selbstständiger - 3. Auflage

Durch vorausschauende Planung zum erfolgreichen Unternehmer!

Der Weg in die Selbstständigkeit bedarf für eine professionelle Umsetzung zahlreicher unternehmerischer Fähigkeiten. Der Leitfaden bietet eine Einführung in die betriebswirtschaftlichen und gesetzlichen Rahmenbedingungen.

Sie erhalten kompakte Informationen sowie wertvolle Tipps zu allen Bereichen. Zahlreiche Beispiele veranschaulichen die komplexen Themengebiete und erleichtern die Umsetzung in die Praxis.

* Steuern
* Arbeitsrecht
* Finanzierung
* Haftung uvm

* Sozialversicherung
* Gewerbeordnung
* Marketing

ISBN: 978-3-7041-0409-0
3. Auflage Juni 2008, Format 13,5 x 21 cm, 184 Seiten   *Ladenpreis: € 11,99*

Bestellungen und Informationen:
dbv Verlag für die Technische Universität Graz
Geidorfgürtel 20, 8010 Graz, Tel: 0316/38 30 33, Fax: 0316/38 30 43
E-Mail: office@dbv.at, Homepage: www.dbv.at